# 논어산책

나남
nanam

# 논어산책

2009년 12월 15일 발행
2010년 9월 25일 3쇄

저자_ 韓尙澈
발행자_ 趙相浩
발행처_ (주) 나남
주소_ 413-756 경기도 파주시 교하읍 출판도시 518-4
전화_ (031) 955-4600 (代)
FAX_ (031) 955-4555
등록_ 제 1-71호(1979.5.12)
홈페이지_ http://www.nanam.net
전자우편_ post@nanam.net

ISBN 978-89-300-2079-4
ISBN 978-89-300-2064-0 (세트)
책값은 뒤표지에 있습니다.

# 논어산책

한상철 지음

나남
nanam

# 머리말

필자는 동양철학을 전공한 철학자도 아니고 한문학을 전공한 한문학자도 아니다. 행정학을 전공하여 수십 년을 중앙부처를 비롯하여 민선시장 등 시장, 군수를 오래한 생활인이다.

그런 필자가 공자와 《논어》(論語)에 관한 이 책을 쓰게 된 것은 인생의 황혼기에 연속된 실패로 좌절과 실의 속에서 거의 생활을 포기하다시피 하고 살고 있을 때, 공자와 《논어》를 접하고 인생을 새롭게 살게 되었기 때문이다. 필자와 같이 실패와 좌절에서 허덕이는 사람, 특히 인생의 후반기나 황혼기에 희망이 보이지 않는다고 생각하는 사람들에게 구원을 주기 위하여 감히 이 책을 쓰기 시작하였다.

공자는 출생부터 우리 보통사람들보다 나을 것이 없다. 그는 2,500년 전 중국에서 70세가 넘은 하급무사와 17세 처녀가 결합된 비정상적인 부부 사이에서, 사마천의 말을 빌리면 야합에 의하여 태어났다. 3세에 아버지를 여의고 17세에는 어머니마저 잃고 고생 속에서 유년기를 보냈으나 독학을 통해 열심히 학문을 닦았고 이 세상에 인(仁)을 실현하고 인정과 덕치를 펴 이상세계를 만들고자 하는 이상을 처절하게 추구하였다. 56세가 넘어 그 뜻을 펴고자 망명 겸 주유천하(周遊天下)를 14년간이나 하였으나 어느 누구도 받아주지 않아 세속적으로는 완전히 실패하고, 고향에 돌아와 제자를 교육하다가 73세를 일기로 생을 마감하였다. 세속적 관점에서는 실패의 연속이지만 세계 3대 성인(聖人)이 되었다.

특히 《논어》는 공자의 사상과 정신이 그대로 살아 있는, 공자와 제자들을 비롯해 그 시대 사람들의 담론을 정리하여 놓은 책이다. 그런데 우리나라에는 일반적으로 공자와 《논어》가 많이 왜곡되어 알려져 있다. 그것은 조선왕조가 유교를 국교로 하였으나 근세에 와서 맥없이 일본에 망하여 근대화가 뒤진 원인을 공자가 거의 다 뒤집어 쓴 데서 연유하는 것 같다.

이 책은 왜곡된 공자사상과 《논어》의 내용을 바로 알리려고 온 힘을 기울였다. 특히 21세기에 사는 우리는 세계 외적으로 패권주의와 지구온난화, 그리고 문명의 충돌 위험에 처해 있으며 세계 내적으로는 황금만능주의와 인간성의 상실로 혼돈에 허덕이고 있다. 필자는 공자사상과 《논어》에 인류가 나아갈 방향과 길이 함축되어 있다고 확신하면서 공자와 《논어》에서 새로운 모색이 시작되어야 한다고 본다. 특히 인성을 찾고 인간중심의 사람답게 사는 세상을 만들기 위하여 공자와 《논어》는 살아서 빛을 발해야 한다.

이 책을 읽고 단 한 사람이라도 지금 겪고 있는 어려움과 좌절 그리고 절망에서 벗어나 다시 인생살이에서 희망과 용기를 찾고 인(仁)을 실현해 자기 인생의 이상과 비전을 펴고자 열정을 바치게 되면 더 바랄 것이 없겠다.

《논어》는 산으로 치면 태산(泰山)이고 바다로 치면 대양(大洋)이다. 필자같이 천학비재한 사람으로 감히 넘볼 수 없는 대상이다. 그래서 등정(登頂)이 아닌 산책하는 마음으로 이 책을 썼다. 산책은 많은 것을 생각하게 하고 건강을 증진시키며 마음을 상쾌하게 한다. 이 책을 읽는 분 모두가 그렇게 되기를 바란다.

2006년 7월 1일에 이 책을 쓰기 시작하여 만 3년이 넘어 겨우 탈고를 하였으나 아쉬운 점이 한두 가지가 아니다. 이것으로 다시 시작한다는 마음으로 용기를 내어 책을 내어 놓는다. 앞으로 꾸준한 노력으로 보완하고 발전시켜 나가겠다.

부끄러운 책이지만 이 책이 나오기까지 많은 분들의 격려와 도움이 있었다. 필자가 공자와 접하고 《논어》를 공부할 수 있는 계기를 마련하여 준 길동무회의 조일환 군과 회원 여러분, 《논어》, 《대학》, 《중용》, 《맹자》를 강의하여준 동아고전연구회의 김준기 · 전용채 선생님과 회원 여러분, 《주역》을 강의해 준 상지대 이상은 교수님과 동양고전연구회원 여러분께 감사드린다.

동양철학의 유 · 불 · 선을 총괄하여 특강해 준 중천 김충열 박사님, 그의 사후 그를 기리기 위하여 만들어진 중천재단(대표 김정일 박사)에서 원주에 동양철학 시민강좌를 개설하여 동양철학을 수준 높은 차원에서 체계적으로 공부할 수 있도록 하여준 데 대하여 감사드리며, 동 시민강좌에서 《논어》를 강의해 준 계명대 홍원식 교수님, 《한비자》를 강의해 준 함병수 박사님, 《대학》, 《중용》을 한시로 강의해 준 강원대 남상호 교수님, 《장자》를 강의해 준 한국학진흥원 수석연

구위원 박원재 박사님과 동양철학반의 회장인 최문수 변호사님을 비롯한 회원 여러분께 감사한다.

공자가 태어난 니구산과 고향 곡부 그리고 그의 행적이 깃들어 있는 태산을 순례하고 공림에서 공자님께 참배하는 데 함께해 준 태산 회원 여러분에게도 감사한다. 또한 출판을 위하여 힘이 되어 준 고대 교우회 전 사무총장 윤백현 교우님과 고대 호법회장 이창록 교우님께 감사한다.

끝으로 흔쾌히 출판을 맡아준 나남출판사 조상호 대표님께 깊은 감사를 드리며 문장을 매끈하게 다듬어 준 김주양 님을 비롯한 편집부 여러분의 노고에 사의를 표한다.

2009년 11월

치악산 기슭에서

# 일러두기

- 《논어》 원문 번역과 편 및 장(章) 표시는 성백효 선생의 《논어집주》를 기본으로 하고 기존 주석서를 참고하여 현대감각에 맞는 문장이 되도록 했는바, 장기근 교수의 《논어》와 김용옥 교수의 《도올 논어》에 도움을 많이 받았다.

- 원문을 주(註)로 처리하여 해당 쪽의 하단에 배치하여 한문에 대해 중압감을 덜고 원문과 번역문을 바로 대조하면서 읽도록 하였다.

- 공자사상을 체계화하기 위하여 전 7장으로 구분하고 66개 절로 전체를 이루나 각 절은 그것대로 독립되어 관심 있는 절을 먼저 읽어도 무리가 없도록 하였다.

- 범위를 《논어》에 한정해 극히 불가피한 경우를 제외하고는 《사서삼경》 중 인용을 삼갔다.

# 논어산책

차 례

## • 제 2 장 • 공자의 이상



## • 제 3 장 • 정치사상

제1장

# 공자의 인간적 면모

# 1. 평범의 극치

## 공자의 한탄

덕행이 뛰어난 수제자로 공문십철(孔門十哲)에 속하는 염경(冉耕, 자는 백우로 노나라 사람)이 몹쓸 병에 걸렸다. 일반적으로 나병일 것이라고 해석하는데 공자가 문병 가서 창문으로 그의 손을 잡고 "이럴 리가 없는데! 운명이로구나! 이런 사람이 이런 병에 걸리다니! 이런 사람이 이런 병에 걸리다니!"[1]라고 한탄하였다. 백우와 같이 덕이 있는 사람이 이런 나쁜 병에 걸려서는 안 되는데 걸렸다고 '이런 사람이 이런 병에 걸리다니!'(斯人也而有斯疾也)가 두 번이나 되풀이되어 한탄으로 나타났다.

운명과 눈앞에 전개되는 비운(悲運)의 모순에 직면하여 마음의 괴로움과 비통함을 토로한 것이고, 자기가 사랑하는 제자가 죽어가고 있는데 손 하나 쓸 수 없고 털끝만큼의 도움도 주지 못하는 무력함에 대한 한탄도 포함되어 있을 것이다.

공자는 소경을 눈 뜨게 하고 앉은뱅이를 일어나게 하거나 나병환자를 깨끗하게 낫게 하지 못하였다. 그는 교주나 신선이 아니고 우리와 같은 보통사람이었다. 더구나 열병환자에게 열이 떨어지라고 하면 열

1) 伯牛有疾 子問之 自牖 執其手 曰 亡之 命矣夫 斯人也而有斯疾也 斯人也而有斯疾也 〈雍也 8〉

이 떨어지고, 중풍환자에게 일어나라고 하면 벌떡 일어나 집으로 돌아가게 하는 능력은 기대할 수 없었다. 오직 범인(凡人)으로서 병 앞에 속수무책인 비운을 한탄하는 것이 고작일 뿐이었다.

공자는 또 주유열국(周遊列國)시 진(陳)나라에서 양식이 떨어지고, 따라갔던 제자들이 병들어 일어나지 못한 적도 있었다. 이에 제자 자로(子路)가 화가 나서 공자를 뵙고 말하였다. "군자도 곤경에 빠질 때가 있습니까?" 이에 공자가 "군자도 곤경에 빠질 때가 있으나 여전히 원칙을 지킨다. 다만 소인이 곤경에 빠지면 원칙에서 벗어나 함부로 굴게 되는 것과 다를 뿐이다"[2] 라고 대답하였다.

아마 자로는 곤궁시 공자가 하늘의 도움이라도 받는다든가 또는 어떤 초능력을 발휘하여 곤경에서 벗어나기를 기대하였을 것이다. 그러나 공자는 보리빵 다섯 개와 작은 물고기 두 마리를 가지고 오천 명을 다 먹이고 그 부스러기를 모은 것이 열두 광주리에 가득 차게 하는 능력이나 재주는 고사하고, 양식이 떨어졌는데도 양식을 해결하기는커녕 강송(講誦)만 하고 악기를 타며 노래하는 일을 그치지 않았다고 한다.

## 잘못은 항상 고치다

공자는 결코 완전무결한 인간이 아니었다. 그래서 스스로 과실(過失) 자체를 나쁘게 보지 않았다. 다만 과실을 알고도 고치지 않는 것을 과실로 보았다.[3] 이 세상에 과실이 없고 허물이 없는 사람이 어디 있겠는가? 그런 까닭에 과실이 있으면 즉시 고치기를 꺼리지 말라

---

2) 在陳絶糧 從者病 莫能興 子路慍見曰 君子亦有窮乎 子曰 君子 固窮 小人 窮斯濫矣〈衛靈公 1〉

3) 過而不改 是謂過矣〈衛靈公 29〉

고 반복하여 강조하였다.[4] 그러나 동일한 과실이나 잘못을 한 번 저지르는 것은 가(可)하나 되풀이하여 반복하지 말 것을 가르쳤다.[5]

사람인데 과실이 없는 사람이 누가 있겠는가? 과실이 없다고 하면 그는 사람이 아닌 것이다. 누구에게나 과실이나 허물 그리고 잘못은 있는 것이다. 다만 과실이 있으면 주저 말고 고치면 되는 것이고 동일한 잘못을 반복만 하지 않으면 되는 것이다. 그러나 많은 사람들이 과실을 덮으려하고 숨기려고 발버둥 치며 과실이 아닌 양 꾸며댄다.[6]

우리는 숱한 청문회나 특검 조사에서 유명정치인이나, 재벌회장들이 '모르쇠'로 일관하는 작태를 보아왔다. 그들이 아무리 지위가 높고 돈이 많다고 하더라도 소인(小人)인 것이다. 공자가 잘못을 즉시 고치는 데서 그의 인간적인 위대성이 더욱 부각되는 것이다. 그래서 공자는 "스스로 개과함이 더욱 귀중하다"라고 하고 따르기만 하고 고치지 않는다면, 자기로서도 어찌할 도리가 없다고 하였다.[7]

공자가 주유열국시 위나라에서 영공의 부인 남자(南子)의 요청으로 단독회견을 한 바 있다. 그런데 이 여자는 음탕하기로 소문이 나 있었다. 이를 안 성질이 급하기로 유명한 제자 자로(子路)가 화가 나서 어떻게 된 것이냐고 항의하자, 공자가 "내가 만일 잘못된 일을 했다면 하늘이 나를 버릴 것이다. 하늘이 나를 버릴 것이다"[8]라고 했다. 이처럼 전혀 아무 일이 없었는데도 의혹의 눈초리로 보는 제자들로부터 코너에 몰려 억울함을 당하면서 이러지도 저러지도 못하는 공자의 모습은 우리들 자신을 보는 것처럼 느껴진다.

---

4) 過則勿憚改 〈學而 8, 子罕 24〉

5) 不二過 〈雍也 2〉

6) 小人之過也 必文 〈子張 8〉

7) 改之爲貴 從而不改 吾末如之何也已矣 〈子罕 23〉

8) 予所否者 天厭之 天厭之 〈雍也 26〉

## 피나는 노력으로 성인에 이름

공자는 우리들과 같이 끊임없이 잘못과 실수를 하고 또 자신을 반성하여 수신(修身)을 통하여 상달(上達)해 나가는 것이다. 그래서 자신을 가리켜 "나는 태어나면서부터 모든 것을 아는 사람이 아니다. 옛것을 좋아하여 부지런히 탐구해서 알게 된 사람이다"[9]라고 밝혔다. 현재의 자신의 모습이 피나는 노력과 호학(好學)의 결과임을 밝히고, 타고난 것이 아니라는 것이다.

그와 같은 자세는 그의 행동과 행적을 통하여 생활로 나타나는데 예컨대, 공자가 남과 같이 노래를 부를 때 남이 잘 부르면 반드시 그로 하여금 다시 부르게 하고, 그 다음에 함께 맞추어 노래를 불렀다[10]는 기록이 바로 그러한 것들이다. 우리가 노래방에서 누가 신곡을 부르면 반복하게 하고 따라 불러 배우는 것 그대로이다.

공자가 음악의 대가로 제나라에서 순임금의 음악인 소(韶)음악을 듣고 석 달 동안 고기 맛을 잊고 소(韶)음악에 푹 빠져 완전히 매료되기도 하고[11] '소악(韶樂)'을 미와 선의 극치라고 평하고,[12] 음악론을 펴고,[13] 말년에는 노나라에 돌아와서 음악을 바로잡아 아악과 송악(頌樂)이 각각 제자리를 얻도록 《시경》 등을 편정하였다.[14] 이 모두가 그의 호학하는 자세의 결과이며 각고의 피나는 노력의 산물이라

9) 我非生而知之者 好古 敏而求之者也 〈述而 19〉

10) 子與人歌而善 必使反之 而後和之 〈述而 31〉

11) 子在齊聞韶 三月 不知肉味 曰 不圖爲樂之至於斯也 〈述而 13〉

12) 子謂韶 盡美矣 又盡善也 〈八佾 25〉

13) 子語魯大師樂曰 樂 其可知也 始作 翕如也 從之 純如也 皦如也 繹如也 以成 〈八佾 23〉

14) 子曰 吾自衛反魯然後 樂正 雅頌 各得其所 〈子罕 14〉

는 점에서 더욱 우리 곁으로 다가온다. 그가 음악을 비롯한 시(詩), 예(藝)의 달인이 된 것도 모두가 우리들과 같이 노력하여 이루었다는 점에서 더욱 인간미의 향기가 진동한다.

## 보통사람의 표본

공자는 그 출생을 보아도 우리들보다 조금도 나을 것이 없다. 그는 귀족의 아들도 아니었고 부잣집의 후예도 아닌 하급무사의 아들로 태어났다. 아버지 숙량흘(叔梁紇)이 70세에 17세의 안(顔)씨 성을 가진 여인과 정식 혼인관계 없이 야합에 의하여 공자를 낳은 것을 보면 더욱 그렇다.[15]

이렇게 공자는 우리 보통사람과 전혀 다를 바가 없는 평범한 인간이었다. 다만 차이가 있다면 옛것을 좋아하고 부지런히 탐구하고(好古敏而求之者) 호학하였다는 점이다.

따라서 그의 생활과 행적은 파고들면 들수록, 누구나 덕을 쌓고 기르며 노력하면 성인과 군자의 경지에 이를 수 있는 희망과 용기를 주고, 인생의 여정에서 실패와 절망에서 헤어나지 못하는 우리들에게는 밝은 등대가 되어 맞아주고, 길을 잃고 헤매는 나그네에게는 바른 길로 안내하는 길라잡이로 다가온다.

그는 결코 슈퍼스타도 아니며 초능력을 가진 우리와 다른 신도 아니며, 우리와 같은 평범의 극치를 보이는 사람이다. 그가 성인이라면 그는 아주 평범한 성인인 것이다.

---

15) 紇與顔氏女野合而生孔子 〈孔子世家〉, 《史記》.

## 2. 삶의 목표와 즐거움

사람이 살다보면 누구나 최소한 한 번 이상은 인생이 어디서 왔다가 어디로 가는가? 인생의 목표는 무엇이고 이상은 무엇인가? 라는 질문을 스스로 던지고 생각하게 되지만 그 해답은 얻기가 힘들다. 그래서 인류가 존재하는 한 영원히 이런 물음은 계속될지 모른다.

이 물음에 대한 가장 명료한 답 중의 하나가 다음의 공자 말씀이 아닌가 한다. 공자가 말씀하였다. "도에 뜻을 두며, 덕을 지키며, 인에 의지하며(인을 따르며), 예에 노닐어야 한다"[1)]

'인생의 목표를 도의 실현에 둔다'는 대도(大道)를 실현하는 이상을 밝힌 것이고, '덕을 지킨다'는 덕행을 수양한다는 말이며, '인에 의지한다'는 인심(仁心)의 발용을 말한 것이며, '예에 노닌다'는 6예(六藝)를 즐긴다는 것을 말한다. 6예란 예(藝), 악(樂), 사(射), 어(御), 서(書), 수(數)를 말하는데, 현대말로 바꾸면 문화생활이라고 하겠다.

도(道)는 한마디로 쉽게 말하여 길이다. 사람은 세상에 태어나면 인생길을 걸어가야 한다. 모든 사람들이 갈 수 있는 길이 바로 위대한 길(大道)이며, 모든 사람들이 마땅히 가야만 하는 길이 올바른 길(正道)이다. 사람이 걸어야 할 길을 공자는 덕이라고 밝힌다.

---

1) 子曰 志於道 據於德 依於仁 游於藝 〈述而 6〉

덕(德)이란 무엇인가? 모두를 두루 이롭게 하는 것이다. 나만 잘되고 남을 해치면 부덕(不德)이 된다. 사랑하라는 도의 실천이 덕행인 것이다. 공자는 이러한 덕을 떠나지 말고 지키라고 한다. 그래서 덕을 끊임없이 쌓고 수양을 게을리 하면 안 된다. 사람과 사람이 덕으로 맺어지면 기쁨이 넘치고 웃음 속에 살아갈 수 있을 것이다. 그것은 사랑의 끈으로 묶이기 때문이다. 그래서 덕은 인(仁)에 의지해야 하는 것이다.

인(仁)이란 무엇인가? 공자는 '사람을 사랑함'(愛人)으로도 설명하였고, '효제(孝悌)와 충서(忠恕)'로도 설명하였으며, '공손하고, 너그러우며, 믿음직스럽고, 민첩하며, 은혜로운 것'으로도 설명하는 등 포괄적 개념으로서 '모든 종류의 사랑'을 전반적으로 지칭하는 것으로 남을 먼저 사랑할 때 인은 확보된다.

이렇게 덕행의 실천으로 도출한 인생의 대도는 6예의 도야(陶冶)를 통해 완성되는 것이다. 즉 생활이 문화와 예술을 통하여 한 단계 더 승화되는 것이다. 늘 빡빡한 긴장 속에서 자제만을 하는 삶이 아니고 예술에 노닐 줄 아는 교양과 멋도 지닌 삶, 얼마나 멋진 삶인가?

이와 같이 인생의 이상은 바로 도(道)를 전개함에 있는 것이다. 그래서 《논어》에는 이 말씀 이외에도 "선비는 인생의 목표를 도의 실현에 둔다",[2] "도를 도모할 뿐 먹고 사는 것을 도모하지 않는다",[3] "도를 걱정할 뿐 빈천함을 걱정하지 않는다"[4]는 등 도를 중요시한 말씀이 여러 곳에서 보인다.

---

2) 士志於道 〈里仁 9〉

3) 謀道不謀食 〈衛靈公 31〉

4) 憂道不憂貧 〈衛靈公 31〉

예(藝)에 관하여도 "시를 통하여 흥기시키며 예에 서며 악에서 완성한다",[5] "공자가 평소 늘 말씀한 것은 시와 서와 예를 지키는 것이었으니, 이것이 평소에 늘 하는 말씀이었다"[6] 등 많은 구절이 보인다.

이 장의 말씀은 나 같은 범인은 그냥 쳐다만 보는 이상(理想)이요 꿈일 뿐 도저히 미치지 못할 경지로 성인(聖人)이나 군자의 모습일 것이다. 그래서 대만의 왕방웅(王邦雄) 교수는 이 말씀을 《논어》 철학사상의 총 강목이라고 하고, 이우재와 오성수는 공자의 참모습으로, 그리고 장기근 교수는 군자나 선비가 지녀야 할 기본강령으로 보는바, 아무도 이의를 제기하는 사람이 없을 것이다.

---

5) 興於詩 立於禮 成於樂 〈泰伯 8〉

6) 子所雅言 詩書執禮 皆雅言也 〈述而 17〉

# 3. 완성에의 정진

## 못된 제자의 스승 폄하

《논어》에 나타나는 자금(子禽)은 좀 비딱하며 '꽈배기 고기'를 먹은 식으로 어떤 때는 염탐꾼 비슷하게 정보기관의 끄나풀 같이 행동하기도 하는 비열하고 치사한 자이다. 그가 "공자는 이 나라 저 나라 끼웃거리며 엽관운동(獵官運動)이나 하는 것이 아닌가?" 라고 비꼬는 질문을 한 것이다.

자금이 자공에게 물었다. "선생님께서 어느 나라에 가시든지, 반드시 그 나라 (임금으로부터) 정사를 들으시었다. 그것은 선생께서 먼저 요구한 것인가? 그렇지 않으면 그런 기회가 상대방으로부터 주어진 것인가?"

자공(子貢)이 대답하였다. "선생님께서는 따뜻하고 솔직하고 위엄있고 검소하고 겸양하심으로써 그런 기회를 얻으셨다. 선생님께서 구하신 것은 다른 사람들이 구하는 것과 전혀 다르다고 해야 한다."[1]

자금(子禽)은 공자의 제자로 성은 진(陳)이고 명은 항(亢)이며 자금은 그의 자(字)로 공자보다 나이가 40세 어리다. 일설에는 자공(子

1) 子禽 問於子貢曰 夫子至於是邦也 必聞其政 求之與 抑與之與 子貢 曰 夫子 溫良恭儉讓以得之 夫子之求之也 其諸異乎人之求之與 〈學而 10〉

貢)의 제자로 공자에게 직접 배우지는 않았다고 한다.

자금은 공자의 아들 백어(伯魚)와 같이 있을 때 무언가 색다른 이문(異聞)이 있을 것으로 짐작하고 슬쩍 "당신께서는 역시 별도로 들은 바가 있으시지요?"라고 떠본다. 이에 백어가 특별하게 배운 것은 아무것도 없고 시와 예를 모르면 사람구실을 못한다고 하시어 시와 예를 익혔다고 하니 자금이 "하나를 물어서 세 가지를 들었으니, 시와 예와 군자가 자기 아들이라 하여 특별히 가까이하지 않음도 들었다"고 하면서 기뻐했다고 한다.[2)]

자금이 정말 기뻐하였는지는 직접 보지 않아 알 수 없지만 그의 태도로 보아서는 오히려 실망하지 않았겠나 하는 의심이 든다. 그것은 그가 고도의 훈련된 밀정 또는 염탐꾼 같기 때문이다.

## 자공이 그린 공자의 초상화

이 뻔뻔스러운 자금은 자공에게 잘 보이려는 아부인지는 모르겠으나 "선생께서 공손하여 그렇지, 중니(仲尼)가 어찌 선생보다 낫겠습니까?"라고 물었다. 그것도 공자의 자(字)를 써서 말이다. '선생님, 즉 부자(夫子)'라고 칭한다든가 또는 '자'(子)로도 칭하지 않았다.

이에 자공이 "군자는 한 마디의 말로 지혜로워지고, 한마디의 말로 지혜롭지 못하게 되는 것이니, 말을 삼가야 한다. 선생님께 미치지 못하는 것은 하늘에 사다리를 놓고 오를 수 없는 것과 같다. 선생님께서 나라를 얻으신다면, 이른바 '세우면 서고 인도하면 행해지고,

---

2) 陳亢 問於伯魚曰 子亦有異聞乎 對曰 未也 嘗獨立 鯉趨而過庭 曰 學詩乎 對曰 未也 不學詩 無以言 鯉退而學詩 他日 又獨立 鯉趨而過庭 曰 學禮乎 對曰 未也 不學禮 無以立 鯉退而學禮 聞斯二者 陳亢 退而喜曰 問一得三 聞詩聞禮 又聞君子之遠其子也 〈季氏 13〉

편안하게 하면 오고, 움직이면 조화를 이루어 살아서는 영화가 있고, 죽어서는 슬퍼할 것'이니 어찌 선생님께 미칠 수 있겠느냐?"라고 대답하였다.[3)]

역시 안연(顔淵), 자로(子路)와 함께 공문(孔門)의 3대 제자 중의 하나인 자공(子貢)은 달랐다. 훌륭하였다. 그는 이렇게 자기를 부추기고 유혹하는 상황에 맞장구를 칠 만 한데도 추호의 흔들림도 없이, 한사코 스승에 대한 존경심으로 아름답기만 한 공자의 초상화라고 할 정도의 표현으로 공자의 참모습을 보여줬다. 이런 모습에서 자공이 더욱 위대해 보이고 우러러 보인다.

그러한 인물이기 때문에 공자도 자공이 그릇 중에 '호련'(瑚璉)이라고 평하지 않았겠나?[4)] 호련이란 종묘에서 제사지낼 때 쓰는 옥으로 만든 제기(祭器)를 말하는데, 국사에 참여할 수 있는 유용한 기재(器才)라는 뜻이다.

공자는 당시 신분사회에서 신분의 고하를 불문하고 학문과 덕행을 겸비한 군자들을 배양하고 그들을 현실정치에 참여시킴으로써 인정(仁政)과 덕치(德治)를 실현하고자 하였을 뿐만 아니라 그 스스로 직접 56세가 넘어 14년간이나 여러 나라를 주유천하 편력하였고, 가는 곳마다 그 나라의 임금과 정치에 대한 논의(論議)를 하여 그의 이상을 실현하려고 하였다.

그는 당시의 일반유세객과는 근본적으로 달랐다. 그들은 권모술수

3) 陳子禽 謂子貢曰 子爲恭也 仲尼豈賢於子乎 子貢曰 君子 一言 以爲知 一言 以爲不知 言不可不愼也 夫子之不可及也 猶天之不可階而升也 夫子之得邦家者 所謂立之斯立 道之斯行 綏之斯來 動之斯和 其生也榮 其死也哀 如之何其可及也 〈子張 25〉

4) 子貢問曰 賜也何如 子曰 女器也 曰 何器也 曰 瑚璉也 〈公冶長 3〉

와 부국강병의 책략을 가지고 임금에게 접근하고 설득하려 하였다. 그러나 공자는 인(仁)을 실현하고 예치(禮治)와 인정(仁政)의 대도(大道)를 펴고자 했던 것이다. 특히 공자는 온(溫), 량(良), 공(恭), 검(儉), 양(讓)의 5덕을 바탕으로 제(齊), 위(衛), 진(陳), 채(蔡), 초(楚)로 돌아다니며 임금을 감화시키려고 하였던 것이다. 그래서 자공은 "다른 사람이 구하는 것과 전혀 다르다"라고 한 것이다.

## 상군등용 일화: 패도정치의 사회풍조

그러나 당시의 임금들은 어떻게 하면 패자(覇者)가 될 수 있나 하는 것을 중요하게 여겼지 덕(德)에는 관심조차 없었던 것이다. 그 실례로 공자보다는 좀 뒷시대 사람의 이야기이긴 하지만 사마천의 《사기》 중 〈사기열전〉의 '상군'편을 보면 어느 정도였는지 쉽게 알 수 있다.

위(衛)나라 사람으로 진효공(秦孝公)에게 등용되어 정승까지 되어 상군(商君)으로 봉해졌던 상앙(商鞅 ?~ B. C. 338)이 진효공이 총애하는 신하 경감(景監)을 통하여 효공과 꽤 오랫동안 나라 다스리는 일을 이야기하였는데, 효공이 이따금 졸면서 상앙의 말을 경청하지 않았다. 허망한 사람을 추천하였다고 책망을 들은 경감에게 "내가 효공에게 제왕(帝王)의 도를 이야기하였지만 그것을 깨달아 알지 못하였다"고 하고 다시 청하였다. 며칠 후 제2차 접견이 있었는데 전보다 많이 나아지기는 했으나, 아직도 효공의 마음에 맞지 않았다. 경감이 책하자 "내가 공에게 왕도(王道)를 설명하였는데 아직 마음에 들지 않은 모양이다. 다시 한 번 상앙이 공(公)을 뵙게 해 달라"고 하여 제3차 접견이 이루어졌다. 효공이 경감에게 "그대가 추천한 객인(客人)은 좋은 사람으로, 함께 이야기할 만하다"라고 한 말을 듣고, 상앙이 "내가 패도(霸道)를 설명하였더니 이것을 채용하고자 한다"라고 하고 한 번만 더 만나게 주선해 달라고 하였다. 네 번째 자리가 마련되었는데 효공은 함께 이야기하는 동안에 저절로 무릎이 앙의 앞으로 다가들고 있는 것도 알지 못하였다. 서로 이야기함이 수일(數日)이 되었으나 싫어하지 않았다.

경감이 임금이 기뻐하였던 이유를 묻자 상앙이 말하였다.

"내가 임금께 제왕의 도를 시행하면 하(夏), 은(殷), 주(周) 3대의 태평성세에 비길 만한 업적을 이룩할 수 있다고 하였더니, 임금이 말씀하시기를 '그것은 너무 오래고 멀어서 내 그 결과를 기다릴 수 없다. 또 어진 임금들은 각각 자신의 당대에서 이름을 천하에 드러내는데, 어찌 불안한 마음으로 수백 년을 기다려서 제왕의 정치를 이루어야 한단 말인가?'라고 하였다. 그러므로 나는 나라를 부강하게 할 방법을 이야기하였더니 임금께서 기뻐하였을 뿐이다. 그러나 부국강병의 방법을 가지고는 덕화(德化)가 은(殷), 주(周)에 비할 수 있게 되기는 어렵다."

진효공이 상앙을 등용하였다.

## 뭇사람들의 비웃음

이러한 시대환경에서 공자가 관직을 구하려고 한 것은 권세, 명예, 식록(食祿)을 탐하는 것이 아니므로, 단순한 엽관(獵官)운동과는 근본정신이 다른 것이다. 그러나 그의 제자의 눈에까지 엽관운동으로 비춰졌던 것이다.

"나를 등용하는 명군(明君)이 있으면 단 1년만으로도 (나라의 기강을) 웬만큼 바로 잡을 수 있고 3년이면 확실히 성과를 올리겠다"[5] 고 장담하는 그의 포부를 받아주는 군주(君主)가 없어도 좌절하지 않고 찾아다니는 그를, 은자(隱者)들은 "상갓집의 개(喪家之狗) 같다"고 조롱(嘲弄)하였고 "안 될 줄 뻔히 알면서도 굳이 하려는 사람"[6]이라고 비웃음 당하기까지 하였던 것이다.

사람의 일생에서 가장 보람된 일은 자신의 비전을 실현하는 일일 것이다. 그런데 공자는 천하를 바로잡을 비전이 있었는데, 실현할 기회를 얻지 못했으니 얼마나 큰 개인적인 좌절감과 함께 백성들을 위한 안타까움을 느꼈겠는가? 그러나 그럴수록 그는 점점 더 사명감에 불타 끝까지 자기 이상과 신념을 현실에서 구현시켜 보려고 그의 모든 것을 걸고 노력하고 정진하였다. 그것도 한두 해가 아니고 14년간이다.

공자는 그 당시의 노장파풍(老壯派風)의 은자들 눈에는 벼슬자리를 찾아다니는 속물같이 보이기도 하였을 것이고, 예(禮)다 충(忠)이다 하며 돌아다니는 잔소리꾼 같기도 하였으며, 벼슬아치를 찾아서 교언영색(巧言令色)으로 구변(口辯)을 팔고 다니는 위선자로 보였을지도 모른다.

그런 상황에서 그가 자그마치 14년을 수많은 나라를 돌아다니며 숱한 제후들을 만나 자기의 꿈과 비전을 피력하였어도 어느 누구도 자신을 알아주거나, 써 주는 사람이 없었다. 물론 공자의 탁월한 능력을 알아주는 제후들이 더러 있기는 하였지만 그럴 때는 그 나라 실권자들이 시기하여 꼭 훼방을 놓곤 하였던 것이다.

---

5) 子曰 苟有用我者 朞月而已 可也 三年 有成 〈子路 10〉

6) 是知其不可而爲之者與 〈憲問 41〉

## 실패가 성공으로 전환

공자가 그의 생애 73년 동안 그를 단 1년만이라도 재상(宰相)으로 등용한 제후가 없다는 것이 얼마나 애석한가? 그러나 공자가 자신을 알아주는 나라에 그냥 머물렀더라면 그래서 만약 그가 정치가로서 활약하였더라면, 그는 아마도 대성(大聖)도 되지 못하였을 것이고 인류의 스승도 되지 못하였을 것이다.

공자가 오늘날까지는 물론이고 인류가 존속하는 한 영원히 추앙받게 될 이유는 바로 그의 좌절을 모르는 끈질긴, 전 생애를 통하여 대도(大道)를 실현하려 했던 피나는 노력과 정진이 있었기 때문일 것이다. 세상은 참 묘한 것이다. 이렇게 실패가 성공이 된다.

예수가 빌라도의 "사람들이 저렇게 여러 가지 죄목을 들어서 고발하고 있는데 그 말이 들리지 않느냐?"하고 물었을 때 침묵하지 않고 대답하여 십자가 위에서 죽지 않았으면 성자(聖子)가, 인류의 죄의 대속자(代贖者)가 될 수 있었을까?

이차돈〔異次頓, 503(지증왕 4)~527(법흥왕 14)〕의 죽음이 없었더라면 한국불교의 융성이 가능하였겠으며 김대건〔金大建, 1822(순조 22)~1846(헌종 12)〕 신부를 비롯한 103위의 성인과 그 밖의 수많은 순교가 없었더라면 오늘날 한국의 천주교가 있을 수 있었겠는가?

# 4. 자기완성이 우선

## 남이 알아주지 않는 세상

공자의 일생은 남이 자신을 알아주지 않는 데 대해 한 맺힌 생애였다. '상갓집 개' 취급을 받고, 은자들의 조소와 놀림감이 되고, 생명의 위협도 여러 번 겪으면서 명군(明君)을 찾아 도(道)를 펴려고 하였으나 아무도 알아주지 않았다. 그것도 한두 해가 아니다. 자그마치 14년간이나 주유열국을 하였다.

그의 70평생은 어떤 면에서는, 특히 세속적인 면에서는 처절하고 비참하며 완전한 실패의 인생이었다. 그러한 상황에서도 그는 남을 원망하지 않고 자각(自覺)과 내성(內省)으로 수덕(修德) 한 것이다. 공자가 말씀하였다. "남들이 나를 알아주지 않음을 걱정하지 말라. 내가 남을 알지 못함을 걱정하라."[1]

이 말씀의 출발은 원래 《논어》의 관에 해당하는 〈학이편〉 1장의 마지막 구절이다. "남이 나를 알아주지 않아도 노여워하지 않으니 참으로 군자답지 아니한가?"(人不知而不慍不亦君子乎) 여기서 파생되어 이 장을 비롯하여 거의 같은 뜻을 가진 구절은 "자리 없음을 걱정하지 말고, 나설 수 있는 바탕 만들기를 걱정하라. 나를 알아주지 않는다고 걱정하지 말고, 알려질 만한 사람이 되도록 하여라",[2] "나를

---

1) 子曰 不患人之不己知 患不知人也 〈學而 16〉

남이 알아주지 않는 것을 걱정하지 말고, 나에게 능력이 없는 것을 걱정하라",[3] "군자는 자신이 무능한 것을 걱정하지, 남이 자신을 알아주지 않는 것을 걱정하지 않는다"[4] 등이며 《논어》 전편을 통하여 이 정신이 흐른다.

## 내면적 실력이 중요

사실 남이 나를 알아주느냐 알아주지 않느냐 하는 것은 내 자신에 관한 문제가 아니라 다른 사람에 관한 사항이고, 다른 사람의 능력과 관심에 관한 문제이다. 타인이 내가 그러리라고 생각한 만큼 관심을 두지 않는 것이 세상사이다. 더구나 현대와 같이 자기 살기도 바쁜 세상에서는 제 할 일도 미처 못 하는 판에 남의 일에 신경 쓸 겨를이 없는 것이다. 다만 나쁜 일에 대하여 흉보는 것은 몰라도 칭찬하고, 좋은 일에는 제 실속 차리기도 급한데 남이 어떻게 되든 무슨 상관이 있느냐는 것이 오늘의 우리 자화상이다.

그래서 '나'의 내면적 실력이 더 중요한 것이다. 남과 무관하게 나 스스로의 극기와 혁신, 실력양성으로 모든 준비와 자격을 갖추어야 한다. 내게 자격이 충분히 있고 모든 준비를 완벽히 구비하여 필요충분조건을 다 갖추었는데도 남이 알아주지 않고 써 주지 않으면 그 책임은 나에게 있는 것이 아니라 알아주지 않고 써 주지 않는 남에게 있는 것이다.

내가 자격과 능력 및 실력을 모두 갖추어 충분히 인정을 받을 만한

2) 子曰 不患無位 患所以立 不患莫己知 求爲可知也〈里仁 14〉

3) 子曰 不患人之不己知 患其不能也〈憲問32〉

4) 子曰 君子 病無能焉 不病人之不己知也〈衛靈公 18〉

데도 남이 알아주지 않는 데 대하여 나에게는 도덕적 책임이 없다. 내가 도덕적 책임을 져야 하는 것은 다른 사람의 자격이나 능력 및 실력 또는 아픔과 어려움을 알지 못 하는 경우로, 남을 알도록 하라는 것이 공자의 가르침이다.

사람은 거의 누구나 남이 알아주기를 바라고 인정받고 싶어 한다. 가정에서는 물론이고 직장, 나아가서는 사회에서 윗사람이나 동료 그리고 부하로부터 인정받고 존경받기를 바란다. 특히 조직생활에서 상사에게 인정받으면 그렇게 기쁘고 즐거우나 기압을 받으면 속상하고 화가 끓어 오른다. 이렇게 조직생활에서 구성원은 일반적으로 어린아이와 같은 경우가 많다.

자신이 열정을 다하여 어떤 일을 이루었는데도, 노력을 부단히 했는데도 결국은 실패로 끝나 그 결과만 가지고 비난이 자신에게 집중될 때, 예컨대 인격이나 능력 그리고 리더십으로 보아 필자가 월등히 나은데도 정당 때문에 낙선하여 소태보다도 더 쓴 아픔을 씹을 때, 그 안에서도 노여워하지도 말고 알아주지 않는 것에 대하여 걱정하지 말라는 것이다.

그러나 말하기는 간단하여도 실천하기란 여간 어려운 것이 아니다. 사회적 인정이나 평판에 의존하기보다는 도(道)를 추구하는 큰 목표를 간직하고 살았던 공자나 가능한 것이지, 나에게는 까마득하게 멀리 보이는 이상일 뿐이다. 항상 내 자신의 충실과 발전을 꾀하는 군자는 남의 평판이나 칭찬이나 박수를 한낱 물거품으로 보겠지만, 그것은 군자(君子)의 모습일 뿐이다. 범인(凡人)에게는 실천하기에 너무나 아득한 말씀이다.

더하여 남을 내가 바르게 알지 못함을 걱정하고, 내가 남의 재능을 알아줄 만한 슬기가 없음을 걱정하고, 나의 무능을 걱정하라고 공자는 가르친다. 더 힘든 주문(注文)이다.

그러나 기본적으로 사람은 이기적이고 자기중심적이다. 역지사지(易地思之)하기가 여간 어려운 것이 아니다. 그래서 '홀아비 사정은 홀아비가 알고 과부 사정은 과부가 안다'는 속담이 생겨나지 않았는가 한다. 직접 당하여 본다든가, 체험하여 보아야 겨우 남을 알게 된다. 많은 경우 그럴 경우도 남을 알지 못하고 그냥 지나쳐 버리기가 태반이다. 따라서 그냥 지나치지 않고 다른 사람의 처지를 이해하도록 항상 유의할 필요가 있다.

1998년 민선 2기 원주시장에 취임한 그 해 가을의 일이다. 원주시 사회복지협의회 주관으로 장애인 체험행사가 열린 적이 있다. 휠체어를 타고 주요 거리를 행진하는데 보도 턱으로 인해 인도로 다닐 수가 없어 자동차도로로 가면서 장애인의 불편과 고통 및 위험에의 노출을 알았다. 그 후 모든 인도에 휠체어나 유모차가 불편 없이 편안히 다닐 수 있게 보도 턱 낮추기를 실시하는 등 장애인 우선도시를 지향하게 되어 전국 제일의 도시가 된 것은 이렇게 출발이 되었었다.

우리는 비록 힘들고 어렵지만 '내가 남을 알지 못함을 걱정하라'(患不知人也)를 늘 가슴에 새기고 실천하도록 하여 지금보다 훨씬 따뜻하고 원망 없는 사회를 만들어 가야 하겠다.

# 5. 자아완성과 성찰의 중요성

## 나로부터 출발

《논어》는 한마디로 수기치인(修己治人)의 가르침이다. 먼저 수기하여 후에 치인하라는 것이다. 수기하여 군자가 되어 치인하여 인(仁)을 실현하고 백성을 편안히 하라는 것이다.

공자는 모든 것이 '나'로부터 출발하고 나의 능력과 역량의 개발에 의한 자아실현과 개체의 가치를 수기(修己)하라고 가르쳤다. 그래서 공자는 "옛날의 학자들은 자기수양을 위해서 공부하였으나, 오늘의 학자들은 남에게 보이고 팔리기 위해서 한다"[1] 라고 지적하였다.

자기를 위하여 공부하면 자기수양과 인격도야를 통하여 덕이 쌓이고 인에 가까워질 것이다. '위기'(爲己)는 나를 출발점으로 하여 자아를 실현하고 자아를 완성하는 것이며 수기를 통하여 도에 이르는 것이다. 반대로 '위인'(爲人)은 남들에게 잘 보이기 위하여, 쉽게 말하면 쇼하는 것이요 전시효과를 노리는 것이며, 속은 텅텅 비었는데 겉만 번지르르한 외화내빈(外華內貧)을 가리키는 것이다.

수기(修己)가 위기(爲己)이며 그래서 유학을 가리켜 위기지학(爲己之學)이라고도 한다. 진정 수기를 이루려면 타로부터의 시작이 아니라 자아로부터 출발하고 끝나야 함으로 자송(自訟), 자성(自省),

1) 古之學者 爲己 今之學者 爲人 〈憲問 25〉

및 자책(自責)이 이루어져 참 자아를 확립하고 그러한 속에서 자계(自戒)하며 살아야 한다.

공자는 "다 되었구나!(이제 끝인가 보구나!) 나는 아직까지 자기의 잘못을 보고 스스로 마음속으로 자책하여 깨우치는 사람을 보지 못했다"[2] 라고 하여, 자신이 저지른 잘못을 깨닫고 스스로 반성하는 사람은 어디에도 없다고 한탄하였다. 그는 남이 지적해서가 아니라 자기의 내심에서 우러나오는 양심의 소리를 들을 수 있는 사람만이 인(仁)의 길을 갈 수 있다고 보고 스스로 고치고 회개하여 거듭나서 새로워지는 것을 최고로 보았다.

그래서 자기반성은 엄하게 하고, 다른 사람에 대한 책망은 가볍게 하면 원망이 멀어진다고 하였다.[3] 그리고 그의 제자 증자(曾子)는 '일일삼성'(一日三省)하라고 가르쳤다.

공자는 또 어진 이를 보면 그와 같아지기를 생각하고, 어질지 못한 자를 보면 스스로 깊이 반성하라고 하였다.[4] 공자는 가장 존경하는 이상의 인물 주공(周公)을 닮으려고 하였으며, 꿈에서조차 종종 만날 정도로 스스로 주공의 길을 가려고 실천을 하였다.

오늘날 우리나라는 어디를 가든 십자가와 교회 그리고 사찰과 암자가 흔하다. 그러면 모두 현인이 되었어야 할 터인데 그렇지 못하고 악이 판을 치는 것을 보면 무언가 잘못된 것 같다.

예수를 믿는다는 것은 예수와 같아지는 것이요, 부처를 믿는다는 것은 부처의 삶을 모방하여 실천하는 것이다. 예수를 믿는 것은 예수의 생활대로 사랑을 실천하는 것이요, 부처를 믿는 것은 부처와 같이

---

2) 已矣乎 吾未見能見其過而內自訟者也 〈公冶長 26〉

3) 躬自厚而薄責於人 則遠怨矣 〈衛靈公 14〉

4) 見賢思齊焉 見不賢而內自省也 〈里仁 17〉

자비를 실천하는 것이어야 한다.

천주교에는 '십자가의 길'이 있다. 예수가 사형선고를 받는 데서부터 무덤에 묻힐 때까지의 14처(處)의 수난을 묵상하는 기도로 예수 수난을 묵상하면서 예수의 아픔을 나의 아픔으로 하여 예수와 일치를 이루는 것이다. 이렇게 사랑을 실천하고 이웃과 아픔을 같이 해야 할 교회가 사랑보다는 예배당 건물만 대형화해나가는 것은 예수와의 일치는커녕 점점 거리가 멀어지는 것이 아닌가하는 생각이 든다.

## 자기혁신으로 인과 사랑의 구현

일반적으로 사람의 일생은 청소년기와 장년기, 그리고 노년기로 크게 셋으로 구분하는데, 공자는 각기(各期)마다의 특징을 말하고 일생을 통하여 자계(自戒)하라고 한다.

즉 군자가 경계해야 할 점이 세 가지가 있다. 청소년기에는 혈기가 안정되지 않았기 때문에 여색을 경계해야 하며, 장년기에는 혈기가 마냥 강성하기 때문에 싸움을 경계해야 하며, 노년기에는 혈기가 쇠잔하기 때문에 욕심을 경계해야 한다[5]는 것이 그것이다.

이렇게 평생을 통하여 자계하고 자성(自省) 또는 내자송(內自訟)하며 살면 궁극적으로 자아혁신과 자아실현 내지는 완성에 이르는데 이처럼 자아개조에 의해 거듭나서 새로워지면 극기복례(克己復禮)하여 인을 이룬다는 생각이었다.

이러한 경지에 이르면 자아는 독립의지와 주체의식을 갖추어 자기성찰에 의한 수기가 이루어져 숭고하고 도덕적이며 지덕체용을 겸비

---

5) 少之時 血氣未定 戒之在色 及其壯也 血氣方剛 戒之在鬪 及其老也 血氣旣衰 戒之在得 〈季氏 7〉

한 인격자가 되어 공자가 말한 대로 "삼군의 총사령관을 빼앗을 수는 있으나, 필부의 뜻을 빼앗을 수는 없으며",[6] 그 어느 누구도 그 뜻을 빼앗거나 꺾을 수 없는 요지부동이 되는 것이다. 완전한 자아의 독립인 것이다.

사랑을 가르친 예수도 "네 이웃을 네 몸 같이 사랑하라"(Love your neighbor as you love yourself, 마태오 22: 39) 고 외쳤다. 자기를 사랑하지 않는 사람이 남을 사랑한다는 것은 거짓이다. 또한 예수는 끊임없이 회개하라고 하였다. 물론 여기서의 회개는 원죄에 대한 문제가 있기는 하더라도 공자의 자성과 자계와 일치하는 것이다. 중국의 유택화(劉澤華) 교수는 자책(自責), 자성은 제한된 범위 내에서만 사용할 수 있다고 보고, 사회상의 모든 모순을 자신의 심신으로 끌어와 제거하려 한다면 이는 사회의 진보에 이롭지 못하다고 비판하나 그의 주장은 지나친 확대적용이 아닌가 한다.

오히려 끊임없는 자기성찰은 자아를 혁신시키고 거듭나게 하며 새로워져 완전한 인간개조를 이룰 수 있게 한다. 그리고 자기성찰은 수기의 전제가 되어 이상이나 정의실현을 위하여 살신성인이 가능하게 하는 무서운 힘을 발휘할 수도 있다.

---

6) 三軍 可奪帥也 匹夫 不可奪志也 〈子罕 25〉

# 6. 약속이행과 근친관리

## 현대는 신용사회

약속은 어느 시대나 지켜야 하지만 특히 현대와 같은 신용사회에서는 약속은 철저히 지켜야 사회의 순환이 가능한 것이다. 결제수단으로서의 신용카드(*credit card*) 제도는 신용을 전제로 운영되는 것이며 신용카드가 사회전체에 일반화되었을 때 그 사회는 선진사회라고도 할 수 있는 것이다.

그러나 약속이라고 해서 모든 약속을 다 지켜야 하는 것은 아니다. 의(義)에 어긋난 약속은 지키면 안 되는 것이다. 강도나 조직폭력배들의 강압에 의한 약속은 지키면 안 되는 것이다. 이런 약속은 의에 어긋난 약속인 것이다. 나쁜 약속을 지키고 이행하는 것은 덕행이 아니라, 오히려 범죄, 악덕행위인 것이다. 약속을 지키는 것이 무조건 도덕이 될 수 있는 것이 아니기 때문에 정의와 일치하여 지킬 만한 약속만 실행하는 것이 좋다.

유자(有子)가 말하였다. "약속이 의에 가까우면 그 말을 실천할 수 있으며, 공손함이 예에 가까우면 치욕을 멀리할 수 있다. 친하게 지냄으로써 친한 이를 잃지 않으면 존경하여 받들 만하다.[1]

1) 有子曰 信近於義 言可復也 恭近於禮 遠恥辱也 因不失其親 亦可宗也 〈學而 13〉

〈공자세가〉에 의하면 공자가 천하유세 중 포(蒲: 하남성 장원현 동쪽) 땅을 지날 때 조난을 당하여 탈출을 못하고 어려움을 겪은 바가 있다. 이때 포 땅의 사람들이 "만일 위나라로 가지 않으면 그대를 놓아 주겠소"라고 말했고 공자가 맹약하자 동문으로 내보내 주었다. 그러나 공자는 끝내 가지 않겠다던 위나라로 갔다. 이에 자공이 말했다. "맹약을 저버려도 됩니까?" 이에 공자가 천명하였다. "강요된 맹약은 신(神)도 인정하지 않는다"[2] 그렇다. 신도 인정하지 않는 것을 하물며 사람이 지킬 필요는 없는 것이다.

## 김춘추가 고구려에 한 약속

신라의 김춘추가 사신으로 고구려에 가서 보장왕에게 "백제는 무도하여 긴 뱀과 큰 돼지(長蛇封豕)가 되어 우리 강토를 침범"한다며 원군을 요청한 적이 있다. 이때 고구려왕이 "마목현(麻木峴)과 죽령(竹嶺) 이북은 본래 고구려 땅으로, 예전 고구려와 당나라의 전쟁 시 신라가 그 틈을 이용해서 빼앗은 것이니 돌려주지 않으면 돌아갈 수 없다"고 하자 거절하여 옥에 갇혀 억류되었다.

김춘추는 이렇게 위험에 처하였을 때 '토끼와 간' 이야기를 연상하여 "두 영(嶺)은 본래 고구려의 땅이다. 귀국하면 왕께 청하여 돌려드리겠다. 내 말을 믿지 못한다면 저 밝은 해를 두고 맹세하겠다"는 내용의 글월을 왕에게 보내어 고구려를 무사히 빠져나와 후에 삼국통일의 대업을 완수하였다. 만약 그때 김춘추가 국가의 토지는 신하가 마음대로 하는 것이 아니므로 끝까지 거절하고 거짓 약속을 하지 않

---

2) 蒲人懼 謂孔子曰 苟毋適衛 吾出子 與之盟 出孔子東門 孔子遂適衛 子貢曰 盟可負邪 孔子曰 要盟也 神不聽 〈孔子世家〉, 《史記》

았더라면 김춘추의 생명은 물론이고 삼국통일의 위업은 영원히 날아가고 물거품이 되었을지도 모른다.

## 도산 안창호선생의 어린이와의 약속

확인은 못하였지만 도산 안창호 선생께서 역사가이며 독립운동가인 단재(丹齋) 신채호 선생의 식사초대를 받아 댁을 방문하였더니 자제분 생일이었다고 한다. 그것을 모르고 빈손으로 가셨던 선생께서 미안하여 자제분께 내년 생일에 꼭 선물을 사가지고 오셔서 축하하여 주겠다고 약속하였다고 한다. 그런데 다음해 윤봉길 의사가 상해 홍구공원에서 열린 일본 천황의 생일연(천장절)과 상해점령 전승기념행사에 폭탄을 투척한 거사가 있었다. 그래서 왜놈들이 조선의 독립운동인사를 닥치는 대로 검거할 때인데 공교롭게도 그 아이의 생일이 되었다. 안창호 선생은 내일의 조국을 짊어지고 갈 천진난만한 어린이에게 실망을 안겨줄 수 없어 피신을 하지 않고, 위험을 무릅쓰고 약속을 지키기 위하여 그 아이 집에 가다가 체포되었다고 한다.

이렇게 약속은 의(義)에 어긋났을 때는 김춘추와 같이 거짓 약속이라도 해야 되는 것이며 그것을 지키는 것이 오히려 어리석은 것이고, 그것이 의로운 것일 때는 지키기 위하여 하나밖에 없는 생명도 버려야 할 정도로 생명과도 바꿀 수 있을 만큼 중요한 것이다.

## 신의는 호학과 접목되어야

그런데 "신의(信義)를 좋아하더라도 배우는 것을 좋아하지 않으면 그 폐단은 남을 해치는 것이다."[3] 아무리 신의나 약속을 지키고 그것만을 생각하고 좋아하더라도 배우는 것을 좋아하여 학덕을 길러 신

(信) 즉 약속의 크고 작음을 판단하고 구분하며 의(義)와 이(利)를 지켜야 할 약속인지를 가려내야 한다. 그렇지 않으면 배움의 뒷받침이 없어 무식의 그늘 밑에서 소신(小信), 경신(輕信), 과신(過信) 따위로 왜곡되어 다른 사람에게 해를 끼치는 폐단이 되는 것이다. 도적이나 깡패의 의리가 바로 그런 경우이다. 그러므로 이런 폭력조직에서 신의를 지킨다는 것은 바로 범죄를 강행하는 것으로 귀결되는 것이다.

## 공손과 예의 조화

'공손'(恭遜)이란 것도 예(禮)와 맞고 어울려야 '공손'이 되는 것이다. '공손'이 예와 균형이 맞지 않을 때 그것은 이미 '공손'이 아닌 것이다. 그것은 굴욕(屈辱)이 되며 아첨이 되는 것이다. 공손은 스스로 좋아서 자신을 낮추는 사람과 사람 사이를 고마운 마음으로 연결하여 주는 것이다. 따라서 공손은 예에 가깝고 예와 일치를 이루어야지, 공손하더라도 예가 없으면 헛수고일 뿐이다.[4]

여기에서 예는 모자라거나 지나치지 않은 '중용'(中庸)을 의미한다고 하겠다. 즉 '공손함'의 덕목이 너무 지나치거나 모자라게 되어 중용을 잃게 되면 수고스럽게 되는 폐단이 일어나는 것이다.

공(恭)은 자장(子張)이 공자에게 인(仁)에 대하여 물었을 때 공(恭), 관(寬), 신(信), 민(敏), 혜(惠)의 5덕 중의 하나로 인(仁)이 행동화되었을 때 구체적 실천사항 중의 하나이다. 모든 사람에게 공

---

3) 好信不好學 其蔽也賊 〈陽貨 8〉

4) 恭而無禮則勞 〈泰伯 2〉

손하면 남으로부터 욕보지 않으며 업신여김을 받지 않는다.[5] 내가 먼저 상대방에게 공손한데 욕보일 사람이 누구인가? 웃는 얼굴에 침 못 뱉는다는 속담은 아무리 세상이 험악해도 통하는 진리이고, 먼저 미소 띠고 인사하는데 뺨 때릴 사람이 있을 수 없는 것이다. 이렇게 공손은 중용만 지키면 참으로 아름다운 덕이다.

예(禮)는 개인적으로는 인간의 행동을 미화하고 사회적으로는 모든 사람을 조화시키고 질서를 바로잡아 주는 규범으로 예를 따르면 모든 사람들이 큰 조화 속에서 바르게 삶을 누리고 발전할 수 있다. 예는 과불급(過不及)의 중화(中和)를 취하여 극단을 억제 조절하는 행위의 준칙으로, 중용의 덕을 최고최선의 도덕으로 믿고 있었던 공자에게 예는 인간성의 조화로운 균형과 내용과 형식의 중화(中和)를 이루는 것으로 "예의 작용은 조화를 귀하게 여긴다"[6]라고 한 것이다.

## 지도자의 근친관리

신(信)과 공(恭)을 의(義)와 예(禮)에 맞게 실천하려다 보면 엄격해지기 쉽고 기속(羈束)되기 쉽다. 얽매이기 때문이다. 친하게 지내면서 연(緣)을 중시하여 그 연이 계속되면 가까운 사람들을 잃지 않게 되고 그렇게 되면 자연히 존경받으며 받들어지는 것이다. 이와 유사한 말씀이 〈태백〉편에도 보이는데 "지도자가 친척에게 돈독히 하면 백성들 사이에 어진 기풍이 일어나며, 옛 친구를 버리지 않으면 백성들의 덕풍이 후하게 된다."[7]

---

5) 能行五者於天下 爲仁矣 恭寬信敏惠 恭則不侮 〈陽貨 6〉

6) 禮之用 和爲貴 〈學而 12〉

7) 君子篤於親 則民興於仁 故舊 不遺 則民不偸 〈泰伯 2〉

지도자가 먼저 솔선수범하면 백성들은 저절로 따라오는 것이다. 친인척이나 옛 친구에게 잘하라는 말이나 친한 이를 잃지 말라는 말은 친인척 비리나 패거리를 만들라는 말이 절대 아니며 더구나 특혜나 이권을 주라는 말은 결코 아닌 것이다. 친인척이나 친한 이들 그리고 옛 친구들에게 덕을 베풀라는 뜻이다. 덕을 베풀면 사욕을 부릴 여지가 없어 문제될 것이 없다. 현대적 감각의 말로 표현하면 친인척이나 옛 친구의 관리(管理)와 인간관계를 잘 하라는 것이다.

## 역대 대통령들을 비롯한 사례들

김영삼 대통령도 아들관리를 잘못하여 그 아들 '현철'이 소통령 소리를 들으며 갖은 못된 짓을 하여 감옥까지 가고 백성들로부터 존경은커녕 지탄받는 대통령이 되었다.

김대중 대통령도 아들관리를 잘못하여 아들들이 감옥에 갔을 뿐 아니라 그들이 저지른 죄로 인해 당시 총선과 지선에서 민주당 및 DJP 공조에 의한 공동여당인 자민련 공천자들이 줄줄이 낙선되는 비극을 낳았었다.

노무현 대통령도 표적수사에 의한 정치보복의 문제는 별도로 하고, 이른바 650만 달러에 부인, 아들, 사위, 형들이 연관되어 자결로까지 몰리는 비극을 낳지 않았는가?

이명박 대통령도 당선 이전부터 BBK 등의 사건으로 도덕적으로 자유롭지 못했으며 정권초기인데도 벌써 형의 권력개입을 빗대어 '만사형통'(萬事兄通)이니 하는 사자성어가 전 국민에게 회자될 정도이니 퇴임 후 친인척과 관련하여 무엇이 터질지 아무도 장담하기 힘든 형국이다.

권력이 있는 곳과 이권이 있는 곳에는 똥파리가 끼게 되어 있다.

청와대 민정비서실 안에는 근친(近親) 담당부서가 있어 대통령 친인척의 동향을 수시로 체크하고 관리하지만 한계가 있는 것이다. 문제는 비서실에서 아무리 관리를 잘하더라도 대통령 자신의 의지가 강하지 않으면 속수무책인 것이다.

반면교사(反面教師)의 교훈도 있을 텐데 대통령마다 반복되니 참으로 한심한 일이다. 대통령에게만 한정되는 것은 아니다. 모든 지도자들에게 친인척 관리문제는 지도자의 성공 여부를 결정짓는 중요한 요인인 것이다.

아들 관리 못지않게 부인 관리도 잘하여야 한다. 국민의 정부 시절 이른바 옷 로비사건(일명 여우목도리 사건)으로 불거진 장관부인과 검찰총장부인의 초호화판 사치로 인해서 장관들을 비롯한 고위 공직자들의 지위가 파리 목숨같이 줄줄이 날아가는 것을 보고 지도자의 길이 아무나 가는 길은 아니구나 하는 것을 느꼈다. 그러나 고위직은 아니지만 공직의 길을 걸었던 사람으로서 시민들로부터 정당공천제 때문에 낙선된 것을 아쉬워하는 분들을 대할 때면 출세는 크게 못하였더라도 인생을 잘못 살지는 않았구나 하는 것을 느낀다.

옛 친구 관리도 그렇다. 지도자가 되어 지위가 높아지면 일에 파묻히게 되고 바빠져 친한 옛 친구도 잊거나 소원해질 수 있다. 그렇게 되면 출세하니까 사람이 달라졌다고 하고, 특히 선거직의 경우 누구 덕에 되었는데 그럴 수가 있느냐며 '원수'관계로 변할 수 있다.

## 가장 가까운 사람들에게 존경받는 사람이 되어야

지도자에게는 권력과 이권이 있기 때문에 옛 친구를 너무 가까이 하는 일은 청탁이나 유혹 또는 중개 등으로 지도자에게 치명상을 입힐 수도 있다. 따라서 지도자는 그 위치를 생각하여 옛 친구에게 연이 계속되도록 하면서 불가근불가원(不可近不可遠)의 관계를 유지하여야 할 것이다.

〈미자〉편에 보면 주공(周公)이 그의 아들 노공(魯公)에게 일러준 말이 나온다. "군자는 일가친척을 소홀히 하지 말며, 대신으로 하여금 자기를 써주지 않는다는 원한을 품게 하지 말며, 원로 공신은 큰 죄가 아니면 버리지 않고 또 한 사람에게 모든 것이 갖추어지기를 구하지 말라."[8] 여기서 불시기친(不施其親)은 불실기친(不失其親)과 비슷한 표현이다. 공자가 그렇게도 존경한 주공이 자기 대신 노나라의 임금이 된 아들 백금(伯禽)에게 한 충고이다. 지도자들이 꼭 유념하여 실천해야 할 교훈이다.

가장 가까운 사람들에게 존경받는 사람이 인간으로서 참으로 성공하고 올바르게 산 사람이다. 자식들에게 마음으로부터 존경과 신뢰를 받고 주위 사람들에게 아낌과 사랑을 받는 사람이 군자이고 지도자이다. 대외적으로 성공한 것으로 보이는 많은 사람들이 그 주위 친한 사람 또는 같이 일했던 동료나 이른바 동지라고 일컫는 사람들의 밀고나 폭로로 망가지는 것을 보면, 그들의 성공은 수기(修己)나 수신(修身) 즉 자기관리나 자기혁신은 제대로 하지 못하고 보이기만 위한 처신으로 빚어낸 결과인 것이다.

친한 이를 잃지 말아야 한다. 친한 이로부터 인정과 존경을 받는 것이 인생성공의 출발이다.

---

8) 周公 謂魯公曰 君子不施其親 不使大臣 怨乎不以 故舊無大故 則不棄也 無求備於一人 〈微子 10〉

# 7. 일일 삼성三省

## 진위논란

근원적인 반성이란 쉬운 것이 아니다. 개미 쳇바퀴 돌 듯 일상생활을 아무 생각 없이 보내고 또 다음 날을 맞는 것이 다반사인 우리들에게는 반성이나 자기성찰이 참으로 어려운 것이다.

증자(曾子)가 말하였다. "나는 매일 나를 세 번 반성한다. 남을 위하여 일을 도모해 줌에 성의를 다하였는가? 친구들과 사귐에 신의를 다하였는가? 전수받은 것을 복습하지 않았는가 이다. 또는 제대로 익히지도 못한 것을 남에게 가르치지는 않았는가 이다."[1]

증자는 이름은 삼(參)이며, 자는 자여(子與)이다. 공자의 제자로 사마천의 《사기》 중 〈중니제자열전〉에 의하면 공자보다 46살 아래라고 하며, 《효경》(孝經)의 저자라고 전해진다.

공자는 "덕행으로는 안연(顔淵)과 민자건(閔子騫)과 염백우(冉伯牛)와 중궁(仲弓)이, 언어에는 재아(宰我)와 자공(子貢)이, 정사에는 염유(冉有)와 계로(季路)가, 문학에는 자유(子游)와 자하(子夏)가 뛰어 났다"[2]라고 했는데 이를 일러 '사과십철'(四科十哲)이라고 한

---

1) 曾子曰 吾日三省吾身 爲人謀而不忠乎 與朋友交而不信乎 傳不習乎 〈學而 4〉

2) 子曰 德行 顔淵 閔子騫 冉伯牛 仲弓 言語 宰我 子貢 政事 冉有 季路 文學 子游 子夏 〈先進 2〉

다. 십철이란 칭호는 당 현종(唐玄宗) 때에 붙였다고 한다.

도올 김용옥 교수는 증자는 공자보다 46세 연하로 사과십철에도 못 끼었을 뿐 아니라 공자 스스로 그를 좀 '아둔한' 인간이라고 가볍게 평가한 것으로 보아[3] 《논어》에 '증자'라는 최고의 존칭이 붙은 것이나 본장을 비롯하여 〈이인〉 15장에서, 공자가 증삼(曾參)에게 오도(吾道)는 일이관지(一以貫之)라 하니 삼(參)이 이에 긍정을 한 후, 공자가 나간 후에 문인(門人)이 무슨 말이냐고 묻자, 증자(曾子)가 "선생님의 도는 충서(忠恕)일 뿐이다"[4] 라고 하였다는 이 유명한 구절도 후대의 날조라고 폄하한다.

공자의 사상은 근원적으로 '충서'(忠恕) 따위로 논의될 수 없을 뿐 아니라 본장에서도 공자의 사상은 '충(忠), 신(信), 습(習)'의 삼성(三省)의 도식적 이해로는 도저히 달성될 수 없다는 것이다. 이것은 명백히 증자사상의 한계를 드러내는 것이며, 그가 공자사상의 본질에 접근치 못한 아웃사이더에 지나지 않았음을 입증하는 것이라는 것이다.

그러나 날조면 어떻고 공자가 죽고 난 먼 훗날에 증자의 제자들이 증자를 추념하여 쓴 것으로 단지 《논어》에 삽입된 것이면 또 어떠랴. 어떻든 증자가 공자의 학통(學統)에 있어 증자, 자사, 맹자로 이어지는 유학(儒學) 발전에 크게 기여한 것만은 아무도 부정할 수 없는 것이고, 그 제자들이 삽입했다는 것도 사제 간에 자기 스승을 존경하여 얼마든지 할 수 있는 일로 오히려 아름답지 않은가?

더구나 증자는 공자의 제자로 스승 공자를 모시며 스승의 생활에서 공자가 매일 반성하면서 새로워지는 것을 보고 일일삼성을 강조한 것

---

3) 參也 魯 〈先進 17〉

4) 子曰 參乎 吾道 一以貫之 曾子曰 唯 子出 門人 問曰 何謂也 曾子曰 夫子之道 忠恕而已矣 〈里仁 15〉

이 아니겠는가?

## 실천의 대상을 두고 행하는 반성

문제는 그 내용인데 정말 대단하고 존경스럽다. 하루 세 번씩이나 대인관계에 있어서 성실하였나, 신의가 있었나, 제대로 전하였는가(또는 전수받은 것을 복습하였나)를 반성하면 얼마나 행복감에 넘칠 것이며 군자가 되지 말라고 기도를 하여도 되고도 남을 것이다.

사실 하루 한 번 반성하기도 어렵고 그냥 아무 생각 없이 생활하다가 저녁에 쓰러져 자는 것이 매일이다. '일일삼성'은 고사하고 '일일일성'(一日一省)이라도 계속하면 얼마나 좋을까?

주일미사에서 한 번씩 고백의 기도를 하면서 "… 생각과 말과 행위로 많은 죄를 지었으며 자주 의무를 소홀히 하였다"고 조건반사 식으로 그저 입으로만 나불거리지 반성 같은 반성 한번 없이 건성으로 뇌까리는 것이 대부분이며, 그것조차 성당 문을 벗어나면 언제 그랬냐는 식으로 되어 버리니 스스로가 한심한 일이다.

증자의 반성사항은 사회생활에서 대인관계의 윤리생활을 반성하는 것이다. 이렇게 《논어》의 도덕은 실천의 대상을 두고 행하는 반성이다. 그런데 조선조 500년간 우리나라 유자(儒者)들의 대부분이 이러한 말씀을 문구(文句)로만 배워서 암송하고 입으로만 나불거렸지, 그 진리를 알아서 몸으로 실행하지는 않았기 때문에 사회전체가 비생산적으로 쇠퇴하기에 이르렀던 것이다. 따라서 공자의 실천도덕은 실행이 뒷받침되어야 하는데 그 반대로 나간 조선왕조의 결과만 가지고 공자나 증자를 비난하는 것은 문제의 본질에서 벗어나는 것이다.

# 8. 약자에 대한 배려

## 한국의 스티븐 호킹

서울대학교 지구환경과학부 이상묵 교수는 한국의 '스티븐 호킹'이고 확실히 이 시대의 슈퍼맨이다. 그를 보면 "장애는 불편이지만 불행은 아니다"라는 헬렌 켈러의 말이 진리로 입증된다. 불행은커녕 무한의 가능성이며 용기로 다가온다.

이 교수는 2006년 7월 학생들과 함께 미국 캘리포니아 사막지역 연구에 나섰다가 뜻하지 않은 교통사고를 당해 목 아래가 완전히 마비되어 전신이 이미 그의 것이 아니었다.

그는 그의 인생이 이미 끝났다고 생각하고 있을 때 다행히 사고가, 장애인에 대한 배려가 지상에서는 천국에 가까운, 미국에서 나서 LA에 있는 재활전문병원 '랜초로스 아미노스'의 '컴퓨터를 활용한 재활센터'에 이송되었다. 거기서 그는 입과 눈으로 작동할 수 있는 수십가지 장비와 소프트웨어를 3주간에 걸쳐 피나는 훈련으로 배우고 익혔다. 컴퓨터를 통해 죽었던 그의 몸이 컴퓨터의 기능을 통하여 살아난 것이다. "장애인에게 필요한 것은 요원한 줄기세포가 아니라 현실적인 정보기술(IT)이라는 것을 사고를 당한 뒤 알게 되었다"는 그의 실토대로 그는 미국의 혁신적인 정보기술 때문에 살아난 것이다.

그가 사고를 한국에서 당하였으면 아마 폐인이 됐을지도 모른다. 확실히 폐인이 되었을 것이다. 식물인간으로 좌절 속에 아까운 그의 머리를 썩히고 있을 것이다. 미국에서는 휠체어를 제외하면 의사소통을 위한 장비와 소프트웨어가 고작 300만 원도 안 된다고 한다.

우리는 장애인에 대하여 너무나 무관심했다. 우리와 다른 사람으로 생각하였는지도 모른다. 현대와 같이 위험을 안고 사는 사회에서는 누구나 장애인이 될 수 있다. 장애인은 바로 나 자신이라는 생각에서 배려를 해야 하고 정부부터 앞장서야한다.

## 공자의 시각장애인에 대한 배려

2,500년 전 공자의 장애인에 대한 배려를 보면 그저 놀라울 뿐이다. 악사인 소경 면(冕)이 공자를 찾아뵙자, 그가 층계 앞에 오면, 공자가 "층계요"라 하고, 그가 자리 앞에 오면, 공자가 "자리요"라 하고, 그가 자리 잡고 앉으면, 공자가 "아무개는 여기 있고, 아무개는 저기 있소"하고 말했다. 악사가 물러간 다음에 자장(子張)이 물었다. "소경인 악사에게 말하는 도가 있습니까?" 공자가 대답했다. "그렇다. 바로 그렇게 하는 것이 소경인 악사를 돕는 길이다"[1] 라고 하였다.

이렇게 공자는 일상생활에서 남을 사랑하고 친절을 베풀어 배려함으로써 인애와 예절을 실천하였다. 그는 시각장애인을 항상 따뜻한 사랑과 배려로 대하였는데, 소경이 나타나면 상대가 연소자라도 반드시 일어나 예를 차렸고[2] 소경을 보면 아무리 친한 사이라도 예모를 갖추었다[3] 고 한다. 그는 예수처럼 병자나 장애인에게 기적은 베풀지는 못하였지만 인간으로서 그들 장애인에게 무한한 애정과 배려를 한

---

1) 師冕 見 及階 子曰 階也 及席 子曰 席也 皆座 子告之曰 某在斯 某在斯 師冕 出 子張 問曰 與師言之道與 子曰 然 固相師之道也 〈衛靈公 41〉

2) 子見瞽者 見之 雖少 必作 過之 必趨 〈子罕 9〉

3) 見瞽者 雖褻 必以貌 〈鄕黨 15〉

것이다.

《논어》가 우리나라에 들어온 것은 고구려 때부터고 조선조 500년간은 숭유배불(崇儒排佛)정책으로 유교를 국교로까지 하였으면서, 공자의 가르침에 따라 장애인을 배려하고 사랑하였다면 그리고 그 장애인에 대한 배려를 시설로까지 확장하여 계속 발전시켰으면, 우리나라는 지금쯤 장애인의 천국으로 전 세계가 부러워하는 가장 편리한 나라가 되었을 것이다.

그런데 《논어》를 읽고도 그 가르침은 외면하고 수백 년간 예쟁(禮爭)이나 하고, 양반이란 자들은 손 하나 까딱 안하고 대청에 버티고 앉아 장애인은 사람취급도 않고 상민들 수탈이나 하였으니 공자가 어찌 통탄하지 않았겠는가?

# 9. 여성에 대한 생각

## 공자는 여성을 경시하였는가?

《논어》의 총 500여 장 중 공자의 여성관을 알 수 있는 것은 오직 한 장 이외에는 그 어디에서도 찾아볼 수 없다. 공자가 여성을 어떻게 대하고 또 생각하였는지는 정확히 알 길이 없다. 《논어》에 여성들과 만나는 기록은 거의 없고 오직 한 번 실명으로 언급된 위(衛)나라 제후 영공(靈公)의 부인인 남자(南子)—이름이 남자라 혼동이 된다—와의 만남이 고작이다.

그것도 남녀간의 애정으로 만난 것이 아니라 정치적 성격을 띤 것으로, 음탕하기로 소문난 남자(南子)를 만났다고 성격이 급한 제자 자로(子路)로부터 비난을 받고 "나에게 잘못이 있다면, 하늘이 미워할 것이다. 하늘이 미워할 것이다"[1] 라고 하늘에 맹세하는 것이 바로 그것이다.

그 밖에 제나라 사람들이 공자를 노나라의 벼슬에서 밀어내고, 노나라 집권세력을 타락시키기 위해 보낸 여 악사에 대한 기록[2] 과 제자 자화(子華)가 사신으로 제나라에 감에 따라 그의 어머니에게 곡식을 보내주는 일화[3] 와 방군지처(邦君之妻), 즉 임금의 부인에 대한

1) 予所否者 天厭之 天厭之 〈雍也 26〉

2) 齊人 歸女樂 〈微子 4〉

호칭 몇 가지가 소개[4]되는 장이 있으나 여성관과는 아무런 연관이 없으며 무관한 장이다.

《논어》를 통틀어 유일하게 여자에 대하여 언급한 부분은 "여자와 소인은 다루기 어렵다. 가까이 하면 불손하고, 멀리하면 원망한다"[5]이다. 오늘의 관점에서 보자면 여성단체나 여권운동가들이 들고 일어날 만한 말이며, 삭발하거나 단식하며 투쟁하는 여성들도 한둘이 아닐 것이다.

확실히 이 장은 공자 당시의 남존여비(男尊女卑) 사상을 확연히 느끼게 하는 장이다. 중국이 남성중심의 사회가 된 이후 부녀자는 곧 노예의 지위로 전락하여 정권 같은 것은 잡을 수도 없다고 여겨졌고, 역사적으로도 부녀자는 국정을 책임지거나 집행할 수 없었을 뿐더러 가사(家事)일을 결정하는 데도 주도적으로 간여할 수 없었던 것이다.

우리나라도 박정희 대통령이 새마을운동을 시작하기 전까지는 '암탉이 울면 집안이 망한다'는 속담이 있을 정도로 남존여비의 사회상을 벗어나지 못하다가, 새마을운동을 계기로 "암탉이 울어야 알을 깐다"로 바뀌면서 여성들의 활동이 활발해지면서 겨우 남성중심의 사회가 양성평등사회로 나아가기 시작한 것이다.

공자는 이 장 때문에 많은 비난을 받아온 것이 사실이지만 공자를 사랑하는 많은 사람들은 여러 가지로 호의적으로 해석하려고 힘을 기울여왔다.

---

3) 子華使於齊 冉子爲其母請粟 〈雍也 3〉

4) 邦君之妻 君 稱之曰夫人… 異邦人 稱之 亦曰君夫人 〈季氏 14〉

5) 唯女子與小人 爲難養也 近之則不孫 遠之則怨 〈陽貨 25〉

## 여자와 소인에 대한 논란

여기에 나오는 '여자와 소인'에 대하여 공자의 75대손인 공건(孔健)은 "미처 어머니의 젖을 떠나지 않은 어린 여자아이와 소인배들은 다루기 힘들다는 것으로 풀이하는 것이 옳다"고 주장한다. 그리고 조상님의 명예회복을 위해서도 꼭 이 말의 참뜻을 이해해주기 바란다고 간청한다.

주자는 여기서 소인이란 집에서 부리는 하인이며, 여자는 첩(妾)이라고 보았다. 김승혜 수녀는 공자 자신의 말씀이라기보다는 대중적 편견이 짙은 후기 공문(孔門)의 통속적 사고가 들어 있는 것으로 보인다고 하였고, 장기근 교수는 여자와 소인을 격하한 말이 아니고, 한 집안에서 함께 어울려 사는 데 어려움이 많다는 뜻이라고 풀이하였다.

중국의 진대제는 《논어》를 읽을 때 허자(虛字)의 작용을 소홀히 하지 말 것을 주문하면서 '唯'자의 작용을 소홀히 하지 않는다면 논리학적으로 접근하여 단지 공자가 일부의 여성만을 경시했음을 증명할 수가 있고 여성 전부를 경시했다고 말할 수는 없다고 한다.

박민영 평론가는 "여자와 소인은 양성하기가 어렵다"는 말은 여자와 소인을 '군자로 키우기' 어렵다는 말로 해석하여야 한다고 하고, 군자가 유덕자(有德者)가 아닌 유위자(有位者)로 쓰이는 경우가 있는 것처럼, 소인도 덕이 없는 사람이 아니라 하층민을 일컫는데 그들이 처한 열악한 사회, 문화적 기반 때문에 여자와 소인을 군자로 양성하기가 어렵다는 것을 토로한 것으로 여자와 소인을 차별하고자 한 말이 아니라고 주장한다.

그러나 어느 시대건 여성이 인류의 반을 점유하는 것이 일반적 현상인데 이들이 모두 하층민이었다고 보는 것은 무리가 있지 않나 하는 생각이 든다. 공자가 지도층은 사회를 책임지는 당사자이자, 사회를 변화시킬 수 있는 당사자로 보아 가르침의 초점을 지도층에 두었던 것은 사실이라고 하자. 그렇다 하더라도 공자의 일생이 자나 깨나 이 어지러운 세상이 조금이라도 나아지도록, 한 사람이라도 불행한 사람이 줄어들기를 고뇌하면서 사람들 앞에 서서 가르침을 폈던 생이라는 것을 생각하면 여자가 하층민이라고 해서 인류의 과반수가 넘는 그들에게 무관심하였다고 하는 것은 수긍이 가지 않는다.

## 공자의 군자에는 남녀 모두 포함

어떻든 세계 3대 성인에 해당하는 공자 같은 사람이 이런 말을 했으면 앞뒤 생각 없이 불쑥 했을 리는 만무하다. 무슨 이유가 있었을 것이다.

《논어》에 '소인'이란 말은 '군자'라는 말과 거의 비슷하게 나온다. 그러나 '여자'라는 말은 이 장(陽貨 25)의 한 번이 유일하다. 그렇다면 여기서 실마리를 찾아야 하지 않겠는가?

그것은 공자가 군자에는 남자와 여자를 모두 포함하여 말하고 남녀를 구분하지 않았다는 점이다. 흐트러진 세상에 눈을 떼서는 안 된다. 무슨 일이 있어도 사람들이 살아가는 이 세상 밖으로 나가서는 안 된다. 사람으로 태어나서 사람과 같이 살지 않고 누구와 같이 산단 말이냐[6]고 하면서 인류를 한 단계 끌어 올리고, 세상을 인덕(仁德)으로 가득 찬 대동사회로 만들려고 한 공자에게 남녀의 구별은 무의미한 것이다.

이와 같은 맥락에서 조선의 유명한 여성 성리학자였던 임윤지당(任

---

6) 鳥獸 不可與同群 吾非斯人之徒 與 而誰與 〈微子 6〉

允摯堂)은 그 자신이 비록 부녀자이기는 하지만, 성현이 될 수 있다고 믿었고 그렇게 되도록 노력하였다. 그래서 "천부적인 성품에서는 애당초 남녀의 차이가 없다"고 단언하였다. 비록 안연(顔淵, 공자의 수제자)이 배운 것을 능히 따라갈 수는 없다고 하더라도 성인을 사모하는 뜻은 간절하다고 천명하였다. 인(仁)을 실천하거나 실천하지 못하는 것은 나 자신에게 달렸다고 하고 뜻을 세워 독실하게 행하면 여자도 군자가 될 수 있다고 본 것이다.7)

그러면 이 장의 '여자'는 무엇인가? 그것은 공자의 가정생활에서 찾아야 할 것 같다. 공자의 가정생활은 행복하지 않았다. 공자는 19세에 부인 견관씨(幵官氏)와 결혼하여 다음 해에 아들 리(鯉)를 낳았다. 정확히 언제 공자와 부인이 이혼하였는지, 왜 헤어졌는지는 기록에 없다.

공자는 천하를 품고 있는데 부인은 여자로서의 행복을 추구하였다면 자연히 가정불화는 생겨나지 않을 수 없었을 것이다. 그런 상황에서 공자나 부인도 속이 많이 썩었을 것이다. 오죽하면 이혼까지 하였겠는가? 그래서 가정사(家庭事)에 대하여 이야기한 것이 이렇게 기록된 것으로 보는 것이 옳을 것 같다.

공교롭게도 공자뿐이 아니고 아들 그리고 손자 자사(子思)까지 즉 3대에 걸쳐 이혼하였다는 기록이 《예기》〈단궁상〉에 나온다. 성인도 꼭 행복이 동시에 따르지는 않는 모양이다.

죽은 자는 말이 없다. 더구나 공자는 2,500년 전의 사람이다. 공자는 어쩌다가 《논어》의 이 한 장으로 억울함을 당하고 비난을 받아 지하에서 땅을 치고 통곡할지도 모른다.

---

7) 我雖婦人 而所受之性 則初無男女之殊 縱不能學顔淵之所學 而其慕聖之志則切 爲仁與不能爲仁 惟在於我 故曰 莫大乎立志篤行 是以 氣質之性 君子不謂之性也 〈克己復禮爲仁說〉, 《任允摯堂遺稿》

당시의 시대상황도 고려할 필요가 있다. 워낙이 남존여비사상이 강했던 시대다. 정도의 차이는 있을지라도 동서양 모두가 그랬다. 남녀평등이 완전히 실현되고 전 세계에 자유와 평등, 민주주의의 꿈의 나라로 여겨지는 미국에서조차 여성 대통령후보인 힐러리가 정치신인 버락 오바마에게, 그것도 백인도 아닌 흑인에게 진 것을 보면 남녀평등의 완전한 실현은 참으로 어려운 것 같다.

오랫동안 가부장적 사회구조를 유지했던 우리나라는 여성부를 두어 상징성을 제고하고 여성의 지위를 높이는 방향을 지향하여 왔으나 이명박 정권은 여성부를 없애려고 발버둥 치다 국민의 저항으로 안 되니까 다른 부와 합쳐 겨우 명맥을 유지하는 지경이다.

## 공자의 연애관

공자가 여자를 경시하지 않았다는 것은 그의 연애관을 보면 간접적으로나마 입증된다. "앵두나무 꽃 펄럭이는데, 어찌 널 그리워 않겠는가, 그저 집이 멀구나"라는 시를 두고 공자가 "아직 생각하지 않은 것이지 어찌 멀어서 그런 것이겠는가?"[8] 라고 평한 것은 연모하는 마음이 부족해서이지, 간절히 생각하고 사랑하면 거리는 사라진다는 것이다. 얼마나 로맨틱한 표현인가? 사랑 앞에는 태평양도, 대서양도, 인도양도 없고 태산이나 에베레스트 산도 산이 아닌 것이다.

또 간접적이기는 하지만 공자가 여성을 시적으로 대한 것도 여성을 경시하지 않았다는 반증이 된다. 공자는 시를 사랑하여 《시경》을 편찬했는데 이 책의 절반 이상이 사랑노래이다. 특히 그는 사랑노래

8) 唐棣之華 偏其反而 豈不爾思 室是遠而 子曰 未之思也 夫何遠之有 〈子罕 30〉

인 관저(關雎)의 시를 《시경》 제1편에 넣었는데, "《시경》 관저는 즐거우나 문란하지 않고, 애처로우나 마음을 상하게 하지 않는다"[9]는 표현은 사랑의 애틋함을 절묘하게 나타낸 그 자체가 한편의 시인 것이다.

## 그 밖의 편견

공자의 여성관과 결부하여 반드시 짚고 넘어갈 것은 《논어》는 남녀칠세 부동석(不同席)만을 강조하는 구시대적, 봉건적인 한심한 책으로 서둘러 태워 버려야 한다는 식의 완전히 왜곡된 시각이다. 분명한 것은 《논어》 전편 어디에도 남녀칠세 부동석이란 구절은 없다는 사실이다. 다만 중국의 《예기》라는 책 〈내칙〉 중 가정교육에 관한 것을 적어 놓은 데에 나온다. 그러나 그 말의 본래 의미는, 남자아이와 여자아이는 일곱 살이 되면 같은 방석에 앉히지 말라는, 육아에 관한 가르침이다.

거기에는 또 같은 그릇에다 먹이지 말라, 일곱 살 전까지는 같은 그릇에 먹게 해도 좋지만, 일곱 살이 되면 다른 방석에 앉혀라, 그릇도 따로 하라는 등 육아법에 대한 가르침이 서술되어 있다. 그것이 조선왕조에 들어와서 일곱 살이 되면 서로 얼굴도 마주보지 않도록 하라는 식의 남녀간의 내외를 강요하는 지침으로 변하고 그것이 《논어》에 나오는 말이라고 왜곡돼 《논어》가 전근대적, 몹쓸 책으로 인식되고 나아가 공자가 그 왜곡과 곡해의 누명을 모두 뒤집어쓴 것은 안타까움을 넘어 가슴이 찢어질 일이다.

---

9) 關雎 樂而不淫 哀而不傷 〈八佾 20〉

# 10. 건강과 장수비결

## 평생 건강하게 장수한 공자

공자는 당시로서는 굉장히 장수해 73세에 별세하였다. 단순히 장수만 한 것이 아니라 아주 건강하여 왕성한 활동을 하였다. 68세까지 14년간이나 대장정을 하면서 명군을 찾아 자기 이상을 펼 기회를 얻으려고 하였다.

고향에 귀향해서도 젊은 제자들을 가르치면서 5경을 편정하는 위업을 남겨 후세에 인류의 스승이 되었다. 이 고전을 선택하고 편찬하였다는 사실은, 인간은 살기 위해 반드시 학문을 해야 하며, 책을 읽지 않으면 안 된다는 태도를 나타낸 것이다. 이것은 공자의 가르침 중에서 가장 존경해야 할 점이 아닌가 한다. 그리고 이들은 직접적으로는 자기 제자를 위한 교과서가, 또 간접적으로는 인류의 영원한 삶의 교과서가 된 것이다.

70세까지는 아팠다는 기록이 없지만 《논어》에 공자가 심하게 병을 앓자, 자로가 문인(門人)으로 하여금 공자의 가신이 되게 하여 장사에 참석케 하고자 꾸몄다. 후에 병이 차도가 있자 공자가 이를 알고 하늘을 속이자는 것이냐고 심하게 야단을 치고 자기는 가신들 앞에서 죽느니 차라리 그대들 앞에서 죽겠다고 한 장이 나오기는 한다.[1]

---

1) 子疾病 子路使門人 爲臣 病間曰 久矣哉 由之行詐也 無臣而爲有臣 吾誰

그러나 이것은 공자 나이 68세에서 72세 사이에 일어난 일로 보는 것이 일반적인 정설인 것을 보면 거의 평생을 건강하게 산 것만은 틀림없다. 공자가 병에 걸렸을 때 자로가 기도를 드려보자고 청하는 대화가 있기는 하지만[2] 이것도 같은 시기에 일어났던 일이 아닌가 한다.

《사기》〈공자세가〉에 의하면 어느 날 아침 공자는 상당히 일찍 일어나서 뒷짐을 진 채, 지팡이를 끌면서 산책을 하다가 노래를 불렀다. "태산이 무너지는가? 대들보가 쓰러지는가? 철인이 시드는가?"(泰山其頹乎 梁木其壞乎 哲人其萎乎) 제자 자공에게 꿈 이야기까지 하고 내가 아무래도 죽을 모양이라고 말하고 나서 일주일 병상에 있다가 운명하였다고 한다. 그렇다면 거의 운명 직전까지 건강하였다는 이야기이며 당시 73세이면 의학이 고도로 발달한 오늘날 백수(白壽)와 비견할 정도로 장수한 것이다.

요즈음은 '구구 팔팔 이삼 사'라는 속어가 있을 정도로 100세까지 건강하게 사는 것이 그리 드문 일이 아니지만 그래도 지금도 고희연을 하는 것을 보면 살만큼 살았다고 보아도 무방하다. 그러나 공자 당시의 73세는 어쩌다가 있을 수 있는 장수 중의 장수였다. 그것은 공자 사후 1200년 후의 사람인 시성 두보(杜甫)가 '곡강이수'(曲江二首)라는 시에서 인생칠십고래희(人生七十古來稀)라는 말을 써 '고희'(古稀)라는 말이 유래한 데서 알 수 있다. 공자 당시는 더할 나위없는 장수인 것이다.

---

欺 欺天乎 且予與其死於臣之手也 無寧死於二三者之手乎 且予縱不得大葬 予死於道路乎 〈子罕 11〉

2) 子疾病 子路請禱 〈述而 34〉

## 건강비결은?

공자의 장수 이유는 무엇인가? 우선 공자는 건강과 장수체질을 가지고 태어났던 것 같다. 공자의 아버지 숙량흘이 무사였고 장수하였을 뿐만 아니라 어머니 안징재가 17살 꽃 다운 청춘에 공자를 임신하였으므로 건강하지 않을 수 없었고, 공자의 피에 무사집안의 유전자가 흐르고 있어 기골이 장대하여 키가 9척 6촌이나[3] 되는 장골의 거구였다는 것을 보면 알 수 있다.

둘째는 그의 불타는 사명감과 신념의 결과였다. 그는 스스로 하늘이 그에게 덕을 주었다고 믿었고,[4] 하늘이 그 문화를 없애려고 하지 않으니 광(匡)의 사람들이 나를 어찌 하겠느냐[5]고 할 정도로 그 스스로를 세상에 문화를 전파하여야 할 사자로 생각하고 활동하는 등 세계를 인(仁)이 넘치는 평화세계로 만들기 위한 꿈과 이상, 사명감으로 가득 차 아플 겨를이 없었고 몸이 약할 틈이 없었던 것이다.

그러한 애정 즉 인(仁)의 실현은 학문과 지식으로 길러진 사려를 동반해야 완성된다는 생각에서 항상 호학에 힘써, 스스로 집 열 채 정도밖에 안 되는 작은 마을에도 반드시 성실과 신의에 있어서는 나 같은 사람이 있을 것이나 나만큼 배우기를 좋아하지는 않을 것이라고 말할 정도였다.[6]

그래서 자신을 학문에 분발하면 먹는 것도 잊으며, 이치를 터득하면 그것을 즐겨 근심을 잊고, 늙어가는 줄도 모르는 사람이라고 자평

---

3) 주나라 제도에서 일척은 대략 22.5㎝라고 하며 9척 6촌은 약 2m에 해당한다.

4) 天生德於予 〈述而 22〉

5) 天之未喪斯文也 匡人其如予何 〈子罕 5〉

6) 子曰 十室之邑 必有忠信 如丘者焉 不如丘之好學也 〈公冶長 27〉

(自評)[7]한 대로 자기 이상의 실현을 위하여 늙어가는 줄도 모르고 열정을 쏟아 건강하지 않을 수가 없었던 것이며 늙을 수가 없었던 것이다.

셋째는 공자의 생활태도가 중용에 입각해 바르고 절도(節度) 있는 생활을 하였고, 식사는 음식 간에 균형 있고 조화롭게 그리고 위생적으로 청결하게 하였다는 점이다.

특히 상한 것, 빛깔 나쁜 것, 냄새가 좋지 않은 것, 익히지 않은 것, 제철에 나오지 않은 것 등은 지나칠 정도로 가렸다. 저잣거리에서 산 술과 포를 먹지 않은 것은 그런 것은 깨끗하지도 않을 뿐 아니라 요새 말로 표현하면 인스턴트, 즉 인공 조미료 등을 포함한 가공식품으로 위생적일 수 없는 것은 당연하기 때문이다.

공자의 식생활은 《논어》에서도 제일 긴 문장 중의 하나로 옮겨놓기는 하지만 대단한 미식가로, 그처럼 지나치게 까다로울 정도로 음식을 가려 먹으면 누구나 건강하지 않을 수 없을 것이다.

밥은 흰 쌀밥을 싫어하지 않았고, 회는 가늘게 썬 것을 싫어하지 않았다. 밥이 쉬어서 맛이 변한 것과 생선이 상하고 고기가 썩은 것은 먹지 않았다. 빛깔이 나쁜 것, 냄새가 좋지 않은 것, 제대로 익히지 않은 것, 제때에 나온 것이 아니면 먹지 않았다. 자른 것이 반듯하지 않으면 먹지 않았고, 장이 없으면 먹지 않았다. 고기가 아무리 많아도 밥 기운을 누를 정도로 먹지는 않았으며, 술은 일정한 양이 없었지만 흐트러질 정도에 이르지는 않았다. 저잣거리에서 산 술과 포는 먹지 않았고, 그만두지 않고 계속 생강을 먹었지만 많이 먹지는 않았다. 나라의 제사에 쓰인 고기는 하룻밤을 넘기지 않았고, 집에서 제사 지내고 남은 고기는 3일을 넘기지 않았으며, 3일이 지나면 먹지

---

7) 發憤忘食 樂而忘憂 不知老之將至云爾 〈述而 18〉

않았다.

식사 때에나 잠자리에 들어서는 말을 하지 않았다. 비록 변변찮은 밥과 야채 국에 오이 썰어놓은 것이라도 제식을 고수레했으며, 반드시 엄숙하게 공경하듯이 하였다.[8)]

술은 정한 양이 없을 정도로 대주가(大酒家)이나 술 마시고 흐트러지는 일이 없었으며, 술로 인해 문란해지지 않았으며,[9)] 향리의 사람들과 술을 마실 때에도 어른이 먼저 자리를 뜬 후에 나가는 예의를 지켰다.[10)] 자리가 바르지 않으면 앉지 않았고[11)] 아무리 보약이라 하더라도 함부로 들지 않았다.[12)]

수레에 올라서는 반드시 서서 손잡이를 잡았고 수레 안에서는 뒤를 돌아보지 않았고, 말을 빠르게 하지 않았으며 손가락질을 하지 않았다[13)]고 한다. 자동차로 말하면 철저하게 안전벨트를 매고 버스나 전철에서는 손잡이를 잡고 운전기사의 운전에 방해되는 행동은 하지 않고 철저히 안전수칙과 예의를 지켰다는 이야기이다.

넷째로 운동의 덕도 보지 않았나 한다. 공자학단에서도 기본으로 군자의 교양필수과목으로 가르친 것이 6예(六藝)인데 그것을 가르친 공자가 활쏘기와 말 모는 것을 모를 리 없고, 춘추시대의 사(士)의 기본기에 해당하는 사(射)와 어(御)에 정통하지 않을 리 없었던 것

---

8) 食不厭精 膾不厭細 食饐而餲 魚餒而肉敗 不食 色惡不食 臭惡不食 失飪不食 不時不食 割不正 不食 不得其醬 不食 肉雖多 不使勝食氣 唯酒無量不及亂 沽酒市脯 不食 不撤薑食 不多食 祭於公 不宿肉 祭肉不出三日 出三日 不食之矣 食不語 寢不言 雖疏食菜羹 瓜祭必齋如也 〈鄕黨 8〉

9) 不爲酒困 〈子罕 15〉

10) 鄕人飮酒 仗者出 斯出矣 〈鄕黨 10〉

11) 席不正 不坐 〈鄕黨 9〉

12) 丘未達 不敢嘗 〈鄕黨 11〉

13) 升車 必正立執綏 車中 不內顧 不疾言 不親指 〈鄕黨 16〉

이다.

물론《논어》그 어디에도 공자가 어떤 운동을 했는지 구체적으로 제시되어 있지 않지만 간접적으로는 "어려서 빈천했기 때문에 잡다한 일에 재능을 쌓았다"[14] 라든가, "내가 무엇을 가지고 이름을 내야할까? 수레 모는 일로 이름을 낼까? 활 쏘는 일로 이름을 낼까? 차라리 수레 모는 일로 이름을 내리라"[15] 의 언급은 겸손 이면에 스스로의 자신감에 가득 차 있는 것이다.

또 "군자의 유일한 경쟁인 활쏘기도 예절을 잘 지켜야 한다고 한 것"[16] 이라든가, "활 쏘는 데 있어서 맞추는 것에 주력하고 과녁을 꿰뚫음을 주장하지 아니함은 사람마다 힘씀이 같지 아니한 까닭이니 이것이 옛 도의 아름다움이다"[17] 고 한 것을 보면 활쏘기에 정통했다는 해석이 가능하다.

이렇게 공자는 건강하게, 당시로는 경이적으로 장수함으로써 5경 편정을 마칠 수 있었고 많은 제자를 둘 수 있었으므로 인류의 사표(師表)로 성인이 된 것이다. 몸이 약하든가 일찍 죽으면 아무것도 남길 수 없다는 것을 보여주는 또 하나의 교훈일 뿐만 아니라 지도자는 기본적으로 건강하여야 한다는 것을 웅변으로 실증해 주는 성인의 고귀한 모습이다.

---

14) 吾少也 賤 故 多能鄙事〈子罕 6〉

15) 吾何執 執御乎 執射乎 吾執御矣〈子罕 2〉

16) 君子無所爭 必也射乎 揖讓而升 下而飮 其爭也君子〈八佾 7〉

17) 射不主皮 爲力不同科〈八佾 16〉

# 11. 흔들리는 공자

## 반란자들의 초빙(유혹)

《논어》에는 공자가 두 번씩이나 주군에게 반기를 든 집단에 참여하려고 한 사실을 전해주는 대목이 있는바, 그 중 하나는 공산불요(公山弗擾)의 초빙이고, 다른 하나는 필힐(佛肹)의 초빙이다.

공산불요가 비(費)에서 반란을 일으키고 공자를 불렀는데, 이에 공자가 가려고 하자, 자로가 불쾌한 듯이 말하였다. "가지마세요. 하필이면 무도한 공산씨에게 가시려고 하십니까?" 공자가 말씀하였다. "나를 부르는 사람이 어찌 헛되게 부르겠느냐? 만약 나를 써주는 사람이 있다면 나는 동녘 땅의 주나라로 만들겠다."[1)]

사마천은 《사기》〈공자세가〉에서 이 일을 노나라 정공 9년, 공자 나이 50세 때(B.C 502년)의 일로 보고 있다. 해석이 분분하고 제가(諸家)의 설이 많으나 사마천에 의하면 공자가 도를 추구한 지 오래되었으나 아무도 공자를 등용하지 않았다. 그때 마침 공산불요가 공자를 초빙하였다.

공자는 "주나라 문왕과 무왕은 풍(豊)과 호(鎬) 지방에서 왕업을 일으켰다. 지금 비록 비(費) 땅이 작기는 하나, 대체로 풍이나 호와 다

1) 公山弗擾以費畔 召 子欲往 子路不說曰 未之也已 何必公山氏之之也 子曰 夫召我者 而豈徒哉 如有用我者 吾其爲東周乎 〈陽貨 5〉

를 바 없지 않겠느냐?"고 말하며 가려고 하였다. 그러나 결국 가지 않았다는 것이다.

사마천의 눈에 비친 공자는 자신의 도를 현실정치에서 실현하기 위해 반란자와도 손을 잡으려고 할 정도로 기회를 포착하려고 한 것이다. 당시는 인간의 수명이 짧을 때인데 공자의 나이는 벌써 50이 넘어 여생이 그리 길게 남지 않았다는 초조감이 있었을 것이다. 또한 공자가 자신의 이상을 실현하기 위하여 56세의 나이에 출발하여 14년간이나 천하주유한 집념으로 보아 사마천의 견해가 타당하다고 하겠다.

공산불요가 비읍을 거점으로 계(季)에게 반기를 들고 난을 일으킨 것은 양화(陽貨)가 반란을 일으킨 지 2년 뒤의 일이다. 이 당시 노나라는 내전과 내분으로 아주 혼란스러울 때였다. 공산불요는 양화와 같이 계씨의 가신이었다. 그런데 노정공 5년 계평자가 죽고 계환자가 대를 이었는데 너무 무능하여 권력쟁탈전이 벌어졌다. 임금을 허수아비로 만들어 놓고 권세를 부리던 계씨권문의 신하로 있다가 자기 주인의 권세를 빼앗은 것이다.

계환자는 임금으로부터 권력을 훔친 도둑이었으므로 공산불요는 도둑의 도둑이었던 것이다. 도둑의 것을 원래 주인에게 돌려주면 정의(正義)이지만 도둑의 것을 빼앗고 다시 제가 가지면 불의(不義) 중의 불의가 되어 도둑 중에도 아주 치사하고 더러운 도둑이 되는 것이다. 그런데 예(禮)를 참람(僭濫)하는 행위를 그렇게도 비판한 공자가 반란자인 공산불요의 초청에 응하려고 하였던 것이다. 왜 그랬을까?

정자(程子)는 "성인(聖人)께서는 천하에 훌륭한 일을 할 수 없는 사람이 없고 또한 허물을 고칠 수 없는 사람이 없다고 생각하였기 때문에 찾아가려고 한 것이다"라고 해석하지만 너무 지나친 미화(美化)인 것 같다.

윤재근 교수는 "무도(無道)를 무서워해야지 무도를 범한 자를 무서 위해서는 안 된다. 공자는 이러한 생각에서 무도한 자들을 피하지 않고 정공법(正攻法)을 써서 잃어버리고 짓밟힌 도를 복원하고자 초청에 응하려고 하였다"고 풀이하나 수긍하기가 어렵다.

왜냐하면 큰 반란을 진압하기 위하여 작은 반란을 허용하여 결과적으로는 반란을 인정한 것이 되며, 죄악으로써 죄악을 갚는 격이 되기 때문이다. 그러나 죄악을 죄악으로써 갚는 것은 항상 인(仁)을 최고의 덕목으로 하여 인정(仁政)과 덕치(德治)로 세계평화를 지향하였던 공자의 평소의 주장과 배치되는 것은 부정할 수 없는 일이다.

어떻든 공자 자신도 "나를 부르는 것이 어찌 공연히 그러겠는가? 나를 써주는 자가 있으면 나는 노나라를 동쪽의 주나라와 같은 살기 좋은 나라로 만들겠다"라고 표방하면서 가려고 하였던 점에서 잠시라도 심적 동요를 일으켰던 것이며 흔들렸던 것만은 부정할 수 없는 사실이다.

자신의 도를 현실정치에 실현할 가능성은 보이지 않고, 이상을 펴기 위한 기회는 오지 않고, 나이는 자꾸 먹어 앞길이 암담하고 희망이라고는 전혀 보이지 않을 때 반란자의 제의는 잠시라도 유혹이 되고 흔들릴 수 있는 것이 인간인 것이다.

오히려 그래서 내 곁에 가까이 있는 친한 친구 혹은 이웃과 같은 사람으로 공자를 다시 보게 된다. 이런 면이 없었더라면 우리 같은 범인은 근접할 수 없는, 너무나 멀리 있는 사람으로 그는 신이지 약점을 지닌 인간은 아닌 것이다. 그래서 공자는 영원한 인간이며 우리의 친구인 것이다.

진(陳)·채(蔡) 사이의 조난이 있은 지 1년 뒤인 노애공 5년 진(晋)나라 대부 조앙(趙鞅)의 가신 필힐(佛肹)이 공자를 부르자 공자가 가려고 하였다.

이에 자로가 말했다. "전에 선생님이 하신 말씀을 들은 바 있습니다. '자기 자신에게도 불선한 사람들 속에 군자는 들어가지 않는다'라고 하셨습니다. 그런데 지금 필힐이 중모(中牟)에서 모반하고 있는데, 선생님께서 가려고 하시니 어찌된 일입니까?" 공자가 말씀하였다. "그렇다. 그러나 나는 전에 (다음과 같은) 말을 한 바도 있다. '갈아도 닳지 않으니, 굳다고 아니 말하랴! 물들여도 검어지지 않으니, 희다고 아니 말하랴!' 또한 내가 어찌 뒤웅박과 같아서 한곳에 매달려 있어 먹지 못하는 것과 같겠는가?"[2)]

필힐이 난을 일으킨 것은 노애공 5년(B.C 490년, 공자 62세)이었다. 당시 진(晋)나라는 신하들이 조앙을 지지하는 세력과 이를 반대하는 범씨(范氏), 중항씨(中行氏)세력으로 양분돼 심각한 내분을 겪고 있었다. 조앙이 범씨의 세력을 꺾기 위해 위나라를 토벌하고, 범씨의 힘이 뻗어 있던 진나라의 변읍인 중모를 포위했다. 이때 조앙(조간자)의 가신이었던 필힐이 중모의 읍재로 있었는데, 중모를 근거지로 해서 조앙에게 반기를 들은 것이다. 그리고 공자를 초빙하였는데 공자가 가려고 한 것이다.

알아주지 않는 세상에 대한 공자의 울분과 비애가 적나라하게 드러난 장(章)이다. 이에 대하여 '공산불요'의 장과 함께 논란이 많은데 있는 그대로 받아들이지 못하는 아쉬움이 크다.

특히 공자를 지고지선(至高至善)한 성인으로 미화하는 많은 유자들은 이 장은 위문(僞文)이라고 하며 〈양화〉편의 필힐 관계기록을 부인하려고 한다. 그러나 《논어》는 물론이고 〈공자세가〉의 필힐이 반기를 들게 된 배경에 관한 기록으로 보아 사실대로 인정하는 것이 오

---

2) 佛肹 召 子欲往 子路曰 昔者 由也聞諸夫子 曰 親於其身 爲不善者 君子不入也 佛肹 以中牟畔 子之往也 如之何 子曰 然 有是言也 不曰堅乎 磨而不磷 不曰白乎 涅而不緇 吾 豈匏瓜也哉 焉能繫而不食 〈陽貨 7〉

히려 성인을 우리 곁에 두고 의지하는 길이 아닐까 한다.

공자가 필힐에게 가려고 한 것은 첫째, 필힐의 반란이 조앙(趙鞅) 자체가 진나라의 실권을 장악하고 군주의 지위를 참월(僭越)하고 있었던 것을 그 가신이 참월에 대항해서 일어난 의거로 보일 수도 있고 둘째, 이 장에서도 밝힌 대로 공자의 자신감에서도 연유할 것이다. 즉 지극히 단단한 것은 아무리 갈아도 닳지 않고, 지극히 흰 것은 아무리 검게 물들여도 검어지지 않는 법이 아닌가? 공자 자신은 그렇게 할 수 있다는 것이다.

셋째, 시기적으로 공자가 진(陳)·채(蔡) 사이에서 곤경을 겪은 후 필힐의 초빙을 받은 것으로 보인다. 그렇다면 공자는 곤경에서 벗어나기 위해서 초빙에 응했을 가능성이 제일 크다.

어려움을 겪으면 겪을수록 천하유세를 통해서도 자신의 이상을 펼 길이 요원하다는 것을 자꾸 생각하게 되고, 더구나 벌써 고향 노나라를 떠나 주유한 지 햇수로는 8년이요, 공자의 나이도 환갑을 넘어 62세였다.

공자도 사람인지라 점점 초조해지고 절망 속에서 허덕이고 있었을지도 모른다. 앞길이 깜깜하고 한 가닥의 빛도 안 보일 때 필힐의 초빙을 받고 적잖이 동요할 수밖에 없었을 것이고 흔들렸을 것이다. 양화가 공자를 만나고자 했지만 공자가 멀리한 때가 48세, 공산불요가 반란을 일으킨 후 공자를 초빙한 때가 50세였고, 공자가 14년간의 주유천하를 하기 전으로 조국 노나라에 있었을 때였으니 이 장과의 상황은 너무나도 다른 것이다.

특히 공자의 마지막 말이 우리의 심금을 울린다. "내가 어찌 조롱박이겠는가? 어찌 한곳에 매달려서 먹지 못하는 것과 같겠는가? 박처럼 한곳에 매달려서 먹지 못하는 것이 되지 않기 위하여 노구를 이끌고 주유천하를 하였어도 누구하나 써주지 않을 때 필힐의 손길이 뻗

쳤는데 흔들리지 않을 자가 이 세상에 누가 있겠는가?"

이상을 향한 끝없는 열정을 지닌 인간 공자의 진면목이 그대로 드러나는 모습이 아닐 수 없다.

## 공자를 구원한 자로子路

공산불요가 불렀을 때도 그렇고 필힐이 초빙하였을 때도 공자가 응하여 가려고 한 것을 못 가게 막은 사람은 공자의 제자 중 의(義)의 덕목을 가장 많이 지닌 자로였다. 그는 자신이 확신하는 원칙에 대해 스스로 엄격했을 뿐만 아니라 스승인 공자에게도 거침없이 엄하게 추궁하고 항의하는 모습을 보인 제자였다.

자로는 공자의 제자 중 나이가 가장 많았으며 공자보다 불과 9년 연하였다. 자로는 직선적이고 성급한 성정의 소유자로 생각이 그렇게 깊지 못하고 저돌적이며 과감하기만 한 것으로 비추어지기도 하지만 공자의 그 많은 제자 중에 유일무이하게 공자 앞에서 직접 얼굴을 붉히거나 공자가 하는 일을 만류한 사람은 자로밖에 없을 것이다.

어떤 때는 침묵으로, 또 어떤 때는 도가를 따르는 은둔자들의 얘기를 전하는 간접표현으로 공자에게 불만을 털어놓는 등 여러 가지 방법으로 공자를 제어하였다. 심지어는 공자의 면전에서 대놓고 직설적으로 "군자도 곤경에 빠질 때가 있습니까?"하고 노골적인 비난을 퍼붓기도 하였다.

즉 진(陳)나라에서 양식이 떨어지고, 따라 갔던 제자들이 병들어 일어나지 못하게 되었다. 이에 자로가 화가 잔뜩 나서 공자를 뵙고 말하였다. "군자도 이렇듯이 궁핍하게 곤경에 빠질 때가 있습니까?" 이에 공자가 대답하였다. "군자는 원래 곤경에 빠지기 마련이다. 다만 소인배는 궁핍하면 문란하게 되는 것과 다를 뿐이다."[3]

또 공자가 남자(南子)[4]와 만나자 자로는 납득할 수 없었다. 이에 공자가 맹세하며 말씀하기를 "내가 만일 도리에 어긋나는 일을 했다면 하늘이 나를 버릴 것이다. 하늘이 나를 버릴 것이다."[5] 공자가 남자를 만난 것에 대해서 다른 제자들도 불만이 있었겠지만 유독 자로만이 불편한 심기를 드러내자 공자가 변명 내지는 해명을 한 것이다.

이렇게 올곧은 자로에 대하여 공자는 "한마디 말로 옥사(獄事)를 판결할 수 있는 사람"[6]이라고 높이 평가하였고 "천승의 나라(諸侯國)의 군사를 다스릴 수 있다"[7]고 그 능력을 높이 보았다. "승당[8]은 하였으나 단지 입실(완성된 경지를 상징)만 못하였을 뿐"[9]이라고 하여 학문의 대의에는 통달하였지만 아직 오묘하고 정미(精微)한 경지에는 이르지 못한 수준에 이른 것으로 본 것이다.

안연(顔淵)과 같이 뛰어나지는 못하였다하더라도 자로는 제자들 중 가장 연장인 데다가 천하유세 기간은 말할 것도 없고 평생 공자 곁에서 동고동락한 공자의 그림자 내지는 분신(分身)과도 같았다. 따라서 공자와 자로 사이에는 통상적인 사제 간의 관계를 넘어 마치 동료애와 같은 깊은 애정의 유대가 형성돼 있었던 것이다. 어떤 면에서 자로는 공자의 감독자이며 매니저라고도 할 수 있는 것이다.

---

3) 在陳絶糧 從者病 莫能興 子路 慍見曰 君子亦有窮乎 子曰 君子 固窮 小人 窮斯濫矣 〈衛靈公 1〉

4) 위(衛)나라 영공의 부인으로 미남자 송조(宋朝)와 내통하는 등 음란한 여자.

5) 子見南子 子路不說 夫子矢之曰 予所否者 天厭之 天厭之 〈雍也 26〉

6) 子曰 片言 可以折獄者 其由也與 子路 無宿諾 〈顔淵 12〉

7) 子曰 由也 千乘之國 可使治其賦也 〈公冶長 7〉

8) 당위로 오른다는 뜻.

9) 由也 升堂矣 未入於室也 〈先進 14〉

공산불요의 경우 자로가 불쾌하여 "가지마세요. 가실 곳이 없으면 그만이지 왜 하필이면 무도한 공산씨한테 가시려고 합니까?"라고 하면서 극구 반대하며 말렸다. 못 가게 말리는 논리가 너무나도 합당하지 않은가? 갈 곳이 없으면 그만이지 왜 하필이면 무도한 공산씨한테 가야 하는가? 이렇게 꼼짝 못하게 빠져나갈 틈 하나 주지 않고 막는데 아무리 가려고 해도 갈 재간이 없는 것이다.

필힐의 경우도 자로가 공자에게 "예전에 제가 선생님께서 '친히 그 자신이 불선한 사람에게는 군자는 들어가지 않는다'고 하신 말씀을 들은 바가 있는데, 필힐이 중모 땅에서 반란을 일으켰는데 선생님께서 가시려고 하는 것은 어찌된 영문입니까?" 하면서 대드는데 아무리 공자가 잠시라도 흔들려서 초빙에 응하려고 하였더라도 어떻게 갈 수 있었겠는가?

자로가 따져 묻는 말은 너무나도 준엄하였다. 평소에 말과 생각과 행동의 일치를 군자가 마땅히 지켜야 할 법도라고 가르치던 스승 공자가 반역자의 초빙에 응하려 한다는 것은 자로에겐 어불성설이었던 것이다. 만약 공자가 그래도 초빙에 응하였으면 어떻게 되었을까?

두 경우 모두 공자에게는 가려는 이유가 있었지만 그것을 실현할 수 있었을까? 천만의 말씀이다. 무지막지한 반란자들 밑에 가서 무슨 뜻을 펼 수 있을까? 이용만 실컷 당하고 말 것이라는 것은 불 보듯 뻔한 노릇이다. 흔히들 호랑이를 잡으려면 호랑이 굴로 들어가야 된다고 하지만 호랑이도 호랑이 나름이다. 이들은 반역자이고 혹독한 정치로 고을 백성을 못살게 굴던, 포악하기 그지없는 권력의 도둑들인데 말이다.

물론 공자는 사리사욕을 탐하여 벼슬을 탐했던 것이 아니라 백성을 못 살게 하는 학정을 물리치고 백성을 편안하고 잘살게 하는 덕치(德治)를 펴 보려고 했던 것이지만 그것은 지나친 환상이었다.

어떻든 공자는 자로의 반대 때문이었는지, 아니면 상황이 바뀌었는지 또는 다른 어떤 이유로 심경의 변화를 일으켰는지는 알 수 없으나 공산불요와 필힐의 부름에 응하지 않아 인류는 만세의 사표(師表)인 영원한 스승을 얻어 빛과 희망 속에 살 수 있게 된 것이다. 하마터면 부름에 응하여 인류의 스승을 잃어버림으로써 어둠 속에 헤맬 뻔한 것이다. 아찔한 순간이 아닌가? 자로의 공로가 너무나도 큰 것이 우러러보이고 감사의 마음이 넘친다.

여기서 거듭 공자에게 존경이 가고 고개가 절로 숙여지는 점은 자로의 반대로—문맥으로 보아 자로의 반대 때문인지 여부는 정확치 않으나 영향을 미친 것은 사실—초빙에 응하려던 뜻을 접었다는 점이다.

그리고 중요한 의사결정을 할 때 제자들의 의견을 들었다는 사실이다. 공자학단(學團)은 협의기구나 의결기관이 아니다. 아무리 공자와의 관계가 마치 동료애와 같은 깊은 애정의 유대로 형성되어 있다하더라도 사제(師弟) 간은 사제 간이다. 사제 간은 수평관계가 아니라 상하관계, 수직관계이고 공자가 살았을 때는 그것이 더 심했을 때이다. 혼자 결정해도 그만이고 그것으로 끝나는 것이다. 그런데도 제자들의 의견을 듣고 또 그들의 의견을 존중하고 그에 따라 자신의 의견을 굽히기도 하는 공자의 민주적 의사결정이 너무나도 우러러보인다.

# 12. 고향에 대한 그리움

사람은 누구나 타향살이라든가 외국생활에서 지치면 고향이 그리워지고 고국으로 돌아가고 싶어, 이것이 심하면 병까지 나게 된다. 이른바 향수병(*homesick*)이 그것이다. 우리는 북한을 고향으로 둔 노령의 실향민들의 한결같은 최고의 바람은 죽기 전에 고향에 가서 고향의 품에 안겨보는 것이라는 것을 너무나 잘 알며 그 꿈이 꼭 실현되기를 소망한다.

귀소(歸巢)본능과 근원으로의 회귀는 누구에게나 공통된 요소인 것으로 공자도 예외가 될 수 없는 것이다. 그도 인간이기 때문이다.

공자가 진(陳)나라에 있을 때 말씀하였다. "돌아가자. 돌아가자. 내 고향에 남겨두고 온 젊은 제자들은 뜻은 크고 진취적이지만 행동은 거칠고 다듬어지지 못하였고, 찬란하게 문장을 이루었으나 그것을 어떻게 재단하여야 할지 모르는구나."[1]

그는 14년간이나 망명 겸 주유열국을 할 때 가는 곳마다 냉대를 받으며 인간이기에 처절하게 고향을 그리워하였다. 도(道)의 실현을 위하여 명군을 찾았으나 써 주지 않고 도의 실현가능성은 보이지 않자 "아침에 도를 들으면, 저녁에 죽어도 여한이 없다"라고 절규하였다.[2] 저녁에 죽어도 좋겠지만 도는 들리지 않고 어둠만, 혼돈만 가득 차

---

1) 子在陳 曰 歸與歸與 吾黨之小子狂簡 斐然成章 不知所以裁之〈公冶長 21〉

2) 朝聞道 夕死 可矣〈里仁 8〉

있으니 어찌 절규하지 않으랴.

도는 길이요 진리요 생명이다. 공자의 경우 그의 도인 인(仁)의 실현이며 나아가서는 인이 실현되는 도덕정치의 구현이다. 공자는 죽음으로써 도를 지키고 높이라하고 살신성인하여야 한다고 하였다.[3]

이렇게 인의 실현 즉 도를 최고의 가치로 두고 그 구현을 위하여 상갓집 개 취급을 당하며 돌아다녀도 아무도 들어주지 않고 알아주지 않았다. 그래서 공자 나이 61세, 진나라에 있을 때 제자 염구(冉求)가 노나라의 부름을 받아 등용되어 가는 것을 보고 향수병에 젖어 돌아가고 싶다, 돌아가자고 절규한 것이다. 그는 바로 돌아가지 못하고 68세나 되어서야 겨우 고향땅을 밟았다.

그러나 향수병에 젖어도 분명히 우리와 다른 것은 그것이 처자에 대한 그리움이 아니라 고향 노나라를 떠나기 전에 가르치던 제자에 대한 그리움이라는 점이다. 그들 제자들이 문화적으로 찬연하게 빛나고, 문채를 이루어 그들의 능력을 최대한 발휘하도록 계발하여 주고 싶은데 그것이 되지 않자 향수병에 젖어 돌아가고 싶은 심정을 절규한 것이다.

공자는 결국은 68세가 되어 그 꿈을 이루어 제자들을 교육하고 《시경》 등을 편정하여 세계의 성인으로 만세의 사표가 되는 것이다.

정치로서 뜻을 실현코자 하였으나 그것이 안 되자 포기하고 좌절하지 않고 차선 내지는 대안인 교육을 선택하여 자기가 실현하지 못하면 제자들이라도 도를 실현하도록 하는 공자의 끈질긴 도의 추구와 도의 실현을 위한 열망을 감히 이 세상 누가 당하랴. 이상 추구를 위하여 좌절을 모르고 희구하는 공자의 모습에서 또 하나의 인류의 희망을 본다.

---

3) 守死善道 〈泰伯 13〉, 殺身而成仁 〈衛靈公 8〉

# 13. 강변의 탄식

가을이 깊어 가고 낙엽이 우르르 떨어지며 바람에 뒹구는 모습을 보면 제일 먼저 생각나는 《논어》의 구절이 있다. 공자가 강가에서 말씀한 "흘러가는 것이 이와 같구나! 밤낮을 그치지 않는구나"1) 가 그것이다.

이 장에 대하여 주자(朱子)는 "천지의 조화가 가는 것은 지나가고 오는 것이 이어져서 한 순간의 그침이 없으니, 바로 도체(道體)의 본연(本然)이다. 그러나 지적하여 쉽게 볼 수 있는 것은 냇물의 흐름만 한 것이 없다. 그러므로 여기에서 말씀하여 사람들에게 보여 주셨으니, 배우는 자가 때때로 성찰하여 털끝만한 간단(間斷)도 없게 하고자 하신 것이다"라고 본다.

정자(程子) 이천(伊川)도 "… 밤낮으로 운행해서 일찍이 그침이 없으니 이를 본받아서 스스로 힘쓰고 쉬지 않아야 한다"라고 주석하였으며, 정자 명도(明道)도 "요점은 근독(謹獨)에 있을 뿐이니 모두 사람들에게 학문을 진전하여 그치지 않을 것을 면려(勉勵)하신 말씀이다"라고 해석하였다.

정말 그럴까? 공자도 사람이다. 희로애락을 갖춘 인간이다. 도를 천하에 펴고자 14년간이나 여러 나라를 주유(周遊)하였다. 가는 곳마다 냉대를 당하고 은자들로부터 조소도 받으며, 심지어는 죽을 고

---

1) 子在川上曰 逝者如斯夫 不舍晝夜 〈子罕 16〉

비까지도 여러 번 겪으며 결국 모든 것을 포기하고 고향 노나라로 돌아왔다. 실의(失意)의 나그네로서 68세가 넘은 공자로서 유전(流轉)하는 인생의 노경에 흐르는 물 위에 던지는 한마디의 탄성이 아니겠는가?

그 실의가 어느 정도냐 하면 "하늘에서 봉황새도 날아오지 않고 황하에서 하도(河圖)도 나오지 않으니, 나도 이제 그만이구나"[2]라고 탄식할 정도였다.

봉황새는 태평성대에 성인이 나타날 때 같이 나타나는 전설적인 새이며, 하도는 황하에서 용마가 지고 나타났다고 하여, 이 또한 성인이 나타나는 징조로 알려져 있다.

그러므로 '봉황새도 날아오지 않고 하도도 나타나지 않는다'는 공자의 탄식은 온갖 인생역정을 다 겪은 한 노인의 이제 자신의 생애가 끝장이로구나라는 한탄으로 회환과 고뇌 그리고 절망감이 뒤섞여 있는 심정의 표현인 것이다.

이래서 공자는 세계 3대 성인 가운데 유일하게 세월이 인간을 기다려주지 않는 것을 한탄하고 인생허무도 느낀 우리의 친구이며 이웃이 아닐까?

필자가 선거를 4번 치러 겨우 한 번 당선되고 마지막 선거에서도 떨어져 빈털터리가 되고 나니 나이도 어느덧 70이 가까워져 유수(流水)와 같은 세월이 원망스럽기만 한데 《논어》의 이 장은 필자의 마음을 달래주는 샘물이며 잠언이다. 다시 한 번 공자의 인간미를 느낀다.

---

2) 子曰 鳳鳥不至 河不出圖 吾已矣夫 〈子罕 8〉

# 14. 대현大賢 안회

## 진흙 속의 진주

안회(顏回)는 자가 자연(子淵)이고 노나라 사람으로 공자보다 30세 연하였다. 그의 아버지 안로(鮟路)도 공자의 제자였는데, 곡부(曲阜)성 내 공자의 모친 안씨녀(顏氏女)가 살았던 동네의 사람이었다고 하는 것을 보면 공자의 외가 사람들이 아니었나 생각된다.

안회는 공자가 그 많은 제자들 중 가장 사랑하고 가장 큰 기대를 걸었던 수제자 중의 수제자였다. 공자의 14년간에 걸친 주유열국은 모택동의 장정(長征)에 비유할 수 있는 고난과 형극의 가시밭길로 이 고난의 길을 처음부터 끝까지 함께한 사람은 자로를 제외하고는 안회가 유일할 정도로 공자를 아버지 이상으로 모셨고 공자는 친자식같이 편애한 수제자로 《논어》만 하여도 여러 제자들 중 유독 그에 대한 칭찬이 곳곳에 보인다.

공자가 말씀하였다. "내가 회와 더불어 온종일 이야기 하였으나, 내 말을 조금도 거스르지 않아 그가 어리석게만 느껴졌다. 물러가고 나서 그의 사적 생활을 살펴보니, 그대로 행하더라. (역시 나를 깨우치기에 충분하더라) 안회는 어리석지 않도다."[1]

안회에 대한 공자의 최초의 언급이 이 장이다. 안회는 공자의 다른

---

1) 子曰 吾與回 言終日 不違如愚 退而省其私 亦足以發 回也不愚 〈爲政 9〉

제자들과는 달리, 자신이 무언가 말하는 경우는 거의 없었고, 단지 공자의 말에 동의하거나 공자의 발언을 논평 없이 통째로 받아들여서 자기 것으로 만들어간 그 시대의 석학이었다. 공자의 말씀에 대하여 논란, 반박, 비평 등 교학상장(教學相長) 하면 공자에게도 도움이 되겠지마는, 오롯이 전부 이해하여 공자의 말씀에 기뻐하지 않는 바가 없이 잘 이해하고 기쁘게 따르고 행하였던 것이다.[2)]

그래서 공자 자신도 안회가 자신의 생각이란 전혀 하나도 없는 바보가 아닌가하고 의심이 간 것이다. 알면 아는 대로 고개라도 끄덕이거나, 모르면 모른다고 질문이라도 해야 하는데 안회는 아무런 반응도 보이지 않고 도척같이 앉아 있었던 모양이다. 안회의 지나친 유순함을 어떻게 다루어야 할지 고심하였던 것을 숨김없이 표현하며 아울러 안회가 결코 어리석지 않다고 선언하고 칭찬한 것이다.

'역족이발'(亦足以發) 에 대하여 대부분의 주석과 번역이 공자 자신의 말에 대한 객관적 서술로 보는 것이 일반적이데, 김용옥 교수는 공자가 안회에 대한 주관적 느낌을 직접 표현한 것으로 보고 있다. '발'(發) 은 안회가 공자를 묵묵히 따르기만 해서 바보스럽게 느꼈는데, 그가 사적으로 행동하고 말하는 것을 보니까 오히려 역으로 나를 깨우치고 계발(啓發) 시키는 바가 있다는 것이다.

김 교수는 제자의 언행을 관찰하여 제자에게 배울 줄 아는 열린 마음을 지닌 공자의 인간미에 숙연한 스승의 상을 발견하게 되고 유교의 본질이 이러한 개방성(*openness*) 에 있다고 높이 평가한다.

대현(大賢) 의 겉모양은 대우(大愚) 와 같다. 진흙 속에 진주를 아무나 알아보는 것은 절대 아니다. 사실 당시 군주와 세족들은 공자의 여타 많은 제자들에게는 적잖은 관심을 보였고 관직도 주었다. 그러

---

2) 子曰 回也 非助我者也 於吾言 無所不說 〈先進 3〉

나 안회에게는 별다른 관심을 보이지 않았고 주목도 받지 못하여 끝내 관직을 얻지 못하였다.

## 안회가 주목받지 못한 이유

공자가 안회를 가리켜 "써주면 나가서 도를 행하고, 버리면 물러나 은둔하는 것은 오직 나와 너만이 할 수 있을 것이다"[3] 라고 했는데 이때 '용행사장'(用行舍藏)은 성인의 경지이며 세상에 대한 군자의 자세로, 안회에게 "너는 성인의 경지에 도달했다"고 칭찬한 것이다. 그러나 간접적으로는 열국의 군주나 세족들에게 주목을 받지 못하고 관직을 얻지 못하였다는 것을 뒷받침하는 언급인 것이다.

그렇다면 안회는 왜 그토록 거의 완벽에 가까운 덕행을 지녔는데도 별다른 관심을 끌지 못하고 관직에도 나가지 못하였을까?

필자는 그가 대현(大賢)이기 때문이라고 본다. 안회가 자로와 함께 공자를 모시고 대화를 나눌 때 그 스스로 밝힌 대로 "착한 일을 남에게 자랑하지 않고, 공로를 과시하지 않겠다"[4]는 그의 뜻과 덕을 숭상하는 안회의 수양자세는 철저한 것이어서 인덕(仁德)의 깊은 의미를 통찰하고 있는 경지에 이르러, 뜻하고 생각하는 바가 충순하고 신심(信心)이 견고하였으면서도 제삼자들에게는 바보스럽게 보였을 것이며 잘 드러나지 않았을 것이다.

공자가 너무도 위대한 성인이라 생전에 아무도 그를 알아주지 않고 써주지 않다가 사후에 그의 위대함이 나타나듯이, 안회도 대현의 겉모양은 대우(大愚)와 같아 당시 패권에만 관심을 두었던 군주들이나

---

3) 子謂顔淵曰 用之則行 舍之則藏 惟我與爾有是夫 〈述而 10〉

4) 願無伐善 無施勞 〈公冶長 25〉

세족들이 눈이 어두워 그를 알아볼 수 없었던 것이다.

공자의 많은 제자들 중에도 오직 3대(三大) 제자인 자공(子貢)만이 안회를 알아보고 "제가 어찌 감히 안회를 바라볼 수 있겠습니까? 안회는 하나를 듣고 열을 알지만, 저는 하나를 듣고 두 개를 알 뿐입니다"[5]라고 한 것 이외에는 《논어》를 통하여 공자만의 칭찬이 반복되는 것을 보면 성인만이 대현을 알아본다고 하는 것이 거짓이 아닌 것이 나타나는 것이다.

## 공자가 유일하게 인정한 호학자

공자의 문하에 제자 3천 명, 6예(六藝)에 통달한 자가 70명이었다고 하는데, 공자는 이 중에서 유일하게 안회만을 '호학자'(好學者)라고 하였다. 《논어》에서 '호학자'는 '군자'(君子)와 동의어로 쓰였다. 따라서 공자는 안회를 '호학자' 또는 '군자'라고 부르기를 주저하지 않았던 것이다.

즉 노애공이 제자들 중 누가 학문을 좋아하느냐고 묻자 공자가 "안회가 학문을 좋아하였다. 그는 노여움을 옮기지 않고, 과실을 두 번 거듭하지 않았다. 불행하게도 죽어 지금은 없다. 그 후로는 학문을 좋아하는 자를 듣지 못하였다"고 대답하였다.[6]

〈선진〉편 6장에는 계강자(季康子)가 동일한 질문을 하였는데 답은 역시 "안회가 학문을 좋아 하였다"고 하고 단명이어서 지금은 없다고 하였다.[7] 또 "안회는 마음으로 서너 달을 두고도 인(仁)을 어기지 않

---

5) 何敢望回 回也 聞一以知十 賜也 聞一以知二 〈公冶長 8〉

6) 哀公 問弟子孰爲好學 孔子對曰 有顔回者好學 不遷怒 不貳過 不幸短命死矣 今也則亡 未聞好學者也 〈雍也 2〉

7) 季康子問 弟子孰爲好學 孔子對曰 有顔回者好學 不幸短命死矣 今也則

는다. 그러나 나머지 제자들은 하루나 한 달쯤 어쩌다가 인(仁)에 이를 뿐이다"[8] 라고 높이 평가하였다.

공자는 "젊은 후배들을 두려워해야 한다. 장래의 그들이 오늘의 우리만 못할 것이라고 어찌 알겠는가?"[9] 라고 말한 적이 있다. 어떤 면에서 안회는 여기서 공자가 말씀한 '후생가외'(後生可畏)에 해당하는 대상이고 내심 두려워하는 제자(畏弟)로 공자는 안회가 자기를 뛰어넘을 것이라고 경계하였을지도 모른다.

이와 같이 안회는 그 많은 제자 중에서 공자가 인정한 유일한 호학자요, 군자이며 인자(仁者)였던 것이다. 위에서 '三月'은 주자의 해석과 같이 '言其久'로 오랜 세월이라는 뜻이다. 그래서 공자는 말해주면 게으름 피지 않고 실행하여[10] 안회가 정진하는 것만 보았지, 그 자리에 머무는 것을 보지 못했다고 실토하고 그의 죽음을 애석해하였던 것이다.[11]

H.G. 크릴을 비롯한 일부 학자들은 안회가 관직에 나가지 못하고 그토록 호학하는 덕행에도 불구하고 별다른 주목을 받지 못한 원인을 일생동안 몹시 가난하게 산 데다가, 그의 내성적 성격이 더욱 그를 내부로 몰입시켰던 성격에서 찾고 있으나 이것은 호학자요, 군자이며 인자였던 안회를 너무 과소평가한 것이 아닌가 한다.

안회는 거친 밥 한 그릇과 물 한 그릇을 먹고 누추한 거리에서 살면서도, 남들은 그 괴로움을 감당치 못할 텐데도, 그 즐거움을 바꾸

---

亡〈先進 6〉

8) 子曰 回也 其心 三月不違仁 其餘則日月至焉而已矣〈雍也 5〉

9) 子曰 後生可畏 焉知來者之不如今也〈子罕 22〉

10) 子曰 語之而不惰者 其回也與〈子罕 19〉

11) 子謂顔淵曰 惜乎 吾見其進也 未見其止也〈子罕 20〉

려하지 않았다. 공자도 이를 보고 "현명하구나. 회여!"를 되풀이 하여 감탄하면서 제자 안회를 극구 칭찬하였다.[12]

여기서 즐거워하는 대상은 도(道)를 배우는 것이다. 그러므로 이렇게 가난하더라도 항상 즐거움 속에서 산 안회의 성격에 원인이 있는 것이 아니라 대현을 알아보지 못한, 진주를 그저 진흙으로 본 패권(霸權)에 눈이 먼 군주들의 어리석음으로 보아야 할 것이다.

## 안회의 조사早死와 공자의 통곡

그러나 안회도 인간이다. 육체를 가지고 있는 사람인 것이다. 가난 속에서도 도를 추구하는 즐거움을 버리지는 않았지만 평생 가난에서 벗어날 수는 없었다. 그런 가난 속에서 안회는 도에 거의 다가갔으나, 번번이 양식이 떨어졌던 것이다.[13] 아무리 '빈이락'(貧而樂)하더라도 평생 거칠고 반찬도 빈약한 식사를 하면서 가난의 계속에서 그의 육체가 배겨날 수가 없었을 것이다. '빈이락' 속에서 골병은 점점 더해가 요절하지 않을 수가 없었을 것이다.

안회가 죽자 공자는 "아아! 하늘이 나를 버리셨구나. 하늘이 나를 버리셨구나!"[14] 하고 대성통곡하였다. 《논어》 전편(全篇)에서 공자가 이렇게 격렬하게 자신의 감정을 표현한 곳은 없다. 가슴이 찢어질 듯한 공자의 비통함이 그려져 있다. 공자가 지나치게 비통해하는 모습을 보고 제자들이 "선생님의 통곡이 지나치십니다"라고 하자, "통곡이 지나치다고? 이런 사람을 위하여 지나치게 통곡하지 않고 누구를 위

---

12) 子曰 賢哉 回也 一簞食 一瓢飮 在陋巷 人不堪其憂 回也 不改其樂 賢哉 回也 〈雍也 9〉

13) 回也 其庶乎 屢空 〈先進 18〉

14) 顏淵 死 子曰 噫 天喪予 天喪予 〈先進 8〉

해 통곡하겠는가?"[15] 고 하였다.

14년간의 고난의 장정을 같이하고, 평생 가난 속에서 군자의 경지에 이른, 자기보다 나이가 30세나 적으면서도 먼저 간 사랑하는 애제자의 죽음 앞에 대성통곡하는 공자를 보면서 공자의 인간미를 더욱 느끼게 된다. 더구나 안회는 공자에게 있어 희망의 전부요, 삶의 자랑이요, 생의 기쁨이었다.

14년간의 기나긴 장정을 정치의 완전한 실패로 마치고 환국하여 고향에서 저술과 제자들 교육에 전념하고 있던 만년의 공자에게는 안회가 그의 도를 펴고 이상을 실현할 일루(一縷)의 희망이었던 것이다. 70 고령인 공자에게 안회의 돌연한 죽음은 청천벽력이었다. 대성통곡은 너무나도 당연한 자연적 발로이며 발산이었던 것이다.

## 안회가 장수하였더라면

가상이지만 안회가 장수하였으면 어떻게 되었을까? 그는 물론 공자의 후계자가 되었을 것이고 난신적자(亂臣賊子)들이 활개 치던 혼돈의 시대에 호학자로서, 군자로서, 인자로서 세상을 밝혀 세계 5대 성인의 반열에 오르지 않았을까? 공자, 자사, 맹자로 이어지면서 많이 왜곡된 공자의 사상이 공자, 안회로 제대로 이어져 또 다른 높고 찬연한 동양사(東洋史)가 가능하지 않았을까?

호학자, 군자 그리고 인자로서 도(道)에 거의 다다른 안회가 그의 뜻을 한번 펴보지도 못하고, 평생 가난 속에서 고생만 하다가 일찍 조사(早死)한 것이 못내 애석하고 아깝다.

---

15) 顔淵 死 子哭之慟 從者曰 子慟矣 曰 有慟乎 非夫人之爲慟 而誰爲 〈先進 9〉

# 15. 미운 털 박힌 제자

## 썩은 나무는 조각할 수 없다

젊어서 교단에 섰을 때를 회상해 보면, 학생들이 다 공부 잘하고 성공하기를 바라지만 그중에 한둘은 주는 것 없이 미웠던 경험이 있었던 것 같다. 빤질빤질하면서도 말은 앞서나 힘든 일은 빠지고, 재질 있으면서도 수업분위기를 해치며 답변하기 어려운 질문이나 골라하면서 공부는 게을리하는 학생이 있는 것이다.

공자에게도 이와 유사한 사례가 있었다는 것을 《논어》의 여러 군데에서 발견한다. 그는 바로 통칭 재아로 불리는 제자로 이름은 여(予)이며 자는 재아인바, 언어로 자공과 함께 공문십철에 속할 정도로 말솜씨, 즉 언사가 뛰어난 제자였다.

하루는 재아가 다른 제자들은 열심히 공부하고 있는데 낮잠을 자다가 공자에게 굉장한 야단을 맞는다. "썩은 나무는 조각할 수 없고, 썩은 흙담에는 손질할 수 없으니, 너를 꾸짖은들 무엇 하랴. 내가 사람을 대함에 처음에는 그 말을 듣고 그 행실을 믿었으나, 지금은 그 말을 듣고도 그 행실을 살펴본다. 재여 때문에 이렇게 고치게 되었다"[1] 라고 가혹할 정도로 나무랐다.

---

1) 宰予晝寢 子曰 朽木 不可雕也 糞土之墻 不可杇也 於予與 何誅 子曰 始吾於人也 聽其言而信其行 今吾於人也 聽其言而觀其行 於予與 改是

낮잠 정도 가지고 너무 심하지 않은가 하여 수많은 사람이 주침(晝寢)에 대하여 해석을 달리하려고 하고, '晝'를 화(畵)자의 오자로 보아 화침으로 해석도 하나 이는 너무 공자를 성인화하기 위한 확대해석인 것 같다.

당시는 요즘 같은 전기나 불이 없던 기원전 시기로 기껏해야 촛불 정도일 터이고 물자도 춘추시대라 부족하였을 것이므로 공부를 하더라도 환한 낮에 하지 않으면 안 되었는데, 다른 제자들은 열심히 공부하고 있는데 옆에서 쿨쿨 낮잠만 자고 있으므로 학습 분위기만 깨고 있으니 화가 나지 않을 수 없는 것이다.

## 공자를 시험한 유일한 제자

더구나 공자 자신이 말만 잘하는 사람을 극히 싫어하는데 재아가 말은 청산유수이면서, 거기다가 재주도 뛰어나면서도 게으름만 피우니 밉지 않을 수가 없었던 것이다. 공자는 게으름 피우며 허송세월하는 것은 질색이었다. 항상 노력하라고 했다. 어느 정도냐 하면 먹고 빈들빈들 놀면서 뒹굴뒹굴 시간을 보낼 바에야 차라리 장기나 바둑이라도 뛰라고 했다.[2)]

그런데 노력은커녕 말은 번지르르하게 앞서면서도 공부는 하지 않고 낮잠만 자고 있으니 화가 나지 않을 수 없었던 것이다.

'썩은 나무에는 조각할 수 없고, 거름흙으로 쌓은 담장은 흙손질할 수 없다'는 싹수가 노랗다는 말로서 희망이 없어 포기했다는 소리다.

교육가로서 내일의 희망을 보고 사는 공자가 이렇게 화를 낼 때는

---

〈公冶長 9〉

2) 子曰 飽食終日 無所用心 難矣哉 不有博奕者乎 爲之猶賢乎已 〈陽貨 22〉

화가 하늘 끝까지 뻗친 상황이다. 오죽하면 공자 자신이 생활태도까지 고치겠는가? 그래서 한 사람의 말만 듣고도 신뢰하던 것이 행동을 확인한 후에야 믿게 되었다는 것이다.

재아는 확실히 공문(孔門)에게는 트러블 메이커였다. 한번은 재아가 "인자는 가령 누가 우물에 빠졌다는 말을 하였을 때 우물 속까지 쫓아 들어가야 합니까?"라고 대답하기 곤란한 괴상한 질문을 공자에게 하였다. 이에 공자가 "어찌 그렇겠느냐. 군자는 우물가에 갈 수는 있지만, 우물 속에 빠지지는 않는다. 그럴듯한 말로 속일 수는 있겠지만, 터무니없는 말로 속일 수는 없는 법이다"[3] 라고 대답하였다.

학창시절 선생님을 골탕 먹이고 시험하기 위하여 까다로운 질문을 했던 적을 기억나게 하는 장면이다.

이는 성경에 바리사이파 사람들이 어떻게 하면 예수의 말씀을 트집잡아 올가미를 씌울까하고 궁리하여, "카이사르에게 세금을 바치는 것이 옳은가?" 하고 예수에게 물은 질문에 "카이사르의 것은 카이사르에게 돌리고 하느님의 것은 하느님께 돌려라"[4] 고 한 예수의 명답과 비슷하다.

인덕 있는 사람이라면 우물에 빠져 죽어가는 사람이 있다는 말을 듣고 모르는 척할 수 없는 것이다. 우선 우물가까지 달려갈 것이다. 그러나 그 인자(仁者)가 수영이나 구조의 전문가가 아닌 바에야 무모하게 허겁지겁 우물 안으로 들어가는 것은 분별없는 행동이다. 오히려 리더십을 발휘하여 구경꾼 중에 유능한 자가 있으면 우물 안으로 들어가게 한다든가 또는 동아줄 같은 것을 넣어준다든가 하는 것이

---

3) 宰我問曰 仁者 雖告之曰 井有仁焉 其從之也 子曰 何爲其然也 君子可逝也 不可陷也 可欺也 不可罔也 〈雍也 24〉

4) 마태오 22: 15~21.

현명할 것이다.

그래서 공자는 "우물까지는 가겠지만 우물 안에 들어가지는 않을 것이다"라고 하였다. 인자란 사려 깊은 이성의 소유자로 이치에 맞는 말에는 속을 수 있지만, 도리에 벗어난 터무니없는 말에 속아 넘어갈 정도로 어리석지는 않다.

## 순발력의 귀재

재아(宰我)는 이렇게 짓궂은 엉뚱한 질문으로 스승인 공자를 골탕 먹이는가 하면 한편으로 그의 머리 회전속도는 상상을 초월할 정도로 빠르고 얼렁뚱땅 둘러대는 데도 천재적 기질이 있었던 것 같다.

한번은 노나라 애공(哀公)이 토지신인 사직 앞에 심는 나무에 대하여 묻자 재아는 앞 시대인 하(夏)나라나 은(殷)나라와 달리 주(周)나라는 밤나무를 심었는데 백성을 전율케 하기 위하여서라고 설명하였다. 밤나무 율(栗)자의 소리를 이용하여 전율(戰慄)의 의미를 이끌어 낸 것이다. 공자가 이를 듣고 다 지나간 일이라 더 이상 말하고, 간하고 탓하지 않겠다고 끝맺는다.[5)]

공자가 허물하지 않겠다고 하였지만 실제로는 재아의 행동이 못마땅하여 그의 경솔함을 책망하고 꾸짖은 것이나 다름없다. 그러나 '栗'자의 발음을 가지고 '戰慄'케 하기 위한 것이라고 그럴싸하게 둘러대는 재아의 기민성과 순발력에는 감탄하지 않을 수 없는 것이다.

---

5) 哀公 問社於宰我 宰我對曰 夏后氏以松 殷人以栢 周人以栗 曰 使民戰栗 子聞之 曰 成事不說 遂事不諫 旣往不咎 〈八佾 21〉

## 공자와 당당히 논쟁

재아(宰我)는 머리 회전속도만 빠를 뿐 아니라 굉장히 논리적인 말솜씨 기술도 뛰어났다. 3년 상(喪)의 기간에 관한 두 사람의 논쟁이 그것이다. 자연현상과 인간사의 순환주기에 따라 1년 상(喪)으로 하는 것이 합리적이지 않느냐는 재아의 주장은 논리적이며 상당한 설득력을 지닌다.

상이란 3년 동안 부모 품속에서 받은 은혜를 잊지 못하는 애통한 마음에서 하는 것으로 네 마음이 편하면 1년으로 하라는 공자의 반론이 부모의 은혜를 얼마만큼 진정으로 기리며 지극정성의 마음을 다하느냐에 근거를 두어 공자 승으로 끝나지만, 《논어》 자체가 공자 중심으로 쓰인 책이라 어쩔 수 없지만 재아의 논리적 접근과 전개방법은 탁월한 것이다.[6]

이렇게 재아는 스승과 당당히 1 대 1로 논쟁하였고 물러서지 않았다. 스승이라고 하여 자기주장이 옳다고 생각하는 것을 끝까지 굽히지 않고 당당하게 맞섰다. 공자가 "인을 행함에 있어서는 스승에게도 양보하지 말아야 한다"라고 가르친 것[7]을 직접 실현한 것이다. 공문(孔門) 중에서 이렇게 공자와 끝까지 물러서지 않고 논쟁하는 제자는 재아가 거의 독보적인 존재인 것 같다.

그래서 질책도 당하고 미움도 받았지만 그 속에서 공자 사상의 질이 높아지고 성숙해 갔던 것이 아닌가 한다.

---

6) 宰我問 三年之喪 期已久矣 君子三年不爲禮 禮必壞 三年不爲樂 樂必崩 舊穀 旣沒 新穀 旣升 鑽燧改火 期可已矣 子曰 食夫稻 衣夫錦 於女安乎 曰 安 女安則爲之 夫君子之居喪 食旨不甘 聞樂不樂 居處不安 故 不爲也 今女安則爲之 宰我出 子曰 予之不仁也 子生三年然後 免於父母之懷 夫三年之喪 天下之通喪也 予也有三年之愛於其父母乎 〈陽貨 21〉

7) 子曰 當仁 不讓於師 〈衛靈公 35〉

# 16. 나를 구원해 준 공자와 《논어》

해방 후 교육을 받은 세대로서 서양 제일주의에 물들어 우리 동양을 2천 년 이상 지배했고 서양에까지 심대한 영향을 미친 동양사상의 근원 《논어》와 공자에 대해 관심 없이 살아 왔다. 그저 피상적으로 공자는 세계 3대 성인 중의 한분으로 인(仁)을 주장하였다는 정도가 필자가 아는 전부요 고작이었다.

제 3기 자치단체장선거에 한나라당 바람으로 낙선하여 제 2기 민선 원주시장을 끝으로 공직을 마감하고 2002년 7월부터 이른바 완전 백수(白首)가 된 것이다. 고시합격 후 개발 산업시대의 공직자로서 밤낮을 가리지 않고 나이도 잊고 일하는 즐거움에 살다가 막상 놀게 되고 보니 벌써 나이가 60 중반이 넘었다.

박사학위와 저서가 있지만 어느 대학도 기득권자들의 반발과 교수 정년을 넘은 나이를 문제 삼아 받아 주지 않았다. 과학기술처 산하 과학재단에서 주관하는 초빙교수라도 할까하고 추진해 보니 원주시장은 아무리 민선시장이라도 직급은 2급에 해당하여 안 되었다. 엎친 데 덮친 격으로 어머님께서 90이 넘은 노환으로 입원하시게 되니 딸도 없는 외아들로 원주를 벗어날 수가 없었다.

낙선의 괴로움, 어디서도 받아 주지 않는 무용지물이 아닌가 하는 회의(懷疑), 어머님의 입원 등 고뇌(苦惱)에서 헤어나지 못하던 시기에 어머님 병상에서 옛날에 사 두었던 1966년 현암사 판 신역사서 《논어》를 짬짬이 읽은 것이 공자와의 첫 만남이었다. 그러나 이때는 마음이 너무 복잡하여 눈은 《논어》에 가 있어도 마음은 다른 곳에 있을 때라 공자를 만났어도 알아보지 못했다. 마음이 있지 않으면 보아도 보이지 않으며, 들어도 들리지 않으며, 먹어도 그 맛을 알지 못한다는 《대학》의 말 그대로였다.[1)]

어디에서도 써 주지 않아 사회과학 중 행정학을 전공한 나로서는 행정학을 공부해야 소용이 없으므로 소설이나 보면서 소일하던 중 향교(鄕校)에 한문반이 있다고 하여 2005년 3월부터 수강하였다. 그해 9월 《논어》를 교재로 공부하기 시작해서 2006년 6월에 떼면서 《논어》가 진리의 보고(寶庫)인 것을 알았고 공자를 알아보게 되었다.

그런 중에서도 6월 《논어》를 거의 떼어 갈 때쯤 되어 공자는 찬란한 빛으로, 하늘에 빛나는 태양으로 다가와 나에게 희망의 길을 열어주었다. 완전히 폐쇄된 것으로 생각하였던 내 인생의 문을 인생의 새로운 출발을 하도록 활짝 열어주었다. 특히 공자가 정치적 이상을 펼치기 위하여 주유(周遊)하다가 어디서도 써 주지 않으니까 14년간의 주유열국(周遊列國)을 마감하고 고향 노(魯)나라로 돌아온 것이 '68세'라는 점은 나로 하여금 많은 것을 생각하게 하였다. 공자는 귀국한 뒤로는 오로지 연구와 저술 그리고 제자양성에 몰두하다가 73세를 일기로 세상을 떠났다.

그가 유세(遊說)에 성공하였으면 위대한 통치술은 폈을지 모르지만 아마도 인류의 스승으로, 대사상가로 세계의 성인은 되지 못하였을 것이다. 결국 실패가 그를 인류의 스승으로 만든 것이다. 그것은 좌절과 불운 속에서도 자신의 뜻을 실현하기 위해 계속하여 도전하는 삶을 살았기에 가능하였던 것이 아니겠는가?

---

1) 心不在焉 視而不見 廳而不聞 食而不知其味 《大學》, 〈傳文 7章〉

2006년, 내 나이 68세였다. 공자 같은 인류의 스승도 68세까지 실패만 연속했지만 한 순간도 이상과 꿈을 버리지 않고 도전에 또 도전을 거듭하여 인류에게 길을 열어 주고 빛을 밝히는 성인이 되었는데 하물며 공자 사후 2,500년이나 흐른 지금 보잘 것 없는 범인이 68세라는 나이에 얽매일 때가 아니었다. 실의(失意)에 젖어 한 번밖에 살지 못하는 인생을 헛되이 보내고 있을 여유가 없지 않은가? 일찍이 중국 오나라의 오자서(伍子胥)의 말대로 '해는 저물고 갈 길은 먼데'(日暮途遠) 더욱 그렇다.

공자는 고생을 많이 한 사람이었다. 필자의 고생과는 비교가 되지 않는다. 그의 인생은 어떤 면에서는 고생에서 시작하여 고생으로 끝났다고도 할 수 있다. 그렇게 오랫동안 고생만 하고 일이 잘 풀리지 않다 보면 누구든 자포자기하고 만다. 좌절과 절망만이 기다리고 있는 것이다.

2,500년 전 68세면 지금의 90세 정도로 보아도 지나치지 않다. 그러나 공자는 그렇게 연속하여 고생 속에서 실패만 하였는데도 다른 사람들과 달랐다. 그는 따스하면서도 위엄이 있고, 그러면서 사람을 압박하지 않는 겸손함을 갖춘 사람이었다. 고난의 세월을 거치면서 균형 잡힌 인간상을 형성한 데에 공자의 위대함이 있지 않을까 싶다. 그는 학문을 좋아하여 발분하면 밥 먹기를 잊어버리고, 안 뒤에는 즐거워서 근심을 잊어버리며, 늙어가는 것조차 모르고[2] 살았다.

하물며 나 같은 범인이 이러고 있을 때가 아니었다. 승부는 지금부터다. 목표와 이상 그리고 꿈을 가진 삶에는 반드시 기회가 찾아오기 마련이다. 그것은 공자의 삶이 말해 준다.

---

2) 發憤忘食 樂而忘憂 不知老之將至云爾 〈述而 18〉

여생을 보람되게 살며 정진하여야 하겠다. 공자는 필자를 새롭게 살게 해 주었고 필자의 인생을 성공으로 마무리하도록 길을 밝혀주었다. 이상과 비전의 실현을 위하여 끝없이 도전하는 힘과 용기를 주었다.

인생엔 어느 때고 늦다는 일은 없다. 시작이 반이고 정진하면 되는 것이다. 하루를 살아도 꽉 차게, 보람되게 살 수만 있다면 너절하게 백년을 사는 것보다 낫다고 본다. 하루 24시간을 밀도 있게 활용하여 발분하고, 즐거움에 묻혀 근심을 잊어버리고 늙어가는 것조차 모르는 여생을 살려고 하며 그렇게 노력하고 있다. 이 모두는 공자가 가르쳐 준 교훈이며 《논어》를 공부하면서 가능하게 되었다.

제2장

# 공자의 이상

# 1. 인仁을 실천하는 방법

## 가까운 데에서 취하라

공자의 가르침에 기본은 인(仁)이다. 《논어》에는 인을 말한 장(章)이 약 58장이고 또 인(仁)이란 자가 약 110번이나 나타난다. 그러나 그 어디에도 인에 대한 종합적 개념정리를 하지 않은 것이 특징이다. 억지로 정의를 내리면 '모든 덕을 통합한 최고의 덕'으로 '사람을 사랑함'(愛人)이라고 하겠다.

자공(子貢)이 말했다. "만일 백성에게 은혜를 널리 베풀어(博施) 많은 사람을 구제한다면(濟衆) 어떻겠습니까?" 공자께서 말씀하였다. "어찌 인을 일삼는 데 그치겠는가. 반드시 성인일 것이다. 요순도 오히려 이것을 부족하게 여기셨을 것이다. 인자(仁者)는 자신이 서고자 함에 남도 서게 하며, 자신이 통달하고자 함에 남도 통달하게 하는 것이다. 가까운 데에서 취해 비유할 수 있다면(能近取譬) '인을 실천하는 방법'이라고 이를만하다."[1]

이와 같은 인(仁)을 실천하는 방법은 무엇인가? 공자는 바로 '능근취비'(能近取譬)를 들었다. 나와 가장 '가까운 데'는 나 자신이다. 즉

---

1) 子貢曰 如有博施於民而能濟衆 何如 可謂仁乎 子曰 何事於仁 必也聖乎 堯舜 其猶病諸 夫仁者 己欲立而立人 己欲達而達人 能近取譬 可謂仁之方也已 〈雍也 28〉

내가 무슨 일에 나서고 싶으면, 다른 사람도 같은 일에 나서고 싶을 테니 그 심정을 이해하여 남을 먼저 나서게 하고, 내가 무엇을 성취하고 싶으면 다른 사람의 입장도 생각해서 남을 먼저 성취하도록 해주는 것이다. 그러므로 같은 입장에 서서 남의 입장을 생각해서 비근(卑近)한 일부터 착한 일을 행하도록 하는 것이 인을 실천하는 방법이라고 가르쳤다.

"자신이 서고자 함에 남도 서게 하며, 자신이 통달하고자 함에 남도 통달하게 하라"(己欲立而立人 己欲達而達人)는 말은 자공이 평생토록 지침으로 삼은 한마디의 가르침으로 공자가 말한 "그것은 서(恕)이니, 자기가 원하지 않는 일을 남에게 베풀지 말라"[2]는 말과 같은 뜻이다. 차이가 있다면 전자는 긍정적이고 후자는 부정적으로 표현했을 뿐이다. 이렇게 볼 때 서(恕) 또는 충서(忠恕)가 능근취비(能近取譬)에 해당됨을 알 수 있다.

## 나로부터 출발

결국 인(仁)의 실천은 나에게 달려있고 나로부터 출발하는 것이다. 진리는 결코 먼 데 있지 않다. 손에 잡히지 않는 도덕적인 어떤 형태나 문제에서 출발할 것이 아니라 능근취비(能近取譬)하여 나의 일상생활에서 내 입장과 비슷한 것을 찾아서 선행을 베푸는 것이 인(仁)이다. 이기급인(以己及仁)이다. 따라서 공자가 "인을 실천하는 것은 나에게 달려 있다"(爲仁由己)고 한 것은 능근취비와 같은 맥락이라고 하겠다.

인(仁)의 실천은 나에게 달려 있고 나로부터 말미암는 것이니 인의

---

2) 己所不欲 勿施於人 〈衛靈公 23〉

실천의 열쇠는 나에게 있는 것이다. 그런데 내가 동물적, 이기적 탐욕을 바탕으로 싸우고 쟁탈하는 데 빠져 있다면 인의 실천은 불가능하게 되는 것이다. 그리하여 공자는 '위인유기'(爲仁由己)의 전제로 '사욕(私慾)을 이겨 예로 돌아가라(克己復禮)'고 가르쳤다.[3]

## 인仁은 멀리 있는가?

더 나아가 공자는 "인이 멀리 있는가? 내가 인을 하고자 하면 인이 당장 이른다"[4]고 가르쳤다. 인은 공자의 가르침 중 최고덕목으로 《논어》에 반복하여 언급된 것은 제자들도 인은 너무 높아서, 보통사람은 도저히 도달하거나 실천할 수 없는 것이라고 생각할까봐 강조한 게 아닌가 한다. 그런데도 단 하루만이라도 인에 힘을 쏟지 않고,[5] 하루 이기심을 버리고 예로 돌아가면 천하가 다 인(仁)에 돌아갈 텐데[6] 이를 실천하지 못하는 나 자신이 안타깝다.

또 한 번 신기함을 느끼는 것은 시공(時空)이 다르고 당시의 교통으로는 교류란 상상도 할 수 없는데도 동서양 성현의 말씀은 기이할 정도로 일치(一致)한다는 점이다. 예수는 "너희는 남에게서 바라는 대로 남에게 해 주어라"(마태오 복음 7:12), "네 이웃을 네 몸같이 사랑하라"(동 22:39)고 말했다. 진리는 상통(相通)하는가 보다.

---

3) 顔淵 問仁 子曰 克己復禮 爲仁 一日克己復禮 天下歸仁焉 爲仁由己 而由人乎哉 〈顔淵 1〉

4) 子曰 仁遠乎哉 我欲仁 斯仁 至矣 〈述而 29〉

5) 有能一日 用其力於仁矣乎 我未見力不足者 〈里仁 6〉

6) 一日克己復禮 天下歸仁焉 〈顔淵 1〉

## 2. 위선자는 仁者가 될 수 없다

### 교언영색하지 말라

공자가 《논어》에서 "향원은 덕의 적이다"[1] 라고 하여 향원(鄕原)[2] 을 제일 싫어한 것을 제외하고는 '교언영색'(巧言令色) 하는 자를 가장 안 좋게 보지 않았나 한다. 공자가 말씀하였다. "말을 잘하고 얼굴빛을 꾸미는 사람 치고 인(仁) 한 이가 드물다."[3]

이 장은 〈양화〉(陽貨) 17장에도 그대로 나온다. 《논어》가 공자의 어록을 공자 사후에 제자들이 엮은 책이므로 똑같은 장이 중복되었다는 것은 공자가 생전에 중요시하여 여러 제자들에 의하여 기억되었기 때문이 아닌가 한다.

'선의인'(鮮矣仁) 이란 표현은 본래 '인선의'(仁鮮矣) 를 도치시킨 것으로 '鮮'(드물다) 을 강조한 것이다. 그래서 '드물다'로 보는 것보다는 '없다' 또는 '않다'로 해석하는 것이 공자의 뜻에 부합할 것이다. 따라서 공자의 뜻대로 번역하면 "말 잘하고 얼굴빛을 꾸미는 사람 치고 인(仁) 한 이가 없다"가 되는 것이다.

---

1) 子曰 鄕原 德之賊也 〈陽貨 13〉

2) 향원(鄕原) 은 말과 행동이 다르고 겉으로만 바르고 선한 듯이 굴어, 속인들로부터 마치 덕이 있는 사람으로 칭송받는 사람 즉 위선자를 말한다.

3) 子曰 巧言令色 鮮矣仁 〈學而 3〉

공자철학의 핵심은 인(仁)으로 모든 덕목의 기본이고 근원이다. 인은 인심(仁心)을 바탕으로 모든 사람과 자연 만물을 사랑하고 키워주는 인덕(仁德)의 핵심이다. 인심을 바탕으로 하되 그 바탕이 선(善)으로 이루어져야지 위선(僞善)으로 이루어진다면 인이 될 수 없는 것이다. 이렇게 공자는 숭선(崇善)을 지향한 것이다.

겉과 속이 다르고 말을 번지르르하게 하며, 지나치게 다정하고 낯이 간지러울 정도로 친절을 베푸는 사람에게서는 진실을 찾을 수 없는 것이다. 그 속에 인이 있을 수가 없는 것이다. 꾸민 것은 인간의 진실과는 거리가 멀다. 꾸미는 것은 결국 무엇인가를 속이는 것이다. 무엇인가 '속셈'이 반드시 있는 것이다. 즉 위선(僞善)이다.

공자가 위선과 이중적 인격을 비롯하여 말이 앞서는 것을 아주 싫어했음은 《논어》의 다른 곳에도 일관되게 비슷한 말씀이 반복되는 것을 보면 알 수 있다. 즉 "말을 잘하고 얼굴빛을 꾸미고 공손을 지나치게 함을 옛날 좌구명(左丘明)이 부끄러워하였는데, 나 또한 이것을 부끄러워한다. 원망을 감추고 그 사람과 사귐을 좌구명이 부끄러워하였는데, 나 또한 이것을 부끄러워한다."[4] 공자는 '교언영색'한 것을 부끄러워할 정도로 싫어하였다. 그래서 "교언은 덕을 어지럽힌다"[5]라고까지 한 것이다.

'교언영색'하는 사람 치고 인(仁)한 이가 드물면 그 반대는 인에 가까울 것은 너무나 당연하다. 공자는 "강직하고 과감하고 질박하고 말이 무딘 사람은 인에 가깝다"[6]라고 하였다. 참으로 절묘한 비유이고 인생의 지표로 삼을 만한 말씀이다. 의지가 굳세고 기품이 의연하며

---

4) 子曰 巧言令色足恭 左丘明恥之 丘亦恥之 匿怨而友其人 左丘明恥之 丘亦恥之 〈公冶長 24〉

5) 子曰 巧言 亂德 〈衛靈公 26〉

6) 子曰 剛毅木訥 近仁 〈子路 27〉

질박하면서도 말을 신중하게 하는 모습을 상상하여 보아라. 얼마나 멋진가? 인에 가까울 수밖에 없지 않겠는가?

### 행동에 민첩하라

그래서 공자는 그가 그리는 이상인 군자를 가리켜 "말에는 어눌하고 행동에는 민첩하다"[7] 라고 하였고, 호학(好學) 하는 사람은 "일은 민첩하게 하고 말은 삼간다"[8] 라고 하였다. '강의목눌'(剛毅木訥) 한 사람들이 대접받고 빛을 보아 그들의 세상이 되고, '교언영색'한 사람들이 기를 못 펴고 발붙일 곳이 없는 그런 세상이 되면 얼마나 좋을까?

우리는 선거 때마다 각종 선거의 후보자들이 내거는 공약(公約) 을 보고 TV토론을 시청하여 투표를 한다. 말 잘하면 당선이 일단 유리하게 된다. 많은 공약을 제시하여도 또한 유리하다. 당선을 위하여 잘 보이려고 꾸미지 않을 수 없는 것이 현실이다. 이 점에서 민주주의는 인류가 창안해 낸 가장 이상적인 정치제도이지만 동시에 해결해야 할 결함도 있다는 것을 알 수 있다. 실제로 '교언영색'한 후보가 당선되고 '강의목눌'한 후보가 낙선되는 경우가 비일비재할 뿐 아니라 당선을 위하여 유권자를 혹(惑) 하게 하려고 제시한 많은 공약(公約) 이 공약(空約) 으로 되는 것이다.

학자들도 조용히 연구와 저술활동만 하면 빛을 못 보는 것 같다. 걸핏하면 매스컴에 오르내려 유명세를 타고 논문을 베껴내는 것도 다 보이기 위한 것이 아니겠는가? 그래서 황우석 사건 같은 것이 생기는

---

7) 子曰 君子 欲訥於言而敏於行 〈里仁 24〉

8) 敏於事而愼於言 〈學而 14〉

것이 아니겠는가? 그 뿐이 아니다. 많은 교수들이 선거 때만 되면 각 선거 캠프에 참여하여 후보자의 입맛에 맞는 공약을 내고 당선되면 어떻게 한 자리 따서 앉은 후 자기가 모셨던 사람에게 잘 보이기 위하여 수단 방법을 가리지 않는다. 나라야 어찌 되었던 주인이 좋아하는 정책을 내놓기에 정신이 없다. 이런 사람을 교수라고 그 밑에서 배웠던 우리의 후세들이 불쌍하기만 하다.

흔히 현대를 자기PR시대라고 하는데 자기PR도 좋지만 그전에 본분을 알아 궤(軌)를 벗어나는 일이 없도록 하는 것이 급하겠다.

# 3. 말 재주는 안 된다

## 말재주 혐오

인(仁)은 모든 덕을 통합한 최고의 덕으로 공자사상의 핵심으로 인의 실현을 천도(天道)로 생각하는 공자에게는 사람을 평하든가 등용을 위해서든 판단의 기준은 인(仁)인 것이다. 그런데 제일 중요한 인을 접어 두고 말 재주로 재단하려고 하니 속된 말로 열 받지 않을 수가 없었던 것이다.

어떤 사람이 말하였다. "옹은 인덕은 있으나 말 재주가 없습니다." 공자가 말씀하였다. "말 재주를 도대체 어디에 쓰겠다는 것인가? 약삭빠른 구변으로 남의 말을 막아, 자주 남에게 미움만 받게 된다. 나는 옹의 인덕에 대해서는 모르겠으나 말 재주를 도대체 어디에 쓰겠다는 것인가?"[1)]

어떤 사람이 공자의 문하생 중 한 사람인 염옹(冉雍)에 대하여 공자와 상담하는 대화인 것 같다. 이 사람은 말 잘하는 것을 더 중요하게 생각하는 가치관의 소유자로 공자에게 "옹(雍)은 좀 어질기는 할지 몰라도 말 재주가 없어서 틀렸습니다"라고 말을 건네자, 공자가 "말 재주를 도대체 어디에 쓰겠다는 것이냐?"라고 두 번이나 반복한

---

1) 或曰 雍也 仁而不佞 子曰 焉用佞 禦人以口給 屢憎於人 不知其仁 焉用佞 〈公冶長 4〉

것을 보면 여간 격분하지 않은 것으로 상상된다.

여기서 "그가 인한지는 모르겠다"(不知其仁) 라는 조건절은 인(仁)을 부정한 것은 아니라고 본다. 오히려 대화의 초점이 '말 재주'에 있기 때문에 인을 제외시켜 놓기 위한 것이라고 보는 것이 옳을 것이다.

춘추전국시대에 외교술과 언변은 정치에서 중요한 부분을 차지하고 있었고, 특히 인물채용에 있어 큰 역할을 하였다. 춘추시대에 살았던 공자보다는 뒤인 전국시대이기는 하지만 소진(蘇秦)과 장의(張儀) 같은 변사나 유세가(遊說家)가 빛을 볼 수 있었던 것은 말재주 때문이고, 합종연횡설(合從連橫說)에 의하여 정치가 이루어지던 시대이고 풍조였던 것도 모두 말재주가 그 밑바닥에 깔려있는 것이다.

그러나 공자는 이것을 싫어하였다. 말 재주가 없더라도 그의 인품이 인덕(仁德)을 갖추었다면 문제될 것이 없다는 것을 분명히 한 말씀이다. 이렇게 공자가 싫어한 것 중의 하나가 바로 말 재주(佞)이다. 싫어하는 정도가 아니라 혐오한다고 해야 옳을 것이다.

그 많은 공자의 제자(약 3천명이나 되었다고 하며 학업을 닦아 통달한 제자만도 70여 명이었다고 함) 중 유일하게 미움을 받은 제자가 재여(宰予)—자는 재아(宰我)—인데 그것은 말 재주 때문이었다. 재여는 "주나라에서 밤나무를 심은 것은 백성을 전율케 하기 위해서였다"[2] 라고 엉뚱한 말을 하여 공자의 노여움을 산 일이 있었다. 밤나무를 뜻하는 율(栗)을 전율(戰慄)의 율(慄)로 해석한 재여의 말 재주가 대단하고 놀라운 것이다.

자로(子路)도 말대답을 잘못하다가 공자로부터 호되게 질타당한 적이 있으니 그가 자고(子羔)로 하여금 비읍의 읍장을 시키려고 할 때이다. 공자가 그렇게 하면 남의 집 자식을 망치게 될 것이라고 일

---

2) 周人 以栗 使民戰栗也 〈八佾 21〉

침을 놓았다. 그러자 자로는 백성도 사직도 있는데 어찌 책만을 읽어야 배운다는 것이냐며 당돌하게 응했다. 이 말을 들은 공자가 다음처럼 질책하였다. "그래서 말 잘하는 자가 미운 것이다."[3] 공자가 말 재주를 싫어한 것은 기본적으로 실천이 수반되지 않기 때문이다. 공자의 도가 천명사상(天命思想)에 근거를 두고 있어 행동력을 상실한 언어는 도덕적으로 무가치하며, 우주의 법칙을 벗어난 것이므로, 공자의 입장에서 볼 때 하늘에 대한 반역행위가 되는 것이다.

## 말이 넘치는 현대

우리가 사는 현대는 어떠한가? 말이 넘치는 사회가 현대이다. 하루 종일 전파를 타고 TV 라디오에서는 잠시도 쉬지 않고 떠들어 댄다. 당연히 말 재주가 좋고 말을 잘하는 사람들이 빛을 보고 활개 치는 세상이다. 머리에 무엇이 들고 무슨 생각을 하는지는 고려하지 않는 것 같다. 그저 아나운서나 TV앵커라면 무조건 인정하고 받아들이는 것이 현실이다. 국회의원 중에 앵커나 아나운서가 많이 진출하는 것이 그 반증이다. 또 그들 중에 대부분은 여야당 구분할 것 없이 당의 대변인까지 맡아 앵무새같이 반복하여 세상을 혀끝으로 더럽히는가 하면 심지어는 당대표도 하고 대권까지 꿈꾸기도 하는 것이 우리의 현실이다. 공자가 나타난다면 기겁할 것이다. 인(仁)한지의 여부는 고려의 대상 밖이다.

3) 子路使子羔 爲費宰 子曰 賊夫人之子 子路曰 有民人焉 有社稷焉 何必讀書然後 爲學 子曰 是故 惡夫佞者 〈先進 24〉

# 4. 인仁과 환경의 선택

## 인은 최고의 선

공자는 《논어》에서 인(仁)을 되풀이하여 말하고 있다. 그러나 인에 대한 일정한 개념규정이 없는 것이 특색이라는 것은 《논어》를 한 번이라도 읽은 사람이라면 누구나 다 아는 사실이다.

공자는 인간의 선의, 도덕성의 신뢰를 바탕으로 인(仁) 즉 사랑, 애정을 최고의 선으로 삼고 그 실행을 위하여 일생을 바쳤다.

"군자는 근본에 힘쓰니 근본이 서면 도(道)가 생긴다. 부모에 대한 효도와 형장(兄長)에 대한 공경이 바로 인(仁)을 이루는 근본이다"[1]라고 하여 인은 애친(愛親)에서 출발한다고 하여 효제(孝弟)를 인이 자라는 묘판(苗板)으로, 여기에서부터 자라고 확대하여 사람을 사랑하는 것이 인이라고 하여[2] 박시제중(博施濟衆)으로 까지 넓혀 나갔다.

군자는 황급할 때라든가 거꾸로 자빠질 때도 인에 머물러야한다고 하여 인을 어떠한 위기상황에서도 같이 해야 하는 궁극규범이요 최고 목표로 상정되어 있다.

인자(仁者)가 되면 현실의 어려움을 극복하여 정신 혹은 덕성 인격

---

1) 君子務本 本立而道生 孝弟也者 其爲仁之本與 〈學而 2〉

2) 仁愛人也 〈顔淵 22〉

의 자유경지에 이르기 때문에 오랫동안 곤경에 처하여도 태연할 수 있으며 자신의 존재가치를 충분히 긍정하는 속에서 인(仁)과 이미 하나가 되어 도덕적 가치가 마음속에서 샘솟아, 즐거움도 오랫동안 누리며 행복한 순간들을 오래 유지하여 항상 편안함이 지속되는 것이 특징이다.

그러나 인(仁)하지 못한 자는 곤궁한 상황에서 쉽게 좌절하고 조바심하고 안달한다. 그래서 조금만 곤궁하여도 불평하고 불만을 터트리며 이겨내지 못하고 포기해버리고 만다. 인(仁)하지 못한 사람은 즐거움에 오래 처해 있지도 못한다. 기쁘면 호들갑을 떨고 난리를 부리다가 위락과 음란에 쉽게 빠져들어 패가망신하는 사람들을 우리는 주위에서 많이 본다.

그래서 공자는 "부귀를 얻기 전에는 얻을 것을 근심하고, 이미 얻고 나서는 잃을 것을 걱정하나니, 만약 잃을 것을 걱정한다면 못하는 것이 없게 된다"[3] 고 한탄하였다.

인(仁)하지 못하면 늘 걱정 속에서 살게 된다.[4] 어떻게 하면 출세를 할까? 어떻게 일확천금을 벌 수 있을까? 조그만 것에 목숨을 건다. 기뻐도 탈, 슬퍼도 탈 모두가 근심 투성이인 것이 우리이다.

이러한 불인(不仁)에서 벗어나 인자가 되기 위하여서는 나로부터 말미암아야 되고(爲仁由己) 자기 자신으로부터 구해야 된다(求諸己)고 하였다. 그러므로 내가 인을 구하고 인자되기를 희망하여 인을 행하려고 하면 인은 내게 이른다[5] 고 하였다.

공자는 인을 참으로 좋아하는 사람과 불인함을 미워하는 사람을 보

3) 其未得之也 患得之 旣得之 患失之 苟患失之 無所不至矣 〈陽貨 15〉

4) 小人 長戚戚 〈述而 36〉

5) 我欲仁 斯仁 至矣 〈述而 29〉

지 못하였다. "하루 동안만이라도 인에 진력을 다하는 사람이 있을까"[6] 라고 실토한 것을 보면 그렇게 노력하는 사람이 옛날에도 많지 않았다는 소리이다. 인자가 되기 위하여서는 무엇보다도 이렇게 자신의 노력이 제일 중요하다. 그리고 항상 옳은 것을 택하여 좇으라고 권고한다.[7]

## 환경의 선택

자신의 노력이 이렇게 중요하지만 그것만으로 모든 것이 해결되는 것은 아니다. 공자는 더하여 환경이 맞아야 된다고 하였다. 즉 "인후한 미풍이 있는 곳에 사는 것이 아름다운 일이다. 인후한 곳을 택하여 살지 않으면 어찌 지혜롭다 하겠는가?"[8] 라고 인(仁) 한 마을에 거주하라고 환경을 중요시 하였다.

환경이란 사회과학에서 나를 하나의 유기체로 보았을 때, 그러한 유기체를 둘러싸고 있는 모든 외부조건을 통틀어 지칭하는 말이다. 나와 환경 간의 관계라는 것은 유기체로서의 나와 환경 간의 상호작용의 일체를 의미하는 것이다. 상호작용이라는 것은 두 개 이상의 구성요소(變數) 간의 상호자극과 반응관계를 의미하는 것이다. 이러한 상호작용의 유형은 일반적으로 '자극-반응'(S-R: *Stimulus-Response*)의 유형과 '자극-유기체-반응'(S-O-R: *Stimulus-Organ-Response*) 유형 등으로 나누어진다.

공자는 여기서 마을만을 언급하고 있지만 실제로는 외부조건이 무

---

6) 有能一日 用其力於仁矣乎〈里仁 6〉

7) 擇其善者而從之〈述而 21, 27〉

8) 里仁 爲美 擇不處仁 焉得知〈里仁 1〉

두 포함된다고 하겠다. 우리의 고시조에 "까마귀 싸우는 곳에 백로야 가지 마라"라는 구절이 있다. 함부로 어울리는 것이 아니고 아무데나 사는 것이 아니다. 우리가 어떤 사람을 평가하기 위해서는 그 사람의 친구를 보여 달라고 한다. 함께 지내는 사람이 어질면 나도 어질어지고 함께 하는 사람들이 더러울 때는 나도 물들어 더러워지는 것이다.

이와 같은 환경의 선택여부도 공자는 나에게 부여하는 것이 특색이다. 즉 자유의지를 인정하고 그 선택여부를 나에게 일임하는 것이다. 이렇게 공자는 모든 것이 나로부터 출발하고 나로부터 시작한다는 점에 특징이 있다.

또한 인(仁)함에 뜻을 두고 인자가 되면 최소한 사람을 싫어하는 행동은 하지 않을 것이다[9]라고 하였다.

어떻든 어진 사람은 적이 없는 것이다. 사람이 뜻을 세우고 인(仁)을 행하면 마음은 저절로 선(善)을 지향하지 않을 수 없는 것이다. 그것은 인에 둔 뜻과 인을 추구하려는 마음 자체가 바로 인도(人道)의 현현이기 때문이다. 따라서 저절로 선을 향하게 된다. 그러므로 인해지기만 하면 남들이 싫어할 만한 행동을 하려고 해도 바탕이 선으로 이루어져 있어 할 수가 없을 뿐더러, 설령 한다고 해도 그 정도가 극히 미미하여 밖으로 나타날 수가 없는 것이다.

이러한 인자라도 신이 아니고 사람이기 때문에 허물을 저지르지 않을 수 없는 것이다. 사람에게 완벽이란 불가능하다. 인자한 사람을 최고의 인간으로서 더 이상 바랄 것이 없는 최고선으로 여긴 공자였지만, 이러한 인자도 허물을 지니고 있고 과실을 저지를 수 있음을 지적한 것을 보면 공자의 《논어》가 비록 논리적으로는 좀 느슨한 점이 있더라도 얼마나 세심하고 치밀한가를 엿볼 수 있다. 즉 사람의

---

9) 苟志於仁矣 無惡也 〈里仁 4〉

과실이란 그 습벽을 따른다는 것이다. 사람의 과실을 보면 곧 그 인함을 알 수 있다[10]라고 하였다.

그 허물 자체가 인(仁)한 허물이 있고, 불인(不仁)한 허물이 있다. 그 허물을 보아서 그 인(仁)함 여부를 알 수 있는 것이다. 그 허물의 유형을 가려서 그 사람의 인함 여부를 평가한다는 말이다. 허물이 선을 실천하고 사랑을 나누다가 생긴 것은 그 자체가 허물이긴 하더라도 처음부터 고의로 저지른 허물과는 구분되어야 할 것이다.

---

10) 人之過也 各於其黨 觀過 斯知仁矣 〈里仁 7〉

# 5. 남을 원망하지 말라

## 백이숙제에 대한 공자의 인물평

《논어》를 읽다보면 여러 군데에서 공자의 인물평과 존경하는 사람들에 대한 이야기가 나온다. 그중 공자가 가장 높은 점수를 주고 최고로 평가한 사람이 백이(伯夷), 숙제(叔齊)이다.

백이, 숙제는 중국 역사가 최고의 충의(忠義)의 모델로 삼는 인물로서 절개를 위하여 산 사람이다. 그들은 주(周) 무왕의 무력에 의한 은(殷)나라 평정을 만류하였지만, 끝내 은나라가 멸망하고 주의 세상이 되자 이를 부끄럽게 여겨 수양산에 들어가 고사리를 캐어먹다가 굶어죽었다. 정의와 청백을 대표하는 인물이라는 것은 천하가 다 아는 사실이다.

공자도 이를 평하여 "백이와 숙제는 사람들이 저지른 지난 잘못을 기억하지 않았다. 그러기에 남으로부터 원망 받는 일이 드물었다"[1] 라고 하였다.

백이, 숙제는 역사상 의인, 성인의 대명사로 불릴 정도로 의(義)와 절개를 지키기 위하여 주나라의 탄생을 부정하고 주나라의 곡식을 먹는 것을 부끄럽게 생각하여 수양산에 숨어 고사리를 뜯어 연명하다가 굶어죽기까지 했다. 이렇게 시비판단은 칼날보다도 예리하고, 도덕

1) 伯夷叔齊 不念舊惡 怨是用希 〈公冶長 22〉

적 가치추구를 위하여 목숨도 초개같이 버렸지만, 악덕과 불의를 막으려고 했지, 사람 자체를 미워하거나 원망하지는 않았던 것이다. 그러나 이는 현인이나 가능한 것이지 우리 같은 보통사람들로서는 상상하기도 어려운 것이다.

## 공자의 지향 및 이상의 표현

이러한 사람이니 고죽국(孤竹國)의 왕자로서 서로 왕위를 양보했어도 아무런 후회가 있을 수 없는 것이요, 의(義)를 파악하고도 현실적 이(利)를 따라가는 것이 일반적이지만 의의 길로 실행하여 마음의 무한한 만족과 희열 속에 빠질 수 있는 것이다.

그러므로 공자의 평과 같이 인(仁)을 구해서 인을 얻었으니 또 무엇을 원망하겠는가?[2] 오히려 원망은커녕 만족과 희열 속에 기쁨으로 충만하게 되는 것이다.

이러한 삶을 사는 사람은 남을 원망할 수 없을 뿐 아니라 남으로부터 칭송을 받지 않을 수 없는 것이다. 세상이 아무리 무도하고 혼탁하더라도, 오히려 혼탁하고 무도하면 할수록 그 덕은 더욱 빛나 더 칭송을 받고 그리워지는 것이다.

그래서 제(齊)나라의 경공(景公)이 말 4천 필을 가졌으되 그가 죽은 날에 그의 부(富)를 덕이라고 칭송하는 사람이 없었다. 백이, 숙제는 수양산하에서 굶어 죽었으되 만민이 이제까지 칭송하고 있다.[3] 《시경》에 "진실로 사람이 칭찬함은 부가 아니고 그 덕의 빼어남이다"[4] 하였음은 이를 두고 말함이 아니겠는가? 라고 평가하였다.

---

2) 求仁而得仁 又何怨 〈述而 14〉

3) 齊景公 有馬千駟 死之日 民無德而稱焉 伯夷叔齊 餓于首陽之下 民到于今稱之 其斯之謂與 〈季氏 12〉

이와 같은 백이, 숙제에 대한 공자의 평가는 결국 공자의 인물평 중 하나에 지나지 않지만 단순한 인물평이 아니라 공자의 지향, 이상의 표현으로 보아야 할 것이다.

이는 공자가 백이, 숙제를 평가할 때 자신을 평가대상에 대입시킴으로써 스스로 인(仁)을 구하여 누구를 원망하지 않을 뿐 아니라 인 안에서 삶으로 영원히 만민으로부터 칭송받는 사람이 되고자 한 것이 아니겠는가? 공자가 백이, 숙제를 평함으로써 백이, 숙제는 역사상 영원한 현인, 의인이 되었지만 그 위에서 평가한 공자는 세계 3대 성인이 된 것이다.

백이, 숙제가 고사리를 캐어 먹었다고 조롱한 사육신 성삼문이 생각난다. 그가 좁은 땅, 조선이 아니라 중국대륙에서 태어났더라면 어떤 평가를 받았을까?

---

4) 誠不以富 亦祗以異 〈小雅 我行其野〉, 《詩經》

# 6. 중용의 중요성

## 합리주의와 시중사상

《논어》는 인(仁)을 키워드로 하여 중용(中庸)을 가르치는 책이다. 그러나 《논어》 전편을 통하여 중용이란 말이 따로 나오는 장은 오직 〈옹야편〉 27장 하나뿐이다.

중용이란 밸런스이며 중심이고 핵심이며 가운데이다. 중용은 중도(中道)를 말하며, 중화(中和)의 도리, 즉 항상 사물의 가운데 있는 것을 중이라 한다. 이는 공자사상의 주요 덕목으로 유가에서 극히 존중하는 개념인데 공자의 손자 자사(子思)가 이를 더욱 발전시켜 《중용》이란 책을 저술하였는바, 이는 유가의 사서의 하나가 되었다.

중용은 중국 사람들의 지향이 되었으며 그래서 국호까지 중국이라 하여 그들 스스로가 세계의 중심이고 기본이라는 생각을 가지고 있는 것이다.

주자(朱子)는 중(中)은 넘치지도 않고, 반대로 모자라지도 않는다는 이름이며, 용(庸)은 평범하고 떳떳하다는 뜻이다(中者 無過不及之名也 庸 平常也)라고 하여 중용은 모든 사람이 언제나 일상적으로 따르고 실천할 수 있는 합당한 덕으로 풀이하고 있다.

한편 정자는 한쪽으로 치우치지 않음을 중(中)이라 하고 변하지 않는 것을 용(庸)이라 한다(不偏之謂中 不易之謂庸). 그래서 중은 천하 만물에 다 통하는 큰 도리이고, 용은 천하의 일정불변하는 도리이다

(中者 天下之正道 庸者 天下之定理)라고 하여 천도(天道)라고 결론짓는다. 덕 가운데서도 지고지선(至高至善)의 덕인 것이다.

이렇게 중용의 덕은 참으로 지극한데 사람들이 그것을 모르고, 그 덕을 지닌 사람들이 갈수록 줄어드는 것을 공자가 개탄한 것이다.[1] 공자는 중용의 덕을 지고지선으로 보며 모든 언행과 사물의 판단기준도 중용에 두었으며 인물을 평하는 데도 중용을 그 기준으로 하였다.

공자가 도가 실현되지 않아 뗏목이나 타고 바다에 둥둥 떠 있고 싶다고 심정을 토로하면서 이럴 때 나를 따르는 자는 오직 유(由) 겠지? 라고 하자, 자로가 자기를 지칭한 이 말을 듣고 기뻐 어쩔 줄 모르자 공자가 유는 용맹을 좋아하는 것은 분명 나를 뛰어넘지만 사리를 헤아리는 바가 부족해서 탈이라고 개탄하였다.[2]

인자는 반드시 용맹스러워야 하지만 지나친 용기는 용기가 아니라 만용인 것이다.[3] 용기도 사리에 맞아야 하는 것이다. 공자는 이상과 현실의 괴리로 심난한 마음을 뗏목이나 타고 바다 위를 둥둥 떠다니면서 달래고 싶었는데, 우직한 자로가 같이 동행할 사람이 자기라고 하는 데 들떠 기뻐 호들갑을 떨자 자로의 중용을 벗어난 행동을 좋게 보지 않은 것이다.

진정한 강(剛)함은 독립적이고 자주적인 도덕, 인격으로부터 자연스럽게 되는 두려움 없는(無畏) 기상으로 인도(仁道)를 지키고 살신성인하는 사람을 뜻하는데, 신장(申棖)이라는 사람은 욕심 때문에 강건한 사람이 아니라고 하였다.[4] 사심이 있을 때는 집착으로 인해서

---

1) 子曰 中庸之爲德也 其至矣乎 民鮮 久矣 〈雍也 27〉

2) 子曰 道不行 乘桴浮于海 從我者 其由與 子路聞之 喜 子曰 由也 好勇過我 無所取材 〈公冶長 6〉

3) 仁者 必有勇 勇者 不必有仁 〈憲問 5〉

4) 子曰 吾未見剛者 或 對曰 申棖 子曰 棖也 慾 焉得剛 〈公冶長 10〉

마음의 균형이 깨질 염려가 많은 것이다.

마찬가지로 공자는 노나라의 대부 계문자(季文子)가 일을 하기 전에 세 번씩 생각하는 것 역시 너무 많다고 보았다.[5] 신중한 것은 좋지만 도가 지나치면 우유부단에 빠져 판단이 흐려질 수 있는 것이다. 군자는 시중(時中)에 맞게 결단을 내려야하는 것이다.

또한 공자는 미생고(微生高, 노나라에서 정직하기로 소문난 사람)가 어떤 사람이 초를 빌리러오자 그냥 없다고 하며 미안하다고 하면 될 것을 이웃집에서 얻어다 주었다고 비난하였다.[6] 미생고의 행위는 완전히 자신의 체면을 유지하기 위한 사심의 표현으로 거짓스러운 가증으로 본 것이다.

아무리 선행이라도 사리에 맞아야지 그렇지 않으면 분수와 도를 벗어난 위선이고 허위라는 것이 공자의 생각이다. 분수에 맞는 것이 중용인 것이다. 왜 공자를 체면(面子)만을 중시하는 체면의 화신으로 왜곡해 왔는지 모르겠다. 공자는 이렇게 합리주의와 시중(時中)사상에 철저히 배어 있었다.

## 중용에서 벗어날 때의 결과

지나친 것이나, 미치지 못하는 것이나 모두 중용의 덕에 어긋난다. 중용의 덕을 최고로 치는 공자의 가르침을 다른 말로 표현하면 과유불급(過猶不及)인 것이다(先進 15). 과유불급이야말로 《논어》의 핵심이자 공자사상의 진수인 것이다. 일을 처리할 때나 사람을 대할 때나 항상 분수와 도에 맞아야 한다. 모자라거나 못 미치면 물론 안 되지

5) 季文子 三思而後 行 子聞之 曰 再斯可矣 〈公冶長 19〉

6) 孰謂微生高直 或 乞醯焉 乞諸其隣而與之 〈公冶長 23〉

만, 반대로 너무 지나치거나 과도해도 곤란하다. 항상 균형을 유지하고 중심을 잡아야 하는 것이다.

이승만 대통령도 나라를 독립시키고 건국한 훌륭한 지도자지만 두 번만 하고 그만두었으면 국부(國父)로 전 국민으로부터 영원히 추앙받았을 터인데 그렇지 못하여 하와이로 쫓겨 가야 했다. 박정희 대통령도 비록 쿠데타로 집권을 하였지만 가난을 몰아내고 경제발전을 이룩하는 위업을 남겼는데 유신(維新)까지 해가며 오래 하려고 하다가 부하의 총에 맞아 생을 마감해야 했다.

나 아니면 안 된다는 생각 속에서, 아집과 욕심으로 얼마나 많은 사람이 화를 자초하고 인생을 망치고 공든 탑을 하루아침에 무너뜨렸는가? 이렇게 중용은 공자시대의 인물평가 기준이었을 뿐만 아니라 21세기인 오늘날에도 똑같이 사람평가의 기준이 되고 인생살이의 지침이 되는 것이다. 중용은 기본적으로 마음 기저(基底)에 인(仁)을 깔고 인심(仁心)으로부터 우러나온 인이라는 잣대가 척도가 되어야 한다. 그러려면 학문과 호학(好學)에 의한 지적 배려가 뒷받침되어야 하는 것이다.

이러한 것이 갖추어질 때 자주 반복되는 점거·농성·분신·파괴 등 폭력적이고 과격한 시위 현상이 사라지고 정치에서도 흑 아니면 백인 극우나 극좌가 아닌 중도보수나 진보로 타협과 양보로 발전하여 갈 수 있지 않을까?

# 7. 효孝는 인仁을 실천하는 근본이다

## 가까운 곳에서 먼 곳으로 확장하라

공자는 도덕 생명의 실천은 물론이고 국가와 천하의 치도와 문화 전통의 전승 등 모두 효도(孝道)로부터 시작한다. 즉 모두 효도의 확장에 불과하다. 공자는 덕을 닦는 일은 가족 안에서 시작한다고 보았다. 그래서 젊은이들에게 "안에서는 부모에게 효도하고 밖에서는 연장자에게 공손하며, 언행을 성실하고 미덥게 해야 한다. 널리 모든 사람들을 사랑하되 특히 인덕(仁德) 있는 사람과 친하게 해야 한다. 이것들을 잘 행하고도 여력이 있으면 글을 배워야 한다"[1] 라고 가르쳤던 것이다.

즉 옛 성현의 가르침을 배우는 학문을 닦기에 앞서서 가족과 이웃 간의 화락한 인간생활을 익혀야 함을 강조하였다. 사회구조의 기초단위인 친족 안에서 덕을 쌓은 후에야 더 넓은 사회와 국가 안에서도 꾸밈없는 진실한 마음으로 윗사람을 섬기고 백성을 아낄 수 있다고 보았기 때문이다. 사실 인(仁)이란 인간관계 안에서 완성되는 것이므로 가족관계에서 시작하여 점차 모든 관계로 확대되어 나아가는 것이다. 《대학》의 수신제가치국평천하(修身齊家治國平天下)는 이것을 체

1) 子曰 弟子入則孝 出則弟 謹而信 汎愛衆 而親仁 行有餘力 則以學文 〈學而 6〉

계화한 것이다.

이렇게 공자는 인간의 심리를 꿰뚫어본 심리학의 대가라고 하겠다. 가까운 사람에서 먼 사람으로 확대해 나가는 것으로 인(仁)을 말하고, 나로부터 출발하여 가족을 사랑하고 더 나아가 사회와 국가 및 세계로 확대하여 나가는 그의 생각은 너무나도 순리에 맞는다. 무조건의 박애주의와 만민을 사랑하라는 것이 실제로 가능할까?

유자(有子)가 말하였다. "그 사람됨이 효제(孝弟)스러우면서도 윗사람을 범하기를 좋아하는 자는 드물다. 윗사람을 범하기를 좋아하지 않으면서 난을 일으키기를 좋아하는 자는 있어본 적이 없다. 군자는 근본을 힘쓴다. 근본이 서면 길이 생겨난다. 효제라고 하는 것은 인(仁)을 실천하는 근본일 것이다."[2]

이 장에서 '효제야자 기위인지본여'(孝弟也者 其爲仁之本與)는 송유(宋儒)들의 논의가 분분하지만 공자철학에서 인(仁)은 모든 덕행의 근본이기 때문에 효와 제는 인의 상위개념으로 존재할 수 없다. 그러므로 정자(程子)의 해석대로 효제는 인(仁)의 한 행위일 뿐이다. 따라서 "인의 근본"이라고 하면 안 되고 "인을 실천하는 근본"이라고 해야 할 것이다. 왜냐하면 공자의 인(仁)은 모든 덕행의 근본이기 때문이다.[3]

효(孝)와 제(弟)는 인을 실천하는 시초이다. 부모와 형제에 대하여 효와 제의 도덕 정감을 표현한다는 것은 윤리상의 상정(常情)이며, 가장 절실하고 친근한 도덕활동이다. 효와 제를 실현하는 곳에서 도덕정감을 배양하고 천하에 확대하여 백성을 어질게 대하고 만물을

---

2) 有子曰 其爲人也孝弟 而好犯上者 鮮矣 不好犯上 而好作亂者 未之有也 君子務本 本立而道生 孝弟也者 其爲仁之本與 〈學而 2〉

3) 김용옥 교수는 이 장의 유자의 생각은 공자의 인(仁)의 사상이 매우 규범윤리화 된 후대의 타락상의 단초를 보여주는 것이라고 지적한다.

사랑할 수 있다. 즉 효제의 정감을 확대해야만 비로소 진정한 인민(仁民)과 애물(愛物)의 정신을 표현할 수 있는 것이다.

가장 절실한 대상인 부모에게도 효의 도덕 정감을 표현하지 못한다면 이는 인심(仁心)이 이미 마비되었음을 의미한다. 인심(仁心)이 마비된 사람이 어떻게 천한 사람들을 사랑할 수 있고, 만물을 사랑할 수 있겠는가? 친소후박(親疎厚薄)의 순차(順次)이다.

만일 부모를 버리고 형제를 공경하지 않으면서 백성을 사랑한다고 하면 거짓이며 가식적인 행위로 지속이 불가능한 것이다. 그래서 십계명에도 하느님과의 관계 다음 제일 먼저 네 부모를 공경하라 하였고 사도 요한 또한 "보이는 형제를 사랑하지 않는 사람이 어떻게 보이지 않는 하느님을 사랑할 수 있느냐"(요한 I 4:20) 고 반문한 것은 같은 시각일 것이다.

이렇게 '가까운 곳에서 먼 곳으로 확장한다'는 순리대로 효의 배양을 통하여 확대하는 기본 효를 부정하면서 천하만민을 사랑한다고 하는 것은 식물의 싹을 가꾸어 기르지 않으면서 생장 발육되기를 희망하는 것과 다를 바가 없는 것이다. 따라서 효는 인(仁)을 실현하는 근본이며 백행의 근원일 뿐 아니라 출발이 되는 것이다.

### 부모의 자애와 자녀의 효경이 효의 본질

인(仁)을 실천하는 근본인 효에 대하여 공자는 다음과 같이 구체적으로 밝힌다. 맹의자(노나라의 귀족)가 효에 대하여 묻자 "어기지 않는 것이다"라고 하고 제자에게 그 뜻은 예(禮)라고 설명한다.[4] 그리

4) 孟懿子問孝 子曰 無違 樊遲御 子告之曰 孟孫 問孝於我 我對曰 無違 樊遲曰 何謂也 子曰 生事之以禮 死葬之以禮 祭之以禮 〈爲政 5〉

고 맹무백(맹의자의 아들)에 대하여는 "부모는 오직 자식이 병들까 걱정이다"[5] 라고 하였다. 생과 사를 일관하는 것은 오직 예(禮)이다. 그 예를 지킨다고 하는 것이 '무위'(無違)의 본뜻이라고 공자는 설파한다. 즉 효의 본질은 복종에 있는 것이 아니요 예(禮)로써 섬김에 있는 것이다.

부모에게 그 자식은 즐거움이요 부모 삶의 전부일 정도다. 그래서 모든 부모는 자식이 건강하기를 소망하고 자식이 건강한 것보다 더 큰 효도는 없는 것이다. 그래서 공자는 내가 건강관리를 잘못하여 아프게 되든가 약하게 되어 부모님 마음을 상하게 하지 않는 것이 효의 본질이라고 하는 것이다. 이와 같이 공자는 부모와 자녀가 서로를 위하는 감정을 천륜(天倫)으로 인정하면서 부모는 부모다워야 하고 자녀는 자녀다울 수 있는 길을 걸어가도록 격려하였다.[6]

여기에 그치지 않고 공자는 두 제자가 효(孝)에 대하여 묻자 맹손(孟孫)씨 부자(父子)에 대한 대답보다도 더 깊게 효를 밝힌다. 즉 "효라는 것은 부모에게 육체적으로 필요한 물질적 봉양만으로는 부족하다. 이보다도 더 중요한 것은 부모에 대한 마음가짐, 곧 속으로 공경하는 마음을 지니고 깊이 경애(敬愛)하여야 한다"[7] 라고 하고 또 "부드럽고 즐거운 낯으로 부모를 잘 모셔야 한다"[8] 라고 하여 효의 본질이 단지 물리적 수고를 덜어 드리거나, 음식을 먼저 드리거나 하는 차원에서 머무르는 외면적 치례(致禮)가 되어서는 안 된다고 가르친다.

---

5) 孟武伯問孝 子曰 父母 唯其疾之憂 〈爲政 6〉

6) 父父 子子 〈顔淵 11〉

7) 子游問孝 子曰 今之孝者 是謂能養 至於犬馬 皆能有養 不敬 何以別乎 〈爲政 7〉

8) 子夏問孝 子曰 色難 有事 弟子服其勞 有酒食 先生饌 曾是以爲孝乎 〈爲政 8〉

공자는 이상과 같이 효에 관하여 부모에 대한 절대적 복종이라든가 군(君)에 대한 수직적 충성을 말한 적이 없다. 자식에 대한 강요 이전에, 이러한 부모의 자연스런 애틋한 정감을 들어 자식의 효성스런 마음을 유도해내는 것으로 효의 형식적 실천보다 그 안에 담긴 정신을 중시하였던 것이다.

## 공자의 효가 수직관계라고 왜곡

김경일은 공자의 효는 수직적 관계라고 비난하지만 부모와 자녀는 천륜(天倫)으로 맺어진 뗄 수 없는 관계로 효는 부모의 자애(慈愛)와 자녀의 공경(恭敬)이 합친 사랑인 것이다. 한(漢)나라의 동중서(董仲舒)가 삼강(三綱)[9]을 제창하여 약자의 의무만을 강요하고 한대(漢代) 이후로 유교가 국가이념화 되면서 공자의 본래의 뜻과는 상관없이 변질되었다고 하겠다.

또 그는 효도가 사람 잡는다고 하면서 노인들의 문제는 효도로 풀어야 하는 것이 아니고 국가와 사회에서 제도와 설비와 관심으로 풀어야 한다고 한다. 물론 노인들 문제는 국가와 사회에서 제도와 설비와 관심으로 풀어야 한다. 그러나 그것으로 완전히 해결되는 것은 아니다. 여기에 효도가 더하여 졌을 때 완전한 것이다.

우리나라 경제력이 구미(歐美)나 일본에 뒤져 노인문제의 해결을 위한 하드웨어 또한 좀 뒤진다 하더라도 저들이 가지고 있지 않은 '효'라는 소프트웨어를 우리는 가지고 있어 우리는 그들보다 얼마든지 나을 수 있는 것이다.

---

9) 삼강(三綱)은 군위신강(君爲臣綱), 부위자강(父爲子綱), 부위부강(夫爲婦綱)을 말한다.

필자는 김경일이 미국에 가서 살든지 그렇지 않으면 한번 가보기라도 하기를 권한다. 미국은 정말로 '외로운 나라'요 '치매가 많은 나라'다. 40대가 넘으면 빨리 늙고 빨리 외로워져서 그렇다. 자식과 떨어져 살고 운동도 하지 않으니 치매만 찾아오는 것이다. 공원마다 벤치에 앉아 하루 종일 하염없이 초점 잃은 눈으로 허공만 쳐다보고 있는 노인군상을 한번 보고서 이야기하기 바란다. 이들이 말을 걸어오는 것을 지나치지 않고 대답하다보면 하루 종일 놓아 주지 않는다. 왜냐하면 너무나 외롭고 쓸쓸하기 때문이다.

부모의 자애(慈愛)와 자녀의 효경(孝敬)은 모든 인간관계의 기초이다. 핵가족화된 이 시대에 자애와 공경을 표시하는 방법 즉 효도하는 방법은 시대에 맞게 달라져야 한다. 우선 새로운 효도문화를 구축해야 한다. 특히 부모와 자녀 간의 대화가 우선돼야 할 것이다.

## 효를 포함한 인성교육을 강화하여야

우리는 해방 후 미국에서 교육받은 사람 또는 미국의 영향을 받은 사람들에 의하여 미국식 교육 내지는 서구식 교육과 문화이식으로 인성교육(人性教育)은 소홀히 하여 왔다. 그런 중에 경제개발을 뒷받침하기 위한 가족계획의 추진으로 '한 자녀 갖기 운동'은 성공하였지만 귀한 아이로 자라 '나밖에는 없다'는 생각이 체질화되어 극단적인 이기주의자를 길러냈다. 인성교육을 제대로 받지 못한 결과 인간성의 상실로 사회는 흉악범, 존속살해범, 조직폭력배들의 난투에 의한 집단 살해, 부패와 비리로 넘쳐나고 있다.

지금 우리들에게 가장 필요한 유일한 대안은 바로 인간성의 회복이다. 인성을 닦아서 도덕적 인간을 길러내야 한다. 우리가 그렇게도 추구하는 선진국의 진입은 산업화와 개인당 GNP상승만 가지고는 이루어지지 않는다. 높은 도덕수준과 문화가 같이 하여야만 된다. 김경일은 공자는 죽어야 한다고 하지만 공자가 빨리 살아나야 선진국이 될 수 있다. 공자가 가르치는 효도와 화목(和睦)의 가치를 새롭게 보아야 한다. 구시대적인 낡은 표현과 자유를 얽어매는 일방적 요구 같은 것이 있다면 찾아서 버려야 하겠지만 근본적으로 인간 사이에 있어야 할 은혜에 대한 감사 및 존경의 정과 부모의 자애, 자녀의 효경은 그 어느 때보다도 귀중한 덕목으로 장려되어야 한다. 더 늦기 전에 이제라도 자라나는 세대들에게 효를 가르쳐야 한다. '세살 버릇이 여든 간다'는 속담이 있다. 어려서부터 효를 가르쳐 효를 체질화함으로써 황폐화된 우리사회의 인간성을 회복하여 인성과 인륜(人倫)이 넘치는 아름다운 사회를 만들어 나아가야 한다. 교육당국의 효(孝)교육의 본격화를 촉구한다.

# 8. 효는 역사의 전승과 발전이다

## 효는 부모의 사후에도 지속

부모가 살아계실 때 효도하는 것이 백번 낫지만 돌아가신 후에 제사를 드리는 것도 앞을 계승하여 뒤를 여는 가족 생명과 역사 생명의 흐름이 됨으로 제사의 궁극적 의미도 죽음에 있는 것이 아니라, 삶에 있는 것이다.

증자(曾子)가 말하였다. "부모의 상을 신중히 모시고 조상을 추모하면, 백성의 덕이 후하게 될 것이다."[1)]

신종추원(愼終追遠)은 《논어》에서 많이 인용되는 구절의 하나로 증자가 말하였지만 공자의 생각을 증자를 통하여 전한 것으로 보면 좋을 것 같다. 이 구절에 대하여 김용옥 교수는 효(孝)의 제식적 가치에 대한 최고의 논평으로 '증자는 신종추원으로써 충서(忠恕)를 대속하였다'라고 극찬하였다.

신종(愼終)은 상(喪)에 그 예(禮)를 다하는 것이요 추원(追遠)은 제사(祭祀)에 그 정성을 다하는 것이다. 민덕귀후(民德歸厚)는 "하민(下民)들이 교화되어서 그 덕이 후한 데로 돌아감을 말한다"(謂下民化之其德亦歸於厚)라는 주자(朱子)의 해석처럼 거의 모든 주석가들이 '신종추원'을 천자로부터 제후, 대부, 사(士)에 이르는 상제(喪祭)

---

1) 曾子曰 愼終追遠 民德 歸厚矣 〈學而 9〉

로 보았다. 즉 지배자들이 상례와 제례를 후덕하게 하면 민심이 후덕하게 돌아간다(歸厚) 라고 풀이한 것이다. 즉 '민'을 '下民' 또는 '庶民'으로 본 것이다.

그러면 상제(喪祭)가 천자, 제후, 대부, 사(士)에게만 있고 민에게는 없다는 말인가? 민(民)은 죽지도 않고 제사도 안 지낸다는 말이 된다. 따라서 다산(茶山)의 해석이 가장 합리적이라 하겠다. 다산은 "여기서 말하는 민(民)이란 보편적 인간이다. 상례와 제례는 상하에 모두 통하는 것이다. 그러므로 이 구절을 아랫사람이 윗사람을 보아 감화를 입는다는 식으로 해석할 필요가 없다"(民者人也. 喪祭之禮 通於上下 不必以觀感言也) 라고 주석하였다.

'부모의 상례는 근신하는 자세로 모시고, 정성을 다하여 조상의 제사를 받든다'(愼終追遠) 는 것은 최고의 효도이다. 인간만이 '신종추원'하는 것이다. 생전에는 조상이 있었고, 죽은 후에는 자손이 있다. 나의 죽음이 나로 끝나는 것이 아니라 나의 자손에 의해 추모됨으로서 모든 사람은 가족 생명의 연속인 것이다. 자손에 의해 추모됨으로써 나의 존재의 유한성(有限性)의 단절이 다시 단절될 타의 유한성과 접합됨으로써 무한하게 되는 것이다.

이와 같이 대대로 전해지는 효도가 생명의 연속이 되기 때문에 생사문제가 전체 가족전통의 연속이 되고 확대하면 인간의 역사가 되는 것이다. 인간의 육체적 삶은 태어남에서 시작되고 죽음으로 끝난다. 그러나 인간의 정신적, 문화적 삶이나 업적은 후손이나 후세의 모든 사람들에게 이어지고 영향을 준다. 그래서 인류의 문화가 계승되고 발전하는 것이다.

이렇게 공자에게 효(孝)란 부모가 생존하여 계실 때뿐만 아니라 돌아가신 다음에도 지속되는 것이다. 죽음 후의 세계 자체에 대하여는 거의 언급을 회피해 현실주의자라는 평을 받는 공자지만 상제(喪祭)와 효(孝)에 대하여만은 그렇지 않은 것이 특징이다. 즉 부모가 살아계실 때는 그 뜻을 살피고, 돌아가셨을 때는 그 하신 일을 살펴 본으로 삼아야 한다. "3년 동안 부모의 도를 고치지 않아야 효라 이를 만하다"[2] 고 가르쳤다. '三年無改於父之道'에 대하여는 여러 가지 설(說)이 있으나 부모의 도가 잘못된 경우에는 간곡하게 간하면 되는 것[3] 이고 잘못된 것을 계승하라는 뜻은 아닐 것이다.

특히 '3년 상(喪)'에 대한 제자 재아(宰我)와의 논쟁에서 공자는 자식이 태어나 3년이 되어야 부모의 품에서 벗어나듯이, 부모의 상을 3년 모시는 것은 천하에 공통된 예법이라고 주장한다. "재아 너도 3년의 사랑을 부모로부터 받지 않았던가? 그러나 네가 편하면 그렇게 하라"[4] 고 한 데서 보듯이 3년 동안 부모 품속에서 받은 은혜를 잊지 못하는 애통하는 마음에서 생명의 은혜를 보답하는 보본(報本)의 자세야말로 인간을 인간답게 하는 것이다.

인간세계에만 상례(喪禮)가 있는 것이다. 부모는 나의 전신(前身)이고, 내 생명의 근원이다. 그래서 3년간 거상(居喪)하는 것이나 현대와 같은 초속도시대에는 꼭 3년에 구애받을 필요는 없다고 본다. 성심(誠心)만 있다면 연수에 큰 의미는 없다고 본다. 지극 정성을 다하는 것이 중요하다. 증자(曾子)는 맹장자(孟莊子, 노나라의 대부)가 선친의 가신을 그대로 두고 정책(政策)을 그대로 계승한 것을 높이 평가한 공자의 말씀을 전하면서[5] 동조(同調)하였다.

---

2) 子曰 父在 觀其志 父沒 觀其行 三年無改於父之道 可謂孝矣 〈學而 11, 里仁 20〉

3) 事父母 幾諫 見志不從 又敬不違 勞而不怨 〈里仁 18〉

4) 女安則爲之 子生三年然後 免於父母之懷 夫三年之喪 天下之通喪也 予也有三年之愛於其父母乎 〈陽貨 21〉

이렇게 계승이 있어야만 계속 이어질 수 있고, 그것을 생명의 활동이라고 할 수 있는 것이다. 선조나 부친의 뜻이나 이상(理想), 사업을 본받고 따르는 것, 즉 가문과 선조의 전통을 계승하고 발전시키는 것이 효인 것이다. 《중용》(中庸)에서 공자가 말씀하였다. "주나라의 무왕과 주공은 효도를 충분히 달성하였다. 무릇 효는 선조나 부친의 사업을 더욱 발전시키는 것이다"[6]라고 가르쳤다. 이와 같이 효도사상 속에는 역사와 전통을 계승하고 더욱 발전케 한다는 역사적 발전관(發展觀)이 살아 있는 것이다.

그러므로 후생(後生)은 마땅히 '계지술사'(繼志述事)해야 하는 것이다. 그런데 계지술사도 제대로 해야지 그렇지 못하면 안 하는 것만 못하다. 김정일이 김일성 사후 유훈통치를 한답시고 3년간이나 북한 동포를 기아에서 벗어나지 못하게 한 것은 효가 아니다. 오히려 개방을 하여 인민을 자유롭게 하고 경제를 개방경제로 발전시키는 것이 효일 것이다.

## 타이거 우즈의 눈물

2006년 '브리티시 오픈'(British Open)에서 우승을 한 골프황제 타이거 우즈(Tiger Woods)가 인터뷰에서 "오늘의 승리는 작고하신 아버지의 승리"라고 하면서 눈물을 펑펑 쏟는 TV중계를 본 전 세계의 수만이 넘는 시청자들은 감동을 받지 않은 사람이 없었을 것이다. 그의 아버지는 그가 5살 때부터 연습장에 데리고 다니면서 골프를 가르치고 자애롭게 키워 오늘의 골프황제 타이거 우즈를 만들었다고 한

5) 曾子曰 吾聞諸夫子 孟莊子之孝也 其他可能也 其不改父之臣與父之政 是難能也 〈子張 18〉

6) 武王周公 其達孝矣乎 夫孝者 善繼人之志 善述人之事者也 〈中庸 19〉

다. 그의 아버지는 세계적으로 유명인사는 아니지만 자식의 재능을 일찍 정확하게 파악하여 인류에게 웃음과 용기 그리고 기쁨을 주는 세계적 영웅을 만들어 냄으로써 인류문화발전에 기여하였다.

골프황제 타이거 우즈는 "사전에 홀(*hole*) 공략법을 세운 후에 경기에 임하라"는 그의 선친의 교훈에 따라 연습하면서 각 홀의 특징을 파악하고 대비책을 마련하여 그대로 쳤더니 주효하였다고 인터뷰에서 밝혔다. 필드가 미국의 대부분의 PGA 필드보다는 딱딱하여 공이 많이 굴러가고, 홀의 길이가 짧아 공의 거리가 길면 오비(OB) 아니면 러프로 들어갈 위험이 많은 것을 파악하여, 경기 내내 티샷을 할 때 한두 번을 제외하고는 드라이버를 잡지 않고 페어웨이 우드나 롱 아이언을 잡고 쳤는데 이것이 맞아 떨어졌다고 밝혔다. 아버지 덕에 우승을 하였다고 모든 공(功)을 선친에게 돌렸다.

골프황제인, 다른 것은 몰라도 골프에 관한 한은 세계에서 제일인 타이거 우즈가 골프 치는 방법에 있어 선친의 교훈을 그대로 따르면서 선친의 은혜에 감사하며 눈물을 쏟는 모습은 효(孝)의 극치가 아니고 무엇인가? 이것이 바로 효인 것이다. 동서양이 무슨 차이가 있겠나? 타이거 우즈를 따르는 그 많은 갤러리, 타이거 우즈로 해서 먹고 사는 수많은 사람들은 물론이고 세계 어린이들에게 꿈과 희망과 용기를 줄 뿐만 아니라 그가 경기하는 것을 보고 얼마나 많은 세계인이 기쁨과 즐거움에 넘치는가? 그는 인류문화발전에 기여하는 우상인바, 그 속에는 효(孝)가 들어 있기 때문에 가능하다는 것을 우리는 알아야 한다.

# 9. 행방을 알리고 부모의 나이를 기억하라

부모가 생존해 계실 때 자식은 먼 곳으로의 여행은 삼가는 것이 좋다. 그러나 이렇게 하기는 불가능한 것으로 불가피하게 여행을 하지 않을 수 없는 것이다. 공자가 말씀하였다. "부모님께서 살아 계실 때에는 멀리 놀러가지 말아야 한다. 놀러 가더라도 반드시 부모님께 갈 곳을 알려야 한다."[1]

불가피하여 어쩔 수 없이 멀리 간다하더라도 반드시 연락장소를 알려야 한다는 가르침이다. 그래야 유고시(有故時) 연락이 가능하기 때문이다. 전에는 교통수단이 발달되지 않아 여행을 가면 열흘이고, 한 달이고 걸려 공자가 말씀한 2,500년 전에는 꼭 필요한 가르침이었다. 그러나 현대는 지구촌이 일일(一日) 생활권이 되고 비행기를 비롯하여 고속전철과 자동차 등 교통수단의 발달로 적합하지 않은 가르침으로 가볍게 생각할 수 있다. 그러나 그렇지 않다. 현대에도 꼭 필요한 가르침이다.

현대에 교통의 발달과 세계화로 지구촌이 좁아진 대신 옛날에는 없었던 기상이변으로 언제 어디서 지진, 태풍, 지진해일 등이 일어날지 모른다. 알카에다를 비롯한 폭력세력들에 의한 테러의 위험은 항상 도사리고 있다. 더구나 도시화와 현대화는 편리와 동시에 대형사고의 위험을 언제나 내포하고 있기 때문에 문제는 더욱 심각하다. 따라서

1) 子曰 父母在 不遠遊 遊必有方 〈里仁 19〉

밖에 나와 있는 자녀들은 수시로 부모님에게 행선지를 알려야 한다.

또 요즈음과 같이 흉악범이 난무하고 유괴와 납치를 비롯하여 성폭행이 수시로 일어나는 세상에서는 딸 가진 부모들은 자식이 집에 들어올 때까지는 항상 불안해하고 있다는 점을 유념하여 자녀들은 수시 연락을 올려야 한다. '이메일'이나 휴대폰 등 통신수단의 발달로 자녀들이 마음만 있으면 나가 있더라도 얼마든지 부모님을 편안하게 하여 드릴 수 있는 것이다. 특히 휴대폰은 유고시 필수품으로 소지하여야 할 것이다. 왜냐하면 소재지 추적은 물론이고 긴급연락이 가능하기 때문이다.

특히 부모의 연세가 연로(年老)할 경우는 더더욱 행방을 수시로 부모님께 알려 드려야 한다. 왜냐하면 '겨울 날씨와 노인 건강은 누구도 모른다'는 옛말과 같이 언제 연로한 부모의 신변에 갑작스러운 변고가 생길지 모르기 때문이다. 더욱이 '늙으면 어린이가 된다'는 속담대로 연로하여 기력이 없게 되면 외롭기만 하고 조그만 일에도 서럽고 고깝게 되기 때문에 항상 따뜻하게 하여 드려야 한다.

그래서 "부모님의 연세는 알고 있지 않으면 안 된다. 한편으로는 오래 사셔서 기쁘고, 한편으로는 연로하여 쇠하시므로 두려운 마음이 든다"[2]는 공자의 말씀은 너무나도 우리의 가슴과 피부에 애틋하게 와 닿는다. 장수하셨다는 사실을 생각하면 기쁨이 앞서지만, 또 동시에 사실 날이 얼마 남지 않았다는 것을 생각하면 근심이 앞서고 가슴 졸이게 되는 것이다. 부모의 연세가 높아지는 것을 볼 때 그 자녀 된 사람은 그때그때 필요를 채워 드려야 함과 동시에 가능하면 가까이에서 모시되, 어쩔 수 없는 환경에서는 자신의 행방을 알려서 부모가 마음을 놓으실 수 있게 해 드려야 한다.

---

2) 父母之年 不可不知也 一則以喜 一則以懼 〈里仁 21〉

오늘 신문에 보니 형제간 재산다툼 때문에 거동이 불편한 나이 든 아버지를 한겨울에 차가운 방에 방치해 숨지게 한 비정한 아들에 관한 기사가 났다. 이렇게 후레자식들이 판치는 세상에서 출타할 때나 여행할 때 행방을 알리고, 부모의 연세를 잘 기억해 두어야 한다는 공자의 가르침이 '쇠귀에 경 읽기'로 메아리 없는 산울림으로 들릴 수도 있겠으나 그들이 제 자식들을 사랑한다면 자식들로부터 반드시 업보를 받는다는 것을 명심하여야 한다.

현대의 바쁜 생활 속에서도 마음만 있으면 효도할 길은 여러 가지가 있는 것이다. 우리의 마음을 사랑으로 채워서 인자한 사람이 되도록 하는 것이 급선무이다. 그러기 위해서는 어려서부터 체계적으로 효(孝) 교육을 실시해야 한다. 그렇게 하여 효가 백행(百行)의 본(本)은 못되더라도 인류가 존속하는 한 백행 중 중요한 행동의 하나로 남도록 해야 할 것이며, 또 남게 될 것이다. 그렇지 않으면 금수(禽獸)와 다를 것이 없게 되는 것이다. 인류가 만물의 영장인데도 말이다.

## 10. 큰 덕을 지키면 작은 덕은 좀 어겨도 된다

### 작은 것에 연연해서는 큰일을 할 수 없다

사람이란 커다란 진실을 향하여 매진할 때는 작은 진실에 구애받지 않아도 되는 것이다. 근본문제만 파악하면 사소한 일에 약간의 험이 있어도 그만이라는 뜻이다. 즉 대의(大義)를 위하여서는 소의(少義)를 버릴 수도 있다는 가르침일 것이다. 작은 것에 연연해서는 큰일을 할 수 없는 것이다.

자하(子夏)가 말하였다. "큰 덕이 한계를 넘지 않으면 작은 덕은 들고 나도 괜찮다."[1]

주자(朱子)는 "대덕과 소덕은 대절(大節, 큰 일), 소절(小節, 작은 일)이라는 말과 같다. 한(閑)은 울타리이니, 외물의 출입을 막는 것이다. 사람이 먼저 큰 것을 확립하면 작은 일은 혹 다 이치에 부합하지 않더라도 또한 무방(무해)함을 말한 것이다"[2]라고 풀이하였다.

이 장은 공자의 제자 자하의 말이지만 공자의 말씀으로 보아도 무방한 것이 〈헌문(憲問)편〉 17, 18장에도 잘 나타나 있기 때문이다.

〈헌문편〉 17장에는 환공이 공자(公子) 규를 죽이자 소홀은 규를

---

1) 子夏曰 大德 不踰閑 小德 出入可也〈子張 11〉

2) 大德小德 猶言大節小節 閑 闌也 所以止物之出入 言人能先立乎其大者 則小節 雖或未盡合理 亦無害也〈論語集註〉

따라 죽었지만 관중은 죽지 않았으니 관중을 어질지 못하다고 하겠느냐고 자로가 공자에게 물었다. 이에 공자는 다음처럼 대답해 주었다. "환공이 제후들을 규합하는 데 군사를 쓰지 않았던 것은 관중의 힘이었다. 역시 어질다 하겠다"[3] 라고 했다.

제(齊)나라의 양공(襄公)이 죽은 후, 형 규(糾)와 동생 소백(小白)이 서로 다투다 규가 졌다. 이에 규를 돌보던 소홀은 자살했으나, 같이 돌보던 관중은 죽지 않고, 포숙(鮑叔)의 천거로 소백, 즉 환공을 도와 패자가 되게 했다.

공자가 이를 높이 평가한 것이다. 공자는 주대(周代)의 문화와 도덕 수양을 결합시켜 인문사상을 건립하려고 하였다. 따라서 제(齊) 환공이 관중의 도움으로 안으로는 주 왕실을 추존하고, 밖으로는 외적을 물리친다는 명분으로 제후들과 회맹(會盟)하여 존왕양이(存王攘夷)를 실현한 것을 긍정한 것으로 그 뒷받침을 한 관중을 공자는 변절자라고 보지 않고 어진 사람이라고 밝힌 것이다.

## 소절에 구애받지 않고 대도의 이상을 실현한 관중管仲

자공이 공자께 말을 건넸다. "관중은 어질지 못한 사람이 아니겠습니까? 환공이 자신의 주군이었던 규를 죽였지만 같이 따라 죽지 않고 도리어 환공을 도와 그의 재상이 되었으니 말입니다."

그러나 공자는 다음처럼 풀어 주었다. "관중은 재상으로 환공을 도와 제후들의 패자를 만들었고 주나라를 받드는 동시에 나라를 크게 바로 잡았다. 만일 관중이 없었더라면 우리들도 머리를 풀고 오랑캐

---

3) 子路曰 桓公 殺公子糾 召忽死之 管仲不死 曰 未仁乎 子曰 桓公九合諸侯 不以兵車 管仲之力也 如其仁 如其仁 〈憲問 17〉

옷을 걸쳤을 것이 아니냐? 어찌 관중의 태도가 보잘 것 없는 남녀들이 작은 절개를 지킨다고 스스로 목매어 아무도 모르게 자살하는 것과 같을 것인가?"[4] 라는 말씀으로 되어있다.

이 장에서 천하를 올바르게 바로잡고 오랑캐의 습속으로부터 주대(周代)의 문화와 전통을 수호하고 보존한 관중의 업적은 존왕양이(存王攘夷)의 실현으로 공자가 추구하는 이상을 이룩한 것이기 때문에 약간의 결함이 있더라도 인자(仁者)라고 긍정한 것이다.

관중이 죽을 수 없었던 것은 작은 신의를 지키기 위하여 목숨을 희생하기를 원하지 않았기 때문이다. 마땅히 죽어야 하지만 죽지 않은 자신의 생명을 통하여 대도(大道)의 이상을 충분히 실현한 것이다. 대인(大仁)은 소절(小節)에 구애받지 않는다. 관중과 같은 대인물이 어찌 소절을 지키느라고 스스로 목을 매어 개천에 빠져 죽고 후세에 아무도 알아줄 사람이 없는 따위의 헛된 행동을 하겠는가? 명분을 지키는 것도 다 상황에 따라 해야 하는 것이니, 그저 허울만 좋은 명분은 구태여 지킬 필요가 없는 것이다.

관중이 공자(公子) 규(糾)의 뒤를 쫓지 않은 것은 대인물의 흉중에 대인(大仁)이 살아 있었기 때문이라고 공자는 본 것이다. 여기서 공자는 중국문화 자체를 보존할 수 있었던 공로를 관중에게 돌리고 있는 것이다.

---

4) 子貢曰 管仲 非仁者與 桓公 殺公子糾 不能死 又相之 子曰 管仲 相桓公 霸諸侯 一匡天下 民到于今 受其賜 微管仲 吾其被髮左衽矣 豈若匹夫匹婦之爲諒也 自經於溝瀆 而莫之知也 〈憲問 18〉

## 소절에 매달려 대도의 이상을 날려버린 어리석은 나

너무 자주하면 안 되겠지만 작은 덕은 들고 나도 괜찮다고 한 이 장(章)을 왜 진작 읽지 못하였나하는 한(恨)이 되면서 이 장을 늦게 접한 아쉬움 속에서 공자에 대하여 저절로 고개가 숙여진다.

필자는 민선 2기 원주시장에 '자민련'(自由民主聯合) 소속으로 당선되어 열악한 지방재정을 확충하기 위하여 기획예산처, 재정경제부, 행정자치부, 건교부, 대통령비서실, 국무총리실 등을 3백여 회가 넘게 방문하여 총리를 비롯한 장, 차관을 움직여 많은 예산을 원주로 배정 받았다. 그러나 당시 '자민련'의 지지도는 0.5%도 안 되어 주위에서는 탈당을 하여 '한나라당'이나 '민주당'으로 옮기라는 권유도 많았고 당시 양당의 지구당위원장들은 무조건 공천을 보장하겠다고 확약하면서 나를 영입하기 위하여 많은 노력을 기울였으나 응하지 않았다.

대학시절 시인(詩人) 조지훈 교수로부터 교양국어 시간에 직접 강의를 받고 그의 명저 《지조론》(志操論)을 감명 있게 읽은 영향인지, 당적(黨籍) 변경은 변절(變節)이란 불명예가 싫어 그냥 '자민련'을 지키면서 2002년 6월 지방선거에 임하였다.

구미(歐美)는 물론이고 이웃 일본만 하더라도 자치단체장은 임기 중 큰 대과(大過)만 없으면 재선시켜 주는 것이 상례(常例)이고 또 기초단체장의 경우 제도가 그렇게 되어서 어쩔 수 없지만 사실상 정당공천이 필요 없고 지역발전을 위하여 일만 열심히 하면 평가하여 줄 것으로 확신하고 당적에 큰 비중을 두지 않았던 것이다.

그러나 선거가 시작되니 '한나라당' 공천이면 허수아비를 꽂아 놓아도 당선이 되는 지경이라 재선은 맡아 놓은 당상이었을 뿐 아니라 설사 '민주당'을 택하였더라도 내 개인 인지도와 '민주당' 지지도만 합치면 아무리 '한나라당' 바람이 세도 당선은 무난하였을 것이다. 그런데 '자민련'을 고집하여 정당지지표는 하나도 없이 내 개인표만 얻는 데 그쳐 낙선의 고배를 마셨다. 그렇게 뛰어다니며 확보한 예산 한번 못 쓰고 허무하게 끝나버렸다. 또한 재선되어 시정을 멋지게 수행하고 그 다음 단계로 강원도지사를 바라보면서 공부하고 준비한 것을 한번 써보지 못하고 썩히니 천추의 한이 되는 것이다.

원주는 물론 강원도 발전을 위한 이상과 꿈, 그리고 그 청사진이 빛 한번 못 보았다. 당적(黨籍)이란 단지 정치권이 기초자치단체장을 통제하기 위한 방편으로 만들어 논 제도인데, 더구나 목표를 위한 수단에 불과한데도 이것을 과감히 떨쳐 버리지 못하고 소덕(小德)에 얽매여 대덕(大德)인 원주 발전과 강원 발전의 꿈을 송두리째 날려버린 나 자신의 어리석음을 돌아보면서 회한(悔恨)과 비애(悲哀)에 젖는다.

꼭 내 꼴이 공자의 말씀대로 "보잘 것 없는 남녀들이 작은 절개(조그만 신의)를 지키기 위하여 스스로 목매어 개천 속에서 아무도 모르게 개죽음을 하는 것"[5]과 같은 결과가 되었다. 아무도 알아주지 않는다. 알아주기는커녕 오히려 웃음거리만 될 뿐이다.

5) 豈若匹夫匹婦之爲諒也 自經於溝瀆 而莫之知也 〈憲問 18〉

# 11. 덕을 쌓고 베풀어라

## 덕과 인간관계

《논어》는 한마디로 표현하여 '인간의 능력, 인간의 선의에 대한 신뢰'이다. 공자는 《논어》 전편을 통하여 인간을 긍정하고 인간을 최고로 치며, 한결같이 인본과 인도를 주장하였다.

군자는 인생의 근본에 힘써야 한다. 근본이 서야 도가 생긴다[1]라고 하였다. 근본이 무엇인가? 내가 나를 연마하는 것이요 자아를 확립하는 것이요, 인격을 완성하는 것이다. 수신이 위본인 것이다. 이러한 인간의 선의는 인심(仁心)에서 나오고 그것에 대한 신뢰는 덕으로 나타난다.

덕이란 무엇인가? 《논어》에서 덕이란 말은 38회 나올 정도로 많이 쓰이고 있다. 송복 교수는 《논어》에 나오는 덕은 32가지 뜻으로 쓰였다고 열거하고 ① 수기(修己) ② 도리(道理) ③ 대승(大乘) ④ 중화(中和)로서의 덕이라는 네 가지 큰 특성으로 묶었다.

중국의 진대제는 덕을 성능과 은혜로 분류하는 등 여러 학자들이 도에 맞는 행동을 할 수 있는 힘으로, 사회과학적 용어로는 사회화 내지는 내재화된 상태, 즉 조건반사적 행동으로 나타나는 것을 말하며 머릿속에만 머물러 있고 행동으로 나타나지 않으면 곤란하다.

---

1) 君子 務本 本立而道生 〈學而 2〉

이는 몸에 완전히 배어 있어서 공자가 "일흔 살에는 마음이 하고자 하는 대로 좇아도 법도에 어긋나지 않았다"(七十而從心所欲不踰矩) 의 상태, 즉 완전 자유의 경지에 이른 것을 말하다.

또한 공자가 말씀하였다. "덕은 외롭지 않다. 반드시 이웃이 있다."[2)]

이와 같은 덕이 있을 때 반드시 이웃이 있다는 것이다. 이웃이란 사람이 맺고 있는 인간관계이다. 《논어》 자체가 인간관계에 관한 담론(談論)의 보고(寶庫)인데, 사회의 본질을 인간관계에 두고 있는 《논어》에서 덕은 도를 행해서 얻은 성과로 반드시 남에게 미친다.

덕은 특히 인간관계에 무게를 두는 사회적 개념이다. 인간관계를 더욱 끈끈히 하고 밀도 있게 하는 힘 및 능력 또는 은혜가 덕인 것이다. 서로 도와주면서 함께 살아가는 데 힘이 되는 것이다. 따라서 덕이 있으면 외로울 수 없고 모두 심복(心服)하게 된다. 마치 밤하늘에 북극성이 제자리에 있으되 여러 별들이 공수(拱手)하고 따르는 것과 같은 것이다.

## 덕을 쌓는 길

공자는 인생의 여정에서 이와 같은 덕을 실천하고 마음이나 행동면에서 굳게 덕을 지키고, 쌓고, 세우라고 하였다.[3)]

세계 3대 성인의 한 분으로 평가받고 만인의 사표가 되고 있는 공자가 스스로 "덕을 닦지 못함과, 학문을 익히지 못함과, 의로움을 듣고도 옮아가지 못함과, 옳지 않음을 고치지 못함이, 곧 나의 근심거

2) 子曰 德不孤 必有鄰 〈里仁 25〉

3) 據於德 〈述而 6〉

리다"[4] 라고 실토한 것에서 보면 인간으로서는 더 이상 오를 수 없는 도덕적 경지에 오른 공자의 제일 큰 근심거리가 '덕이 잘 닦아지지 않는 것'일 진대, 여기에는 만인은 덕을 닦는 숭덕의 길에 더욱 정진하라는 강력한 메시지가 담겨 있다고 보겠다.

제자 자장(子張)이 덕을 쌓는 방법을 묻자 "성실한 마음과 믿음을 중심으로 행동하며 의(義)로 나아가는 것이 덕을 높이는 것이다"[5] 라고 가르쳐 주었다. 즉 성실하고 최선을 다하며 언행이 일치하도록 하여 신의를 지키고, 생각과 말과 행동에 거짓이 없고 참되며, 정의를 향하여 나아가면 덕은 날로 높아지는 것이다.

또 제자 번지(樊遲)가 덕을 높이는 데 대하여 묻자 "일은 남보다 앞장서고 얻는 것은 남보다 뒤에 하는 것이 숭덕(崇德)이 아니겠느냐?"[6] 라고 하여 일을 먼저하고 보답은 나중에 받되, 그것도 인간관계와 관련하여 일은 남보다 먼저하고 받는 것은 남보다 뒤에 하라고 가르친다. 그러므로 인(仁)이란 어려운 일은 남보다 앞장서고 이득을 얻는 일은 남보다 뒤에 하라[7] 와 같은 말이다.

일하기도 전에 잇속부터 챙기려고 하는 사람, 이해타산만 따지는 사람이 약은 것 같지만 오히려 어렵고 힘든 일을 묵묵히 남보다 먼저 하는 사람이 진짜 약은 것일 수도 있다.

예수도 명령대로 모든 일을 다 하고 나서 "저희는 쓸모없는 종입니다. 그저 해야 할 일을 했을 따름입니다"라고 하였다(루가 17:10). 어떻게 성인들의 생각은 이렇게 하나 같이 똑같은지 모르겠다.

---

4) 子曰 德之不修 學之不講 聞義不能徙 不善不能改 是吾憂也 〈述而 3〉

5) 子張 問崇德辨惑 子曰 主忠信 徙義 崇德也 〈顔淵 10〉

6) 先事後得 非崇德與 〈顔淵 21〉

7) 仁者先難而後獲 〈雍也 20〉

선사후득(先事後得)은 특히 공인(公人)에게는 무엇보다도 중요한 바탕이다. 공인이 이렇게 할 때 그는 인생을 성공으로 장식할 수 있고 그 사회가 발전할 수 있는 것이다.

또 공자는 유덕자(君子, 成人)의 기준으로 지혜, 무욕(無慾), 용기, 재능을 갖추고 아울러 예악(禮樂)으로써 문채(文彩)를 가해서 진선미를 겸해야 한다고 엄격한 자격요건을 들었지만, 요즈음은 "사욕에서 벗어나 이익을 눈앞에 두고 의를 생각하고, 나라가 위급할 때 신명을 바쳐 충성을 다하며, 오랜 약속을 평생 잊지 않아 신의를 지키면 된다"고 그 기준을 완화하였다.[8]

"사람은 타고난 성품은 서로 비슷하나, 습관에 의해 서로 멀어진다"[9]고 하였다. 사람의 본성이 완전히 동일하지는 아니하더라도 큰 차이가 없으며 비슷한 것이다. 그러나 교육이나 숭덕 그리고 꾸준한 수기(修己)에 의하여 군자도 되고 악인도 되는 것이다.

공자는 "학문에서는 나도 남만 못하지 않다. 그러나 군자의 도를 스스로 행함에는 내 아직 부족함이 많다"[10]라고 하여 제자들에게 쉼없이 덕을 쌓을 것을 가르치느라고 겸손한 자세를 보여주는 것이다.

"덕 있는 사람은 반드시 도에 맞는 말을 한다. 그러나 말 잘하는 사람이 다 덕이 있는 것은 아니다"[11]라고 설파한 것을 보면 덕 있는 사람이 그리 많지 않다는 이야기다. 공자가 자로에게 "덕을 아는 사람이 드물구나"[12]라고 하고 "덕을 좋아하기를 여자 좋아하듯이 하는

---

8) 子路問成人 子曰 若臧武仲之知 公綽之不欲 卞莊子之勇 冉求之藝 文之以禮樂 亦可以爲成人矣 曰 今日成人者 何必然 見利思義 見危授命 久要不忘平生之言 亦可以爲成人矣 〈憲問 13〉

9) 子曰 性相近也 習相遠也 〈陽貨 2〉

10) 子曰 文莫吾猶人也 躬行君子 則吾未之有得 〈述而 32〉

11) 子曰 有德者 必有言 有言者 不必有德 〈憲問 5〉

사람을 아직 보지 못했다"[13] 고 하고, 거기다 "다 틀렸구나! (이제 끝났구나!)"[14] 라고 한탄하면서 동일한 말씀을 반복했다. 이를 종합하여 보면 덕행을 실천하고 덕을 쌓는 길이 얼마나 어려운 것인가를 알 수 있다.

따라서 십자가를 지고 언덕을 오르듯이, 끊임없이 수도하듯이 덕을 쌓고 정진하는 길 이외에는 방법이 없다. 그래서 군자는 자강불식(自彊不息) 하여야 하는 것 같다.

언론에 대문짝만하게 보도된 변양균, 신정아 사건의 경우도 그러하다. 기능만 중요시한 현대교육의 결과 테크노크라트(*technocrat*) 로서 장관도 되고 청와대 정책실장도 되었지만 그 전에 사람이 되지 못하였던 결과이다. 그가 일찍이 인성교육으로 군자불기(君子不器) 로 덕을 가추고 군자가 되었더라면 그의 인생이 10년 공부 나무아미타불이 되지는 않았을 텐데 말이다. 공든 탑이 하루아침에 허무하게 무너지는 것을 보며 2세 교육에 인성교육을 강화하고 《논어》의 주요내용을 가르쳐야 된다는 생각을 거듭한다. 확실히 덕을 좋아하기를 미녀를 좋아하듯 하는 것이 드문 것은 만고의 진리인 것 같다.

12) 子曰 由 知德者鮮矣 〈衛靈公 3〉

13) 吾未見好德 如好色者也 〈子罕 17〉

14) 子曰 已矣乎 吾未見好德 如好色者也 〈衛靈公 12〉

# 12. 예의 본질

## 공동체의 원활한 유지를 위한 사회적 약속

예(禮)는 형식이나 사치에 있는 것이 아니다. 간단하고 검소할수록 좋은 것이다. 그 형식 속에 깃든 예의 정신, 즉 마음이 중요하다. 형식에 치우쳐 정작 뜻을 놓치는 것은 본말(本末)이 전도(顚倒)되는 것이다. 상(喪)도 질서만 찾고 후장(厚葬) 속에 허례가 아닌 내면적 슬픔과 마음이 중요한 것이다. 이것은 예의 본질인 것이다.

그래서 임방(林放)이 예의 근본에 대해서 묻자 공자가 말씀하였다. "참으로 훌륭한 질문이로다. 예는 사치스럽기보다는 차라리 검소해야 하고, 상례는 형식을 잘 갖추기보다는 차라리 슬퍼야 한다."[1]

예의 근본이 검소이므로 관중(管仲)을 가리켜 "부인을 3명이나 두었고 관청의 사무를 부하들에게 겸직시키는 일이 없었으니 어찌 검소했다고 할 수 있겠느냐?"[2]라고 그의 사치했던 생활을 비판하였다.

그래서 "사람으로서 어질지 않다면 예는 하여 무엇 하며, 사람으로서 어질지 않다면 음악은 해서 무엇 하랴!"[3]라고 하여 예악(禮樂)의

---

1) 林放 問禮之本 子曰 大哉 問 禮 與其奢也 寧儉 喪 與其易也 寧戚 〈八佾 4〉

2) 管仲之器 小哉 或曰 管仲 儉乎 曰 管氏有三歸 官事 不攝 焉得儉 〈八佾 22〉

3) 人而不仁 如禮何 人而不仁 如樂何 〈八佾 3〉

밑바닥에는 인(仁), 즉 인간애와 애정이 흐르고 있어야 한다고 했다. 사람이 사람다운 애정을 갖지 못하면 예가 아무 소용이 없을 것이다. 서로 사랑하는 마음(仁)을 전제로 하지 않으면 아무런 의미가 없다는 이야기이다.

사도 바울과 맥을 같이 하는 말씀이다. 천사의 말을 한다 하더라도 울리는 징과 같고 아무것도 아니며, 믿음, 소망, 사랑 중에 제일은 사랑인 것이다(고린도Ⅰ 13장).

인(仁)과 예(禮)의 관계는 속과 겉, 내용과 표현의 관계로 상호보완적이다. 인은 영구한 것이고 시공을 초월한 보편성을 지니지만, 예는 시대성을 띤 것이고 시공의 제한을 받는다. 따라서 예는 매 시대에 새롭게 표현하고 해석해야만 본래의 인을 효과적으로 드러낼 수 있게 된다(김승혜 수녀).

예가 애정(仁)을 전제로 하고 애정이 예로써 나타나므로 공자사상의 핵심인 인(仁) 다음으로 《논어》에는 예(禮)가 무려 75번이나 등장할 정도이다. 그래서 공자는 "하루만이라도 자기를 이겨내고 예를 행하면 천하가 인으로 돌아갈 것이다"(一日克己復禮天下歸仁焉)라고 하여 예를 인을 이루기 위한 핵심으로 본 것이다.

공자는 그 많은 제자 중 안회(顔回)를 제일로 쳐, "회는 그의 마음이 석 달을 두고 인을 어기지 않는다. 나머지 녀석들은 하루나 한 달에 한 번 인에 이를 정도일 뿐이다"[4]라고 평가했다. 그 안회의 인(仁)에 대한 문답에서 "자기의 사욕을 이겨 예로 돌아가는 게 인이다"라고 한 것을 보면 명확한 것이다.

공자는 피교육자의 개성과 상황에 따라서 즉 병에 따라 약을 처방하는 응병여약(應病與藥)의 맞춤교육을 했다. 상대방의 수준과 상태

---

4) 子曰 回也 其心 三月不違仁 其餘 則日月至焉而已矣 〈雍也 5〉

에 맞추어 문답을 하였는바, 인에 관하여도 숱하게 많은 사람과 문답을 하였지만 인(仁) 속에 사는 안회와의 대화가 정의 중에서도 핵심이며 노란 자위일 것이다.

극기복례(克己復禮)란 무엇인가? 자신만을 생각하는 이기적인 욕심을 극복하고, 남과 더불어 사는 공동체적 마음 자세를 갖는 것이 인(仁)이라는 것이다. 상대를 배려하는 마음으로 상대를 진심으로 생각하고 배려하는 역지사지(易地思之)의 마음이 내재하고 있는 것이다. 공자사상을 한마디로 압축 내지 개념화하면 인(仁)이라 할 수 있는데 그 인도 결국 예(禮)를 통해서 실현된다는 것이다.

본래 예는 도덕적 행위규범으로, 제례 등을 포함한 사회의 문물제도 전반을 말하며 특히 현대에는 대인관계 속에 없어서는 안 될 표현 그 자체로 문화적 측면이 강하다고 하겠다. 그것은 근본적으로 대인관계 즉 공동체를 전제로 한 것이다. 공동체가 없다면 예는 아무런 의미가 없는 것이다. 예는 공동체의 원활한 유지를 위한 사회적 약속이기 때문이다.

극기(克己)란 자기개혁이고 자기혁신이며 자기를 스스로 이기는 것이다. 자신만을 생각하는 이기적 욕심, 남을 짓밟고 나만 잘되면 된다는 이기주의적 집착에서 벗어나 공동체의 이익을 위한 자유인이 되는 것을 뜻한다.

그래서 공자는 말로만 예(禮)를 강조하지 않았다. "내가 직접 제사에 참여하여 정성을 다하지 않으면 제사를 지낸 것 같지 않다"[5]고 강조할 만큼 예의 실천을 중요시하였다. 공자 스스로 임금을 섬길 때 예를 다하는 것을 아첨한다고, 진례(盡禮)와 아첨(阿諂)을 구분 못하는 소인배들의 조롱까지 당하였다.[6]

---

5) 吾不與祭 如不祭 〈八佾 12〉

## 뒤틀린 사회를 예禮의 회복으로 복원하고자 한 공자

더욱이 당시는 효심을 잃은 자식이 부모를 돌보지 않는 것은 물론 심지어 죽이기까지 하였다. 제후들도 아들이 부왕을 죽이고, 대부가 왕권을 억제하지 못해 음란하고 문란한 일을 저지르고, 물욕으로 서로 다투고 죽이는 등 난신적자의 세상으로 그야말로 혼란 그 자체로 혼돈의 만연이었다. 정명(正名)이 아니라 모든 것이 뒤틀려 돌아가던 시대였다. 참월(僭越)이 판을 쳤다.

이에 공자는 천자의 의식인 팔일무(八佾舞)[7]를 노나라 대부 계(季)씨[8] 집 뜰에서 추게 한 것에 대하여 "내 이것을 참을 수 있다면 무엇인들 못 참으리요!"[9]라 하여 멋대로 분수에 넘는 예악(禮樂)을 사용하는 세도가인 계씨집안에 대한 분노를 드러냈다.

또 노나라 세 대부가문이 천자의 제사에나 쓸 수 있는 노래로써 자신의 사가(私家)의 당(堂)에서 철상(徹床)하는 것에 대하여 "저 가사의 노래를 어찌 삼가(三家)[10]의 내당에서 부를 수 있겠는가?"[11]라고 개탄하였다.

태산에서 계씨가 천자만이 명산대천에 지내던 여제(旅祭)를 지내자 아 슬프도다! 일찍이 태산의 신이 임방(林放)만도 못하다는 말인

6) 子曰 事君盡禮 人 以爲諂也 〈八佾 18〉

7) 팔일무: 천자의 무악(舞樂). 여덟 사람씩 여덟 열을 지어 추는 춤의 무악.

8) 계(季)씨: 노나라 대부인 계손씨.

9) 孔子謂季氏 八佾 舞於庭 是可忍也 孰不可忍也 〈八佾 1〉

10) 삼가: 노나라의 세도가인 맹손, 숙손, 계손의 삼대부 집안을 말함. 그들은 모두 노나라 환공의 후손으로 삼환(三桓)이라고도 함.

11) 子曰 相維辟公 天子穆穆 奚取於三家之堂 〈八佾 2〉

가라고 개탄하였다.

또 체(諦)제는 천자만이 지내는 큰 제사인데 제후의 나라인 노나라가 계속 정성도 부족하게 체제를 예법에 어긋나게 지내자 "강신주(降神酒)를 따른 뒤로부터는 나는 그것을 보고 싶지 않다"[12] 고 하고, 노나라의 참월(僭越)한 실권자가 체제(諦祭)에 대하여 묻자 "나는 모르겠다"[13] 라고 불편한 심기를 들어냈다.

이렇게 참월로 뒤틀린 사회, 붕괴된 사회질서를 바로잡는 길을 복례(復禮)로서, 예(禮)의 회복으로 그 해법을 찾으려 하였다

그래서 "덕으로 이끌고 예로 다스리면 백성들이 부끄러워함이 있어 선에 이른다"[14] 고 하고, 나라를 예(禮)로 다스릴 것을 주문하였고,[15] "예와 겸양으로 나라를 잘 다스린다면 도대체 무슨 어려움이 있겠는가? 예와 겸양으로서 나라를 잘 다스리지 않는다면 도대체 예를 어찌할 것인가?"[16] 라고 하여, 예로 다스리면 치국에 아무 어려움이 없다고 하였다.

이에 "임금은 신하를 부리기를 예로써 하고, 신하는 임금을 섬기기를 정성을 다하라"고 하였다.[17] 나아가 지도자 또는 군자는 "너그러운 관용, 공경스러운 경의, 남의 아픔을 함께 슬퍼할 수 있는 공감이 있어야 한다"[18] 고 군자의 판단조건으로 세 가지를 제시하였지만, 결국 예(禮) 하나로 압축할 수 있는 것이다.

---

12) 諦自旣灌而往者 吾不欲觀之矣 〈八佾 10〉
13) 子曰 不知也 〈八佾 11〉
14) 道之以德 齊之以禮 有恥且格 〈爲政 3〉
15) 爲國以禮 〈先進 25〉
16) 子曰 能以禮讓 爲國乎 何有 不能以禮讓 爲國 如禮何 〈里仁 13〉
17) 君事臣以禮 臣事君以忠 〈八佾 19〉
18) 子曰 居上不寬 爲禮不敬 臨喪不哀 吾何以觀之哉 〈八佾 26〉

## 21세기 문명의 충돌을 풀 수 있는 실마리

결국 예(禮)는 그 안에 인(仁)이 내재해 있고 그것이 공경하는 마음으로 표현되는 것으로 상대를 존중하고 배려하는 마음 즉 서도(恕道)로 나타난다. 나 자신이 원치 않는 일을 남에게 강요하지 말아야 한다.

인간이 사람과 사람 사이라는 것을 가리키는 바와 같이 홀로 사는 존재가 아니다. 더불어 사는, 관계 속에서 살아가는 존재이다. 더구나 조수와 더불어 뒹굴면서 함께 살 수 없는 것이 인간이다(鳥獸不與同群). 따라서 사회적 존재인 인간에게 예는 문명사회를 이루기 위한 전제조건인 것이다. 사회가 뒤틀리고 혼란에 빠지면 모든 관계가 깨지고 정명(正名)이 아니라 반명(反名)이 되어 버리기 때문이다.

문명과 문명의 충돌은 헌팅턴의 이론에서뿐만 아니라 현실에서 알카에다나 탈레반의 테러로 나타나고 있다. 따라서 나의 욕구나 처지를 곧 남의 욕구나 처지로 생각하여 만족시켜주어야 한다. 이기급인(以己及仁)하여야 한다. 그것이 해법이다. 즉 자기가 서고자 하면 남도 세우며, 자기가 두루 통하고 싶으면 남도 두루 통하게 해야 한다.[19] 큰 의미의 서(恕)의 실현인 것이나.

가정, 이웃, 사회, 국가, 문명 등 모든 관계가 뒤틀린 혼돈상태에서, 문명의 축 자체가 흔들리고 있는 현대에서 그 해법의 실마리는 공자에게서 찾으면 풀리지 않을까?

패도(覇道)가 아니라 덕치(德治)와 예치(禮治)에 의한 인(仁)의 실현으로 서도(恕道)를 펴면 실타래같이 풀릴 것이다.

---

19) 己欲立而立人 己欲達而達人 〈雍也 28〉

# 13. 예악의 조화

## 예는 인의 현실세계표현

예(禮)라는 한자는 '豊'과 '示'의 합자인데, 제기(祭器)(豆)에 식물(食物)을 많이(豊) 담아서 신(示)앞에 올리는 의식을 가리키는 자이다. 이와 같이 예란 본래 여러 가지 의식(儀式)의 절차와 방법이다. 현대사회에서와는 달리 법률이나 종교 및 도덕이 분리되어 있지 않던 공자가 살던 동양 고대사회에서의 예는 의례(儀禮)와 제의(祭儀) 등 종교나 제사에 관계되는 의식을 포함하여 훨씬 더 광범위한 사회의 문물제도 전반을 의미하였다.

그것은 공자가 "하(夏)나라의 예(禮)를 내가 말할 수 있으나, 후손의 나라인 기(杞)나라에 실증할 사물이 부족하고, 은(殷)나라의 예도 내가 말할 수 있으나, 후손의 나라인 송(宋)나라에도 실증할 사물이 부족하다. 문헌이 부족한 탓이다. 문헌만 충분하면 내가 충분히 실증할 수 있다"[1]라고 말씀한 것을 보면 알 수 있다. 여기서 하례(夏禮)는 하나라의 문물제도이고, 은례(殷禮)는 은나라의 문물제도이다.

유자(有子)가 말하였다. "예를 시행하는 데는 조화를 귀중하게 여긴다. 선왕의 도가 그러했으므로 아름답고 좋았다. 그러나 대소의 모

---

1) 子曰 夏禮 吾能言之 杞不足徵也 殷禮 吾能言之 宋不足徵也 文獻不足故也 足則吾能徵之矣 〈八佾 9〉

든 일을 조화 위주로만 하면 잘 안될 때가 있다. 조화의 귀중함을 알고 조화롭게 하되, 예로써 조절하지 않으면 역시 안 될 수도 있다"[2)]

공자사상의 핵심은 인으로 서로 사랑하고 협동해서 함께 잘사는 공동체를 이루기 위한 모든 덕행의 총괄개념이다. 인은 '휴머니즘'(*humanism*)이며 인본주의다. 이와 같은 인은 엄밀히 말하면 내면적 세계로 현실세계에 표현되는 것이 예(禮)인 것이다. 그래서 공자는 〈안연〉편 1장에서 극기복례위인(克己復禮爲仁)이라고 하고 시청언동(視聽言動)의 모든 행위를 항상 예(禮)에 맞추라고 한 것이다. 이렇게 예는 인의 외적 표현이며 동시에 수기치인(修己治人)의 발현인 것이다. 그러므로 공자는 "예에 의하여 서야하고, 예를 모르면 설 수가 없다"고 한 것이다. 더 나아가 여기에서 끝나지 않고 "악(樂)에 의하여 완성된다"고 한 것이다.[3)]

'선다'(立)는 것은 독립된 인격체로서 사회에 우뚝 서는 것으로 올바른 몸가짐, 올바른 인간관계의 유지를 뜻하는 것이다. 즉 사람 됨됨이로 사람구실을 가리킨다.

## 예禮는 악樂과 함께 조화와 절제 이루어야

〈태백〉 8장에서 보듯이 '예'는 항상 '악'(樂)과 붙어 다닌다. 바늘 가는 데 실 가고, 실 가는 데 바늘 가는 격이다. 예(禮) 없는 악이 없고, 악(樂) 없는 예가 없는 것이다.

공자는 개인의 몸가짐에서 출발하여 모든 사람의 행동을 '예'(禮)로

---

2) 有子曰 禮之用 和爲貴 先王之道 斯爲美 小大由之 有所不行 知和而和 不以禮節之 亦不可行也 〈學而 12〉

3) 立於禮 成於樂 〈泰伯 8〉, 不學禮 無以立 〈季氏 13〉, 不知禮 無以立也 〈堯曰 3〉

써 규제하려고 하였다. "예(禮)로써 귀약(歸約)하여야 도(道)에 합당하다"[4] 라고 한 것이다.

'예'(禮)는 절제(節制)와 단속의 원리로 예만 강조하면 무례와 상하간의 위화감을 낳을 수 있어 '악'(樂)으로 완성하려 한 것이다. 악(樂)은 화합(和合)의 원리로 사람의 내면을 순화시키고 성정(性情)을 닦고 바로잡아 사람을 완성시키는 것이다.

그러나 예와 악이 조화되어 중용(中庸)을 이루어야지 악(樂)이 지나치면 방탕하게 되고 상하질서의 문란을 초래할 뿐이다. 범씨(范祖禹)는 "경은 예가 확립되는 것이요, 화는 악이 말미암아 생겨난 것이다"(敬者 禮之所以立也 和者 樂之所有生也)라고 풀이하였는데, 예의 본질은 경(敬)이고, 악의 본질은 화(和)라고 할 수 있다. 예는 경으로 남을 공경하는 마음이 없으면 설 자리가 없다. 남을 공경하는 마음을 사양(辭讓)이라고 한다. 늙은이가 전철을 타면 젊은이들이 자리에서 일어나 자리를 양보하는 것이 아름다운 예이다.

경(敬)은 절제하는 것이고, 화(和)는 조화하는 것이다. 그러므로 예(禮)는 절제의 정신을, 악(樂)은 조화의 정신을 지닌다. 이러한 절제와 조화의 정신으로 대표되는 예악은 어느 한편으로 치우쳐서는 안 되는 것이다. 이렇게 볼 때 이 장의 '예지용(禮之用), 화위귀(和爲貴)'에서의 화(和)는 악(樂) 또는 악이 지향하는 대상(*target*)으로 조화이다. 그러므로 이 장에서 말하고자 하는 바는 예(禮)의 시행은 조화 또는 화락(和樂)을 추구하는 것이어야 하지만, 조화 또는 화락도 절제가 뒷받침되어야 한다는 것이다. 결국 중용에 귀착하는 것이다.

---

4) 約之以禮 亦可以弗畔矣夫 〈雍也 25〉

## 허례로 흐른 우리

필자는 《논어》를 읽기 전까지는 공자는 완전히 허례허식만 일삼았던 '예'(禮) 예찬론자이고 유교는 제례(祭禮)만을 제일로 아는 형식교라고 여기고, 공자의 예(禮)에의 집착을 불가사의한 일로 생각하였다. 그것은 민선·관선 시장, 군수를 20여 년간 하면서 춘추로 거행하는 석전제(釋奠祭)[5]의 초헌관(初獻官)을 여러 번 하는 영광은 가졌지만 마음으로는 모든 진행을 한문으로 하는(요즈음은 한문으로 진행하면서 이어서 우리말로 통역하기도 하지만 시간은 두 배 소요)것과 제례의 지나친 의식을 봐왔기 때문일 것이다.

중국은 이른바 모택동의 문화혁명으로 인해 석전제 의식이 사라져 전 세계에서 유일하게 그 원형(原型)을 보존하고 있는 우리 한국으로 배우러 온다고 해 자랑스럽기도 하다. 그러나 원형은 중앙의 성균관에서나 거행하고 지방에서야 우리말로 진행하고 제례도 현대감각에 맞게 개량하여 지냈으면 좋겠다는 생각을 늘 했다.

기독교의 경우 개신교에 비하여 의식이 많고 또 의식을 중요시하는 천주교도 필자의 중·고등학생시절에는 미사 때 신부가 제대(祭臺)를 보고 미사집전을 하여 미사에 참례(參禮)한 신자들도 이젤 수 없이 미사 내내 신부의 뒷모습만 보고 미사를 드릴 수밖에 없었을 뿐 아니라 미사도 거의 라틴어로 이루어져 불편이 많았었다. 그러나 지금은 신부와 신도가 마주보고 우리말로 미사집전을 하는 등 많이 개선되었다. 그 결과 대중과 교우들에게 더 가깝게 다가갈 수 있었고 친근한 느낌을 주어 오히려 품격도 더 높아졌다.

---

5) 문묘(文廟)에서 공자를 제사지내는 의식(儀式). 음력 2월과 8월의 첫째 정일(丁日)에 거행.

이렇게 '예'(禮)도 시대에 맞게, 또 일본처럼 토양에 맞게 개선하였으면 우리나라 조선시대 숙종, 경종 연간에 예송(禮訟) 문제로 피비린내 나는 당쟁도 없었을 것이고, '예론'(禮論)을 두고 허구한 날 말싸움만 하다가 나라를 비참하게 팔아넘기는 조선조도 없었을 것이다. 그 결과 우리는 '예'라는 말 자체를 듣기조차 싫어하게 되었고 공자를 허례허식의 대명사로 생각하였던 것이다.

## 예악禮樂의 형식보다 실질과 정신을 강조한 공자

그러나 허례로 흐른 사람들은 조선의 사대부들이고, 공자의 아류들이 자기들의 계급적 이익을 위하여 '예(禮)를 위한 예(禮)', 실질 없는 허례를 일삼았을 뿐이다. 반대로 공자는 오히려 허례를 가장 미워했다.

이 장에서도 예(禮)는 화(和)를 성취하는 데 그 쓰임이 있지만 화는 예로서 절제되어야 한다고, 내용과 형식의 중용(中庸)을 가르쳤지만 여기서 더 나아가 공자는 형식과 내용이 잘 조화되어야 그가 추구하는 군자라고 하였다.[6] 더하여 예악의 형식보다 예악이 지니고 있는 본질적인 가치를 더 중시하였다. "예라 예라 하지만 구슬이나 비단만을 말하겠느냐? 음악이라고 하는 뜻이 종이나 북만을 말하겠느냐?"[7]

예(禮)의 근본은 공경하는 데 있고, 악(樂)의 근본은 화락하는 데 있는데, 옥이나 비단 같은 예물에만 신경 쓰거나 종과 북만 치고 두들기는 것은 예악의 근본에서 벗어나는 것이다. 예악은 형식이 아니

6) 文質彬彬 然後君子也 〈雍也 16〉

7) 子曰 禮云禮云 玉帛云乎哉 樂云樂云 鍾鼓云乎哉 〈陽貨 11〉

고 정신이다. 형식이 소용없다는 말은 아니다. 예악을 행하는 경(敬)과 화(和)의 마음이 형식에 앞서야 한다는 말이다.

또 공자는 "사람이 어질지 못하면 예는 무엇할 것이며, 사람이 어질지 못하면 악은 무엇할 것인가?"[8] 라고 하였다. 어질고 서로 사랑하는 마음(仁)이 없이 가슴 속에 수심(獸心)을 품고 악덕을 자행하는 자가 겉으로 예악을 꾸미고 예치(禮治)를 가장해도 소용이 없는 것이다. 어짊(仁)을 전제로 해야지 그렇지 않을 경우 예는 겉치레가 되고 위선이 될 뿐이다. 또한 공자는 유명한 '회사후소'(繪事後素)[9] 라는 말씀도 하여 먼저 바탕을 마련한 후에 형식미가 이에 따라야 함을 되풀이하여 역설하였다.

공자는 이처럼 예악의 본질적 내용을 중시하였지만, 형식의 측면을 완전히 도외시한 것은 결코 아니다. 다음 말씀은 공자가 예의 형식을 따르는 기준을 어디에 두고 있는지를 잘 보여주고 있다. "삼베로 만든 면관을 쓰는 것이 예이나, 지금은 명주관을 쓰는데 검소하다. 나도 여러 사람들을 따르겠다. 당(堂) 아래에서 배례하는 것이 예법인데, 지금 사람들이 당 위에서 배례하는 것은 교만한 것이다. 비록 여러 사람들과는 어긋나지만, 나는 아래에서 배례하겠다."[10]

고례(古禮)에는 어긋나지만 검소하니 따르겠다는 것이고, 그 예(禮)가 본질을 무시하고 편의에 따라 형식을 바꾸는 것은 예가 아니기 때문에 따르지 않겠다는 것이다. 얼마나 탄력적이고 합리적인가?

여기에 그치지 않고 공자는 자공이 곡삭례[11] 에 바치는 희생양을

8) 子曰 人而不仁 如禮何 人而不仁 如樂何 〈八佾 3〉

9) 子夏問曰 巧笑倩兮 美目盼兮 素以爲絢兮 何謂也 子曰 繪事後素 〈八佾 8〉

10) 子曰 麻冕 禮也 今也純 儉 吾從衆 拜下 禮也 今拜乎上 泰也 雖違衆 吾從下 〈子罕 3〉

11) 곡삭(告朔)의 예는 옛날 중국에서 천자가 매년 섣달에 다음 해 달력

그만두려고 하자, "사야! 너는 양을 아까워하지만, 나는 예를 더 중하게 여긴다"[12] 라고 하여 경제에 밝은 자공이 이미 유명무실하게 된 곡삭(告朔) 의식을 위한 희생을 그만두자고 하니까 공자가 남아있는 예의 형식을 통해 사라져가는 예의 정신을 되살리려고 하였던 것이다. 예가 사라짐으로써 그 예가 나타내고자 하였던 본래의 목적과 근원이 망각될까 두려워한 것이다. 훌륭한 문물제도를 아끼는 공자의 깊은 뜻이 숨어있다고 하겠다.

## 예禮의 현대적 표현

예(禮)의 현대적 표현은 공중도덕이고 문화일 것이다. 예가 있으면 교양인이 되고 문화인이 되지만 예가 없으면 몰상식해지고 야만인이 된다. 오늘날에도 예는 강조하면 강조할수록 좋은 것이다.

구미(歐美) 사람들은 아침에 공원 산책길에서나 어디서든지 마주치면 서로 미소를 띠고 "굿 모닝"이라든가 "하이" 등 가벼운 인사를 나눈다. 그런데 우리는 서로 인상만 쓰고, "안녕하십니까?"라고 인사하여도 받지도 않는 경우가 많다.

원주에서 기차 타고 서울에 갈 때 봐도 마주 앉은 사람들이 서로 꼬기만 하고 목례도 없이 목적지까지 가는 것을 여러 번 보았다. 그러나 어떻게 인사를 트면 즉시 가까워져 소주나 맥주를 시키며 간이

을 제후에게 나누어 주면, 제후들은 그것을 받아 종묘(宗廟)에 보관하였다가 매월 초하루가 되면 산 양을 제물로 종묘에 고유하고 청하여 시행하였다. 노나라는 문공(文公) 때부터 이 곡삭제를 행하지 않았으나, 담당 관원은 아직도 이 양을 바쳤으므로, 자공은 이 양을 바치는 제도까지 없애려고 하였던 것임(《논어집주》).

12) 子貢 欲去告朔之餼羊 子曰 賜也 爾愛其羊 我愛其禮 〈八佾 17〉

라도 꺼내줄 것처럼 행동한다. 너무 이중적인 것 같다.

신사의 나라 영국의 공중도덕과 에티켓은 세계가 선망한다. 이 시대의 공자의 예는 민주시민으로서 갖추어야 할 교양과 에티켓일 것이다. 서로 마주쳐도 미안하다는 말 한마디 없는 우리사회, 누가 선진시민이라고 하겠는가? 예는 선진국을 지향하는 우리에게 더욱 필요한 덕목이라 하겠다.

# 14. 삶을 모르는데 어찌 죽음을 알랴

사람은 누구나 한 세상을 살면서 신의 존재유무나 죽은 다음에는 어떻게 될지를 생각하게 된다. 행동이 항상 앞서고 우직하며 공자보다 9살 아래로 제자 중 가장 나이가 많았던 계로(季路)도 그러하였던 모양이다. 계로가 귀신에 관하여 묻자 "사람도 잘 섬기지 못하면서 어찌 귀신을 섬기겠는가?"라고 공자가 대답했다. 다시 계로가 죽음의 세계에 관하여 묻자 "아직 삶도 잘 모르는데 어찌 죽음을 알겠는가?" 라고 대답하였다.[1]

공자는 '귀신'에 대하여 말하기를 꺼렸다.[2] 그는 합리주의자로서 신비주의 같은 것은 배격하였다. 경험적으로 증명이 불가능한 것에 대하여 함부로 말하지 않는 데서 우리는 공자의 진면목을 볼 수 있다. 공자는 귀신보다 인간의 가치를 중요하게 생각하여 일상 인륜(人倫) 생활을 착실하게 실행하면 곧 고명한 경계에 이를 수 있다고 본 것이다.

생(生)과 사(死)를 대비한 공자의 "아직 삶도 제대로 모르면서 어찌 죽음을 알겠는가?"라는 대답은 죽음을 말하기 전에 삶을 성실하게 살라는 메시지로 들리며, 현세적 인간에 대한 가치와 존엄을 확보하

1) 季路問死鬼神 子曰 未能事人 焉能事鬼 敢問死 曰 未知生 焉知死 〈先進 11〉

2) 子 不語 怪力亂神 〈述而 20〉

고자 하는 노력의 산물로 인간 공자를 다시 느끼게 한다.

귀신을 제대로 섬겨서 덕을 보려고 하기 전에 사람을 바르게 섬기고, 죽음의 세계를 엿보려고 하기 전에 인(仁)을 실현하면서 제대로 된 삶을 살라는 것이 공자의 교훈이다. 한마디로 공자는 우리가 알고 있는 현세의 삶에 더 집중하라고 가르쳤고 그 안에서 덕을 닦아 사회를 바르게 하는 것이 우리가 해야 할 일이라고 생각했다.

이렇게 공자사상은 신본주의가 아닌 인본주의였다. 공자사상의 가치는 인문정신의 극치라는 점에 있다. 그런데도 공자의 도덕정신이 "사람을 위한 도덕이 아닌 정치를 위한 도덕이었고, … 심지어는 주검을 위한 도덕이었다"고 매도하는 김경일의 주장은 지나친 편견이 아닌가 한다.

이 이상 어떻게 산 사람의 도덕일 수 있는가? 공자는 "아는 것을 안다 하고 모르는 것을 모른다고 하는 것, 이것이 진정한 앎이다"[3]라 하고, "내가 아는 것이 있겠는가? 아는 것이 없다"[4]라고 늘 겸양하면서 삶에 정진했으며 '죽음'같은 불가지(不可知)의 세계는 모르는 그대로 놓아두는 것이 참된 지식이라는 것이 그의 원칙이었다.

---

3) 知之爲知之 不知爲不知 是知也 〈爲政 17〉

4) 吾有知乎哉 無知也 〈子罕 7〉

# 15. 사람이 도의 주체

## 도道는 사람을 위하여 존재

도는 사람을 위해서 존재하는 것이지 사람을 떠나 존재하는 것은 아니다. 속된 말로 '사람 나고 도(道)가 났지, 도가 나고 사람 났느냐'란 의미이다. 도(道)는 오직 사람을 통해서만 구현될 수 있는 것이다. 사람이 어떻게 하느냐에 따라 도는 넓어질 수도 있고 좁아질 수도 있는 것이다.

사람과 도(道)의 관계는 언제나 사람이 주역이고 도는 조역이다. 세상에 사는 많은 사람들 가운데서 위인이 있고 군자가 있고 소인이 구별 되는 것도, 도를 내 것으로 만드는 사람과, 눈앞에 도를 두고도 모르는 사람이 있는 까닭이 아니겠는가? 즉 사람은 능동적으로 도를 실천하는 존재로서 사람이 진리의 담당자요, 역사창조의 주체인 것이다.

같은 도(道)지만 공자의 도와 노자의 도는 다르다. 노자가 밝힌 도는 우주의 도이지만, 공자가 밝힌 도는 사람의 도이다. 노자의 도는 만물을 있게 한 불변의 도이지만, 공자의 도는 변모하는 도이다. 노자는 도를 자연이라고 했지만, 공자는 도를 인의(仁義)라고 했다. 그래서 노자의 도는 트여 있는 그대로이고, 공자의 도는 부단히 닦아야 하는 도이다.

공자가 말씀하셨다. "사람이 도(道)를 크게 하는 것이요, 도가 사람을 크게 하는 것은 아니다."[1] 주자(朱子)는 "사람 밖에 따로 도가 없고, 도 밖에 따로 사람이 없다. 그러나 인심은 지각(知覺)이 있고 도체(道體)는 함이 없다. 그러므로 사람이 도를 크게 할 수 있는 것이요, 도가 사람을 크게 하지 못하는 것이다"라고 주석하였다.

공자는 인의(仁義)의 도(道)를 넓히려면 먼저 교육이 선행되어야 한다고 보았다. 그래서 공자는 "전에 종일토록 먹지도 않고, 밤새도록 자지 않고 곰곰이 생각해 보았지만 유익함이 없고 배우는 것만 못하더라"[2]고 술회하였다.

공자가 밝히는 학문(學文)이란 삶의 길을 평탄하게 하는 방법을 배우는 일로, 바꾸어 말하면 학문의 목표가 '도(道)에 도달하는 것' 또는 '도에 이르는 것'이다. 공자는 이를 알려주기 위하여 제자 자공(子貢)과의 대화에서 자신의 배움은 지식의 축적이 아니라 '일이관지'(一以貫之)[3]라고 일러주었던 것이다. 평생토록 지니면서 지킬 한 말씀(一以貫之)이 무엇이냐는 자공의 물음에 공자는 "서"(恕)라고 하고 그것은 바로 내가 원하지 않는 바를 남에게 강요하지 않는 것이라고 그 내용을 알려준다.[4]

1) 子曰 人能弘道 非道弘人 〈衛靈公 28〉

2) 子曰 吾嘗終日不食 終夜不寢 以思 無益 不如學也 〈衛靈公 30〉

3) 子曰 賜也 女 以予 爲多學而識之者與 對曰 然 非與 曰 非也 予 一以貫之 〈衛靈公 2〉

4) 子貢 問曰 有一言而可以終身行之者乎 子曰 其恕乎 己所不欲 勿施於人 〈衛靈公 23〉

## 인본주의의 원조 공자

인(仁)을 잘못 알았던 과실을 고집하지 않고 그 잘못을 고치는 것이 공자가 말하는 학문이다. "잘못한 것을 고치지 않으면 그것이 곧 잘못이다."[5] 그러므로 군자는 과실 없음을 자랑하지 않고, 과실이 있으면 서슴지 않고 고침을 자랑하는 것이다. 사람의 도(道)는 사람이 넓혀야 하고 그 도가 잘못되어 있으면 그 또한 사람이 고쳐야 한다. 이것을 두고 공자는 수기(修己)하라, 극기(克己)하라 하였다. 그렇게 해서 복례(復禮)하고 애인(愛人)하라고 가르쳤다.[6]

그러므로 공자의 학문은 결국 사람이 사람을 사랑하고 삶의 길을 올바르게 하라는 가르침이다. 이러한 가르침을 배움으로써 사람의 도는 넓어지는 것이며 사람이 기본이 되는 것이다. 이와 같은 사람 중심의 사상, 인본주의의 사상은 동서양을 막론하고 대단히 중요하고 필요한 사상이며 바로 산업화를 이룩한 현대의 세계가 적극적으로 도입하여야 할 사상이 아닌가 한다.

물질만능과 패륜, 환경파괴로 세계의 문명의 축이 흔들리고 방황하는 지금이 바로 인능홍도(人能弘道)의 책임을 수행할 수 있는 인물이 많이 나와야 하는 시기다. 우리사회를 인능홍도하여 사람 중심의, 사람존경의 사회로 만들어 가야 한다. 사람이 존경받는, 사람 중심의, 사람이 기본이 되는 사회가 되어야 문명사회다. 사람의 가치가 인정되지 않고 경제만 중시하는 사회는 선진국이 될 수는 없는 것이다.

사우디아라비아나 두바이는 아무리 돈이 많더라도 선진국으로 보지 않는다. 사람은 빵만으로 살 수 없는 것이다. 사람이 도를 넓혀가

---

5) 子曰 過而不改 是謂過矣〈衛靈公 29〉

6) 克己復禮 爲仁〈顔淵 1〉, 樊遲問仁 子曰 愛人〈顔淵 22〉

고, 중심이 되고, 사람의 가치가 인정되는 그런 사회가 선진국이지, 빵은 부자들만 잔뜩 먹고 서민들은 더 가난해야 하는, 사람의 가치가 뒷전으로 밀리고 도덕과 신뢰가 바로 서지 않는 나라는 선진국과는 무관한 것이다.

'인능홍도 비도홍인'(人能弘道 非道弘人)은 낡은 제도나 규범에 얽매이지 말고 사람이 중심이 되고 기본이 되어 사람의 가치가 아름다워지도록 도를 넓혀 가라는, 이 시대에 꼭 맞는 공자의 메시지다. 또한 항상 사람중심의 성찰과 개혁을 하라는 인본주의 정신을 한 문장으로 표현한 공자 문장의 백미(白眉)가 아닌가 한다.

# 16. 사명使命의 승리

## 공자의 수난

공자가 송나라에 갔을 때, 환퇴〔桓魋, 사마(司馬)—지금의 국방장관〕가 죽이려 하였는데 이때 공자가 제자들에게 다음과 같이 말씀하셨다. "하늘이 나에게 덕을 주셨으니, 환퇴가 나를 어찌하겠는가?"[1]

사람의 생사는 하늘에 달려 있다. 하늘이 나에게 덕을 내린 것은 하늘의 뜻이 나에게 난세를 구출할 사명을 맡겼기 때문이다. 하늘의 사명을 띠고 하늘의 도움을 받고 있는 나를 환퇴 따위가 어떻게 하겠는가 하는 이야기다. 하늘이 부여한 사명이 있는데 환퇴가 어찌 천명(天命)을 어기고 자신을 해칠 수 있겠느냐는 공자의 신념을 피력한 것이다. 공자의 나이 60세 때의 일이다.

공자는 14년간 주유천하(周遊天下)하는 동안 죽을 고비를 여러 번 당하며 어려움을 겪는데 그 대표적인 것이 위의 환퇴의 난을 비롯하여 광인(匡人)의 난, 그리고 진채지액(陳蔡之厄)이다.

공자가 광(匡)땅에서 그곳을 전에 공략한 바 있는 노나라 장수 양호(揚虎)로 오인되어 제자들과 함께 포위된 절박한 상황에서 "문왕이 이미 별세하였으니, 문(文)이 이 몸에 있지 않겠는가. 하늘이 장차 이 文을 없애려 하였다면 뒤에 죽는 사람(나 자신)이 이 文에 참여하

---

1) 子曰 天生德於予 桓魋其如予何 〈述而 22〉

지 못하였을 것이나 하늘이 이 文을 없애려 하지 않으니, 광(匡) 땅 사람들이 나를 어찌 하겠는가?"[2] 라고 말씀하였다. 뜻밖의 봉변에서 두려워하는 제자들을 격려하고 천도(天道)를 따르는 문화의 전통과 발전을 굳게 믿는 확신에서 한 말씀이었을 것이다.

## 자신의 생사를 문화의 전승과 직결시킨 공자

50세 때 천명(天命)을 알게 된[3] 공자는 이와 같이 정신적 위기를 여러 번 겪고, 생명의 위협까지 받는 등 어려움을 당할 때마다 한 줌 한 줌 쌓아 올린 내성적 공덕으로 지천명(知天命)의 탑을 더욱 높고 아름답게 쌓아 올린 것이 아닌가 한다. 사람은 누구나 어려운 상황에 처했을 때 본연의 모습이 나온다고 하는데 그의 사명의식은 위험에 처할 때마다 더욱 두드러지게 드러나곤 했기 때문이다.

공자는 "주(周)나라는 하와 은 두 왕조의 문물과 제도를 거울로 삼았으니, 찬란하구나! 그 문채여. 나는 주나라의 문(文)을 따르고자 한다"[4] 라고 할 정도로 자신을 주(周)나라의 문화를 계승하고 발전시킬 사람으로 생각했기 때문에 문왕(文王)이 남긴 문화를 후대에 전할 사명을 하늘에서 위임받았다고 확신하고 있었던 것이다.

공자는 "심하도다. 나의 쇠약함이여! 오래되었도다. 내 다시는 꿈속에서 주공을 뵙지 못하였다"[5] 고 한 적이 있다. 청·장년기에는 꿈에서 자주 볼 정도로 주공은 공자의 이상적 인물이며 공자는 주공과

---

2) 子畏於匡 曰 文王旣沒 文不在茲乎 天之將喪斯文也 後死者 不得與於斯文也 天之未喪斯文也 匡人 其如予何 〈子罕 5〉

3) 五十而知天命 〈爲政 4〉

4) 子曰 周監於二代 郁郁乎文哉 吾從周 〈八佾 14〉

5) 子曰 甚矣 吾衰也 久矣 吾不復夢見周公 〈述而 5〉

같은 성인(聖人)정치가가 되어 주(周)문화를 부흥시키고자 명군(明君)을 찾아 14년간이나 주유천하하였던 것이다. 주공은 은(殷)나라를 멸망시키고 주(周)나라를 세운 무왕(武王)의 동생으로 주왕조의 기초를 열었으며 주례(周禮)의 제정자이고 주(周)문화를 창시한 사람으로 천명(天命)사상을 정립한 사람이다.

천명사상이란 하늘이 덕 있는 사람을 택해서 백성을 다스릴 명령을 내리는데, 임금이 덕을 잃고 백성을 도탄에 빠뜨리면 천명을 회수해 간다는 정치관이다.

이렇게 주공을 그리며 주문화의 후계자가 될 사명을 띠고 있었던 공자를 광인(匡人)이 천명을 거역하고 어떻게 할 것인가? 천명이 있는데 어떻게 하지 못한다는 것이다. 따라서 자신의 생사를 문화의 전승과 직결시키고, 하늘에 맡겼던 것이다. 예수의 "아버지, 아버지께서는 하시고자만 하시면 무엇이든 다 하실 수 있으시니 이 잔을 저에게서 거두어 주소서. 그러나 제 뜻대로 마시고 아버지의 뜻대로 하소서"(마태오 복음 26:39) 말씀 중 '아버지의 뜻대로 하소서'와 같은 뜻이 아닐까 한다.

그 스승에 그 제자이다. 어렵사리 위험을 넘긴 공자의 눈에 그가 제일 사랑하는 제자 안연(顔淵)이 보이지 않다가 나중에 도착하자 공자가 말씀하였다. "나는 네가 죽은 줄만 알았다." 안연이 말했다. "선생님께서 살아 계신데 제가 어찌 감히 죽을 수 있겠습니까?"[6]

공자의 말에는 사랑하는 제자에 대한 염려의 정이 넘치고 안연의 말에는 천명(天命)의 실천을 위해 진력하는 스승에 대한 믿음이 넘친다. 공자의 뜻을 도와 이 세상에 진리를 실천하는 것이 자신의 사명임을 자각하고 있던 안연은 스승을 두고 먼저 죽을 수 없다는 신념을

---

6) 子畏於匡 顔淵 後 子曰 吾以女爲死矣 曰 子在 回何敢死 〈先進 22〉

말씀드린 것이다. 스승과 제자가 서로의 무사함을 애틋하게 확인하는 한 폭의 그림으로 서로의 애정과 사랑이 철철 흘러넘친다.

## 충무공 이순신 장군의 사명감

역사상 큰 인물들은 제각기 사명(使命)을 띠고 세상에 살고 있다는 신념의 소유자들이 많은 것 같다. 필자는 《논어》의 이 장들을 읽으며 제일 먼저 임진왜란 때 조국을 구한 충무공 이순신 장군을 떠올렸다. 충무공이 백의종군하여 임지에 도착해 확인하니 그가 그렇게 공들여 만들었던 거북선은 물론이고 전선(戰船)조차 원균(元均)의 패전으로 침몰 또는 파괴되어 찾을 수가 없었다. 전라, 경상 전 해안을 뒤졌으나 겨우 낡은 배 12척이 고작이었다.

선조 임금조차 바다를 버리고 육지에서 싸우라는 교지를 내렸지만 충무공은 "신(臣)에게는 아직 12척의 배가 있습니다"라고 상계(上啓)를 올리고 그 배를 수리하여 싸워 대적(大敵)을 물리치고 순국하였다. '신에게는 아직 12척의 배가 있다'는 말에는 충무공의 자만(自慢)이 아니라 충무공 자신이 있는 한 왜적이 함부로 넘보지 못할 뿐 아니라 바다를 완전히 꿰뚫고 있어(一以貫之) 필생즉사(必生卽死) 필사즉생(必死卽生)의 각오로 싸워 적을 물리치고 나라를 구하겠다는 사명완수의 신념이 담겨 있는 것이다.

이때 '신에게는 아직 12척의 배가 있다'는 '하늘이 나에게 덕을 주셨으니(天生德於予)'와 '하늘이 이 문(文)을 없애려 하지 않으니(天之未喪斯文也)'와 같은 뜻이 될 것이다.

또한 부하들은 그때까지 19번 싸워서 모두 이긴 장군을 믿었고, 임금이 명령하고 심지어는 옥에 가두더라도 불리한 싸움에는 나가지 않았던 장군을 믿었던 것이다. 부하를 형제처럼 아끼는 장군의 마음을 믿었고, 대장선(大將船)이 언제나 제일 먼저 앞에서 진두지휘하며 위험을 감내했던 살신성인(殺身成仁)의 영혼을 믿었던 것이다.

하늘이 덕을 내린 사람을 하늘이 늘 보호한다면 얼마나 좋겠는가? 그러나 현실적으로는 그렇지 못한 경우가 많아 마음이 아프다. 안연(顔淵)조차 공자보다 일찍 죽어 공자를 슬프게 한 것은 고사하더라도, 자유당 독재정권 시 장기집권에 대한 정권교체의 희망이었던 야당 대통령후보 해공 신익희 선생과 그 4년 후의 유석 조병옥 박사의 급서(急逝)는 국민의 희망을 꺾고 절망 속에 좌절을 안겨 주는 민족사의 비운으로 남았으니 말이다.

제3장

# 정치사상

# 1. 덕치德治로 이상理想세계 실현

## 형벌주의 양심과 수치심 결여 초래

공자철학의 근본은 인(仁)의 실현에 의한 덕치주의로, 도덕정치이다. 통치자인 임금이나 정치에 참여하는 군자들이 인격을 완성하고 절대선(絶對善)인 하늘의 도리를 따라 솔선수범하여 덕을 세워야 한다. 동시에 백성을 사랑하는 인심(仁心)을 바탕으로 만백성을 잘살게 하는 인정(仁政)을 베풀어야 한다. 그러면 백성들도 교화되고 저마다 윤리도덕을 실천하고 착한 삶을 살게 된다.

공자가 말씀하였다. "정령으로써 이끌고 형벌로써 가지런히 하면 백성들이 형벌은 면할 수 있지만 수치심을 갖지는 않을 것이다. 그러나 덕(德)으로써 이끌고 예로써 가지런히 하면 사람들이 부끄러움이 있을 뿐 아니라 떳떳해진다."[1)]

일반적으로 유가와 법가의 정치철학적 입장을 대비시킨 만고의 명언으로 꼽히고 있다.

법가의 정치철학의 근본이념은 형벌주의이다. 덕치주의는 그것을 실행하는 과정에서 객관적 기준이 서지 않아 부적합하다는 것이다. 그래서 객관적 치세의 원칙, 즉 법(여기서의 법은 형법을 의미)으로

1) 子曰 道之以政 齊之以刑 民免而無恥 道之以德 齊之以禮 有恥且格 〈爲政 3〉

다스려야 한다는 것이다. 그렇지만 그 대표적인 것이 상앙(商鞅 ?~338BC)의 변법(變法)이 행해진 진나라의 스산하고 소름끼치는 타율적 법제적 질서에 의하여 유지되는 엄형주의이다. 법가적(法家的) 법의 개념은 형법에 의한, 형벌을 통한 강제와 통제인 것이다. 민권과 인권과는 전혀 무관한, 통치자의 통치권 강화와 권력유지를 위한 강압과 노역의 강제 및 형벌에 의한 억압인 것이다.

## 현대에도 형벌주의 통용

이것은 공자가 살던 시대에 국한되지 않는다. 오늘도 세상을 법으로 다스리는 치자들은 무서운 형법을 만들어 공포분위기를 만들고 겁을 주어 백성들이 법을 지키도록 강제한다. 법이 치자(治者)의 힘으로 군림할 때 "법 앞에 만인이 평등하다"(All man are equal before the law.)는 금언은 이미 금언이 아니고 거짓말이 되는 것이다.

우리도 과거 군사정권시대에는 헌법에 보장된 민주적 기본질서와 국민의 기본권은 헌법학자 뢰벤스타인(K. Löwenstein)의 구분대로 한낱 명목적(名目的) 내지는 가식적(假飾的) 조항에 불과하고, 예컨대 국가보안법은 빨갱이나 간첩 잡는 법이 아니라 인혁당사건 등에서 보는 바와 같이 민주화운동을 하는 시대정신이 투철한 엘리트나 반체제운동을 하는 지도자들을 규제하기 위한 법이었다. 어떤 때는 이것도 부족하여 헌법을 정지시키고 긴급조치법을 발동하여 국민들의 손과 발을 꽁꽁 묶어놓고 입을 틀어막기까지 하였던 것이다.

이렇게 치자(治者)가 백성들의 동의 없이 힘에 의해 정권을 잡고 유지할 때는, 정권유지를 위해서 백성들에게 무언가 자꾸 보여주어야 정권유지가 가능하기 때문에 수단방법을 가리지 않게 된다. 이렇게 되면 무리가 축적되게 되고 그럴수록 백성들의 저항은 더 확대되어 사회는 뒤범벅이 되며 상하 불문하고 타락하고 썩게 된다. 이렇게 되면 죄를 범하고 쇠고랑을 차게 되어도 부끄러워하기는커녕 오히려 큰 소리를 치고 재수가 없어서 걸렸다고 생각하면서 만면에 미소를 짓고 어깨에 별을 하나 더 달게 되었다고 자랑까지 하게 된다. 이런 꼴을 보게 되면 공자의 말씀이 피부에 와 닿지 않을 수가 없는 것이다.

심지어는 군사독재를 이어받은 후예(後裔) 정치지도자들이, 그것도 나라를 경영하는 고위급 정당간부들이 차떼기로 돈을 받았다가 걸리고 나서도 정말 마음속 깊이 자성하면서 할복자결은 못하더라도 통렬한 자기반성을 하는 것을 못 보았으니 부끄러움을 모르는 동물세계, 야만사회가 되고만 것이다.

## 인간만이 갖는 부끄러움

부끄러움은 인간만이 갖는다. 동물에게는 부끄러움이 없다. 부끄러움 때문에 인간이 만물의 영장이 될 수 있는 것이고 금수(禽獸)와는 구별되는 숭고한 인간성을 갖는 것이다. 또한 부끄러움이 있기에 인간관계는 아름다워질 수 있는 것이고 영속할 수 있는 것이다. 따라서 부끄러움이 없어지면 인간성은 고갈되고 양심은 마비되어 동물 이하의 아귀(餓鬼)의 존재로 전락해버리고 사회는 붕괴되어 끝장나버리는 볼 장 다본 사회가 되어버리는 것이다. 속어에 '염통에 털 났다'는 말이 있다. 염통에 털이 나고 양심은 저당 잡힌 사회는 이미 인간사회가 아니고 동물세계인 것이다.

이렇게 공자가 '양심과 수치심의 결여'를 가져올 법가(法家)적 맹점을 지적한 점은 시대를 초월한 사상으로서 높이 평가되어야 할 것이다. 그러므로 정치는 인간의 착한 본성, 즉 도덕성을 계발하고 덕치(德治)와 예치(禮治)로써 양심이 넘치고 격을 높이는 사회를 만들어

가야 한다.

## 현대의 법치주의와 법가의 사상은 상반

또 이 장은 유가와 법가의 쟁론(爭論)보다는 오히려 계급통치의 주(周)문화에 대한 반항과 반전에 초점을 맞추는 것이 타당할 것 같다. 이와 같은 관점은 중국의 왕방숭(王邦雄) 교수가 대표적이다. 왜냐하면 이 말씀을 한 2,500년 전과 지금은 너무나 거리가 있고, 문맥으로 보아 법치를 부정하거나 무시하는 것이 아니고, 법치만을 목적으로 하거나 법치만으로 끝나지 않고 덕치로 올라가야 한다는 뜻을 내포하고 있기 때문이다. 특히 이 말씀은 정치를 도덕 층차(層差)로 한 단계 높이 끌어올리는 데 목적이 있다고 하겠다. 따라서 유가의 정치관과 법가의 사상은 물론이고 현대의 법치주의 관념은 서로 달라도 아주 다른 것이다.

법치주의란 법 우위의 원칙에 따라 모든 국가작용을 법 규범에 따르게 함으로써 국민의 자유와 권리를 보장하려는 원리를 의미한다. 법치주의는 국민의 자유와 권리를 실현하기 위한 원리이며, 이를 위해서 국가의 조직이나 기능이 견제와 균형의 원리(권력분립)에 따라 행하여질 것을 제도적 기초로 한다. 동시에 국가작용의 절차적 요건〔명확성, 가측(可測)성, 안정성 등 불확정·다의적 개념배제〕의 충족을 요구하는 것으로 법가의 사상과는 완전히 다른 것이다.

## 덕치로 천하 만민 교화

그러면 2,500년 전으로 거슬러 올라가면 그때 상황은 어떠했는가? 당시는 난신적자(亂臣賊子)들이 판을 치고 제후들이 모두 패자(覇者)

가 되려고 혈안이 되어 있을 때이다. 천자와 제후 그리고 경대부(卿大夫) 및 사(士)는 귀족으로 세습되었고, 일반서민은 평민이었다. 예(禮)는 아래로 서민들에까지는 미치지 않았고, 형벌은 위로 대부까지는 무관한 사항이었다. 본래 주공의 예악(禮樂)은 귀족의 생활에 입각한 것이었다.

"정령으로써 백성을 이끌고 형벌로써 질서를 가지런히 한다"는 예(禮)의 문화가 서민에게까지는 미치지 않았음을 의미한다. 이러한 치도(治道)는 일반 평민은 가혹하고 무거운 법령과 형벌의 통치를 받았다는 말이다. 반대로 "덕으로써 백성을 이끌고 예로써 질서를 가지런히 한다"는 예의 문화가 일반평민에게까지 미치고 예악의 덕화(德化)로써 백성을 교화하는 치도(治道) 문화이다.

공자가 "찬란하구나! 그 문채여. 나는 주나라를 따르겠다"라고 하여 공자가 따르고자 한 주대의 문화는 인문이 풍부한 시서예악(詩書禮樂)에 한정되는 것으로 이것을 일반평민의 생활에 파급시켜 규범화하고자 한 것이다.

공자는 주(周)대의 문화를 부흥시키려고 하였지만 종법제도의 봉건정신과 신분세습의 귀족제도가 아닌 천하 만민이 보편적으로 갖추고 있는 인심(仁心)을 근거로 예악을 정립하려 하였다. 평민도 예악의 문화를 향유할 수 있게 하려는 것으로 종국에는 도덕정치로써 백성들을 착하게 영도하고 교화하여 이상세계(理想世界)를 창건하려고 한 것이다.

그래서 "정치를 덕(德)으로써 하면 마치 북극성이 제자리에 있으되 여러 별들이 공수(拱手)하고 따르는 것과 같으니라"[2]라고 하여, 덕정(德政)을 펴면 카리스마가 생겨 그 덕정의 후광으로 지도자에게 백

2) 子曰 爲政以德 譬如北辰 居其所 而衆星共之 〈爲政 1〉

성들이 스스로 모여들고 따르게 되는 것이다.

덕은 선(善)을 행할 수 있는 도덕적 능력이기 때문이다. 덕은 사람을 경복(敬服)시킬 수 있는 힘인 것이다. 그래서 덕이 있는 사람 앞에는 저절로 고개가 수그러지고 자기도 모르게 공수(拱手)하게 되는 것이다. 이렇게 덕은 힘이고, 탁월성이며, 권위이기 때문에 후광을 발하는 것이다.

덕(德)은 영어로 virtue이며 라틴어 virtus에서 유래하였다고 하는데 그 뜻은 씩씩한 것, 남자다운 것을 의미한다. 그리스어로는 아레테(*arete*)라고 한다. 이 말은 원래 전투에 나서서 탁월함을 보여 주고 말과 행동에는 고상함이 있는 어떤 인간적 특성을 가리키는 호머적인 미덕(*homeric virtue*)이었다고 한다.

이렇게 덕은 동서양 공히 바로 힘이며 능력이다. 그러나 그것은 반드시 사람과 관련되어야 한다. 사람이 살아나가는 데 꼭 필요한 모든 훌륭한 성능이 덕인 것이다. 능력이 탁월하고 우수하면 덕이 많은 것이며 정치를 덕으로 하면 그 덕의 후광(後光)으로 백성들이 감동, 감화하여 치자의 품에 안기게 되는 것이다.

## 2. 덕치의 결과

### 나라 안의 사람들을 기쁘게 하고 밖의 사람들을 귀의하게 하라

세계적인 명언들은 모두 한결같이 간명하고 함축적인 언어로 구성되어 있다. 예컨대 예수의 '이웃을 사랑하라'라든가, 소크라테스의 '네 자신을 알라'든가, 데카르트의 '나는 생각한다. 고로 존재한다' 등 모두가 단문이며 함의(含意)적이다. 이것이 산문으로, 설명조로 되어 있으면 명언이 될 수도 없고 수천 년간 인구에 회자될 수도 없었을 것이다. 《논어》는 죽간(竹簡)에 기록된 문장이라 구조적으로 함의적이며 단문일 수밖에 없다하더라도 특히 다음 대화에서 공자가 밝힌 정치에 대한 언급은 더욱 그렇다.

섭공[1]이 정치에 대해 묻자 공자가 말씀하였다. "나라 안의 사람들을 기쁘고 행복하게 하고, 나라 밖의 사람들이 덕을 따라 귀의하게 해야 합니다."[2]

어떻게 이렇게 단지 여섯 글자〔近者說 遠者來〕만으로 정치의 요체를 표현할 수 있을까? 동서고금을 불문하고 정치가 백성들을 기쁘고

---

1) 초나라의 대부로 섭(葉)땅을 채읍(采邑)으로 가지고 있다가 섭공을 참칭(僭稱)하고 초나라에서 이탈하여 작은 나라인 섭나라를 세웠다. 본명은 심제량(沈諸梁)이고, 자는 자고(子高)이다. 명망 있는 사람이었다고 한다.

2) 葉公 問政 子曰 近者說 遠者來 〈子路 16〉

행복하게 해주고 그 덕치로 다른 지역 또는 다른 나라의 주민이나 백성들이 그 덕을 따라 귀의하게 되면 백 퍼센트 이상정치의 실현이며 국태민안의 완성인 것이다.

인구는 어제나 오늘이나 나라를 구성하는 기본요소 중의 하나이다. 현대는 1인당 GNP는 낮은데 인구가 너무 많아 골치를 썩는 나라도 있는 것이 사실이지만 전 세계적으로 인구가 많은 것은 국력이 된다. 우리나라도 경제개발 5개년계획이 시작된 1960년대부터 80년대 초까지만 하여도 생활이 그리 넉넉지 못하고 어렵게 살 때라 가족계획에다 인구억제책을 썼지만 지금은 출산율 저하로 인구가 줄어 인구를 어떻게 늘리느냐가 국가적 주요정책과제다.

공자가 살던 시대는 농경사회였기 때문에 인구가 많으면 농업생산이 그만큼 증가하기 때문에 인구증가는 정책의 주력 부문에 속하였다. 더욱이 제후국마다 서로 패권을 다투던 춘추시대라 일반 백성이 군역도 담당하여 국방력도 인구의 증가에 따라 증진되는 사회였다. 그 후 전국시대에 이르러서는 인구가 전력수행의 기본이 되었으므로 더하였던 것이다.

공자시대는 약 2,500년 전이므로 어떻게 외국에서 다른 나라로 귀의(歸依)할 수 있을까 의아하게 생각할 수 있으나, 중국대륙 전체는 힘이 없고 명목뿐이었지만 주(周)나라에 속해 있었고 그 밑에 수많은 제후국이 서로 패권을 다툴 때였다. 예를 들어 공자가 태어난 노나라가 정치를 잘하여 백성이 행복을 누리면 제나라나 위나라 등 다른 나라 백성들이 귀의하게 되는 것을 가리키는 것이다.

## 원근의 사람들이 자발적으로 귀의토록 하는 것이 정치

공자는 원근에 있는 사람들이 자발적으로 기꺼이 귀의토록 만드는 것이 정치라고 하였다. 이는 단순히 물질적인 복지만으로 이룰 수 있는 것은 아니다. 반드시 정신적 행복과 물질적 만족이 모두 충족돼야 하며 자발적으로 이루어지는 것이지 강제한다고 되는 것이 아니다. 이것이 이루어지면 주민이 자꾸 늘어나는 것이다. 주민(*inhabitant*)이란 원래 '관습(habit) 속으로 들어가는(in) 사람(-ant)'를 말한다. 관습 자체가 편안하고 행복한 것으로 이루어질 때 주민은 점점 늘어나는 것이다.

일본의 시즈오카현(靜岡縣) 가케가와시(卦川市)의 신무라 준이치(榛村純一) 시장은 주민을 '선택주민'과 '숙명주민'으로 구분한다. 선택주민이란 자신이 살고 있는 지역에 긍지를 가지고 있기 때문에 다른 곳으로 이주할 수 있는 능력이 있어도 스스로 그곳에 살기를 원하는 사람이다. 숙명주민이란 자신이 살고 있는 지역에 살기 싫으면서도 어쩔 수 없어서 죽지 못하여 그곳에서 살고 있는 사람이다.

선택주민이 많으면 많을수록 그 지역은 활기가 넘치고 발전하는 것이며, 숙명주민이 많으면 그 지역은 가망이 없는 것이다. 이런 사람들은 근자열(近者說)하는 지역이나 나라, 즉 선택주민이 많은 곳으로 살러 가는 것이며 거기 가서 선택주민으로 편안하게 행복을 누리는 것이다.

## 지도자가 덕으로 다스릴 때 백성들 감화

당시는 인터넷은 말할 것도 없고 TV나 라디오 또는 신문 등 매체들도 없는 데다가 교통수단도 원시적 수준이었지만, 어느 나라가 덕치(德治)와 예치(禮治)로써 다스려지고 백성들이 희망을 가지고 편안하고 행복하게 산다는 소문은 입에서 입을 통하여 전파되었다. 발 없는 말이 천리 가는 것 아닌가?

그러나 이 장 내용만으로는 너무 추상적이어서 무엇을 말하는지 불분명하다. 〈자로〉편 4장에서 보다 구체적으로 밝혀진다. "윗사람이 예를 좋아하면 백성들도 경건하지 않을 리 없고, 윗사람이 도의를 잘 지키면 백성들도 복종하지 않을 리 없고, 윗사람이 신의를 잘 지키면 백성들도 성실하지 않을 리 없다. 이렇게 되면 사방에 있는 이웃나라 백성들이 제 자식을 포대기에 싸 업고 찾아올 것이다. 이렇게 덕으로 다스리면 된다."3)

예(禮)와 의(義)와 신(信)은 덕(德)의 구성요소이다. 이렇게 치자가 덕풍(德風)으로 백성들을 교화하면, 백성들은 감화되기 마련인 것이다. 윗사람 즉 치자가 애경(愛敬)으로 정치를 하고 예로써 백성들을 대하면 백성들은 공경하지 않을 수 없다. 윗사람이 의롭고 바르게 다스리는데 정명(正名)이 실현되지 않을 수 없다.

또한 윗사람이 언행이 일치하고 신의가 있으면 백성들이 서고(民立) 나라가 서서(國立) 모든 정책들이 본궤도로 실현되지 않을 수가 없는 것이다. 이렇게 되면 모든 백성들이 도(道)에 따라 바르게 살고, 예(禮)를 따라 근면절약하고, 도의와 사회정의를 지키고, 서로 사랑하고 신의를 지키며, 희망 속에서 편안한 생활을 하면서 행복감에 충만할 것이다.

선정을 베풀어 백성의 편안함이 이루어지고 행복이 구현되면 아무리 교통과 통신이 발달되지 않은 공자의 시대라 하더라도 사방에 있

---

3) 上 好禮則民莫敢不敬 上 好義則民莫敢不服 上 好信則民莫敢不用情 夫如是 則四方之民 襁負其子而至矣 〈子路 4〉

는 인접국가에서 백성들이 그것을 알게 되어 '그 나라의 인정과 덕치를 흠모하고' 자식을 등에 업고 달려올 것이다.

## 덕치의 결과는 백성들의 행복

덕치(德治)의 결과에 의해 백성들의 행복이 구현되면 타국의 백성조차 그 치하에 살기를 희망하여 포대기로 아이를 싸서 업고 달려오는 것이다. 덕치여부의 판단은 백성들에 달려 있다. 아무리 치자가 강제한다고 백성들이 행복해지는 것도 아니고 칭송하는 것도 아니다. 오직 백성들이 자발적으로 참여하여 발산하고 표현함으로써 그럴 수 있다. 더구나 타국에까지 알려지려면 그 덕치가 국내 전체에 충만하지 않고는 어렵다는 것을 생각할 때 지선(至善)과 지덕(至德)에 의한 덕정이 베풀어지는 상태일 것이다.

우리는 6·25 전쟁 때 아이를 업고서 피난길을 가는 것을 실제로 경험하였기 때문에 그 장면을 연상해 볼 수 있다. 일이십 리를 가는 것도 아니고 수백 리를, 살던 나라의 통제선을 생명을 내놓고 탈출하는 북한의 탈북자들과 같이, 더구나 아이를 업고 가는 길이라 살림살이도 거의 버리고 홀몸으로 선정(善政)이 이루어지는 군자가 다스리는 나라를 찾아가는 것이다. 통제선만 안전하게 벗어나면 그들에게는 희망과 꿈이 넘치는 것이다. 젖과 꿀이 넘치는 땅으로의 행진인 것이다. 덕치의 결과는 이렇게 군자가 다스리는 대동(大同)사회인 것이다.

## 아메리칸 드림의 실종

한때 미국은 자유와 평등이 보장된 민주주의 국가로, 누구나 사람대접을 받는 나라로, 맨해튼의 자유의 여신상의 상징처럼 전 세계인의 이상향으로 비춰져 많은 사람들이 아메리칸 드림(*American Dream*)을 찾아 미국으로 몰려들었으며 꿈을 이루고 자기실현을 할 수 있었다. 그러나 근래에 와서 이라크의 침공 등 패권정치와 힘에 의한 정치, 각종 범죄의 난무, 마약 등의 범람, 심지어는 빈 라덴 등이 중심이 된 세계 테러집단들의 공격대상이 되면서 세계인의 꿈이 사라지고 있는 것은 안타까운 일이다.

## 새터민 사랑으로 감싸야

새터민들은 공자의 말씀 '먼 곳에 있는 사람들이 찾아오게 해야 한다'(遠者來)의 전형이다. 이들은 북에서 압제와 식량난으로 배를 곯며 살다가 가족 중 한두 사람이라도 살아야 한다는 절박감 속에서 사랑하는 가족과 떨어져 목숨 내놓고 압록강, 두만강을 건너 중국, 몽골, 태국 등을 전전하다가 자유대한의 품에 안긴 탈북자들이다. 하나밖에 없는 생명을 내놓고 한국을 찾아온 사람들이고 한국에 도착할 때까지 사선을 수십 번씩 넘으며 가시밭길을 걸어온 사람들이다. 이들이 현재 1만 6천 명이 넘었다고 하며 2009년 말이면 2만 명이 넘을 것이라고 한다.

그런데 이들이 남한사회에 대한 이해와 적응부족, 남한사회의 편견 등으로 대부분이 최하층에서 어려움을 겪고 있는 것이 현실이다. 특히 평생을 사회주의체제에서만 살아왔기 때문에 적응이 여간 어렵지 않고 힘든 일을 하기 싫어하여 뜻있는 기업가들도 고용을 꺼린다고 한다.

국가는 새터민들이 생명 내놓고 자유 찾아 조국에 안겼다는 점을 인식하여 기쁨에 넘쳐 살도록 해 주어야 한다. 대북관계 때문에 직접적인 지원이 곤란하면 간접적이라도 터를 잡을 때까지 지원하고 자치단체도 체계적으로 이들을 돌보아 한국에 안긴 것이 잘한 것이라는 것을 스스로 느끼도록 해야 한다.

탈북자들에 대한 관심과 지원은 사회 안정과 민족번영을 위하여 아주 중요하며, 이들이 우리체제에 잘 적응하고 훌륭한 사회구성원으로 자리 잡는다면 이는 반드시 이북에 남아있는 그들의 가족이나 이웃에게 알려질 것이며, 한국이 북한동포들에게 동경(憧憬)의 대상이 되는데 결정적으로 작용할 것이다. 또한 앞으로 맞이하게 될 통일시대에 그들은 남과 북의 간극(間隙)을 메워주는 매개자로서 더할 나위 없는 소임을 다할 것이다. 우리가 하기에 따라서 양면적 극한의 가능성을 모두 지니고 있는 새터민들에게 그들의 꿈이 실현되도록 지원하고 전 국민이 관심과 사랑을 기울여야 할 것이다.

## 외국인 근로자에 대한 대책

요즈음 동남아를 비롯하여 중국의 조선족과 중국인들까지, '근자열'(近者說) 하지도 않은 우리나라에 일자리를 찾아 합법적 입국을 하는 근로자뿐만 아니라 생명을 내놓고 밀입국하는 사람도 늘어나고 있는 실정이다. 우리나라 사람들이 3D업종을 기피하는 경향이 있으므로 이들을 잘만 활용하면 우리의 취약점을 보완하면서 아시아인의 협력에 의한 친한(親韓)세력을 키우고 한류를 확대하는 일거양득이 될 터이다. 그런데 현실은 그렇지 못하다. 필자는 여수 불법체류자 보호소의 화재로 9명의 생명이 한줌의 재로 변하고 18명이 부상을 당하는 것을 보고 이 나라가 이래도 되는 것인가, 벌을 받지 않을까 겁이 났다. 코리안 드림은 고사하고 혐한(嫌韓) 인사만 자꾸 양성하고 있는 꼴이 아닌가?

40만 명에 달하는 외국인 근로자는 이미 한국사회의 일원이며 '3D 업종'이나 영세사업장을 돌아가게 하는, 우리 산업의 한 축을 지탱하는 주요 구성원들이다. 그런데도 언제부터 우리가 그렇게 잘살았다고, 그들은 못 사는 나라에서 온 이방인이라고 해서 멸시와 천대 속에서 노동착취, 임금체불, 재해 다반사, 폭력과 성적 희롱에 속수무책으로 노출돼 있다. 특히 불법체류자의 경우, 그 약점을 이용한 악덕고용주의 착취와 학대가 극에 달하여 이들이 피눈물을 쏟는다고 한다. 인권의 사각지대에서 허덕이는 이들에 대한 정부 차원의 대책을 시급히 촉구한다.

이들 중 본국으로 돌아간 사람들은 한국과 한국인에 대하여 이를 갈고 증오한다고 한다. 정부가 지금이라도 대책을 강구하고 글로벌 스탠더드에 따른 노동권과 인권을 인정해 우리도 그들 외국인 근로자도 똑같이 인간의 존엄성을 지닌 소중한 사람이라는 인식을 가져야 하겠다.

동시에 정부는 시급히 규제를 철폐하여 한국에 투자하려는 기업들이 규제에 묶여 투자선을 중국이나 인도에 빼앗기는 일이 없도록 하여 말로만의 선진국이 아니라 실제로 만민을 사랑하는 선진국이 되도록 하여야 하지 않겠는가? 그렇게 하여 우리나라가 기업들이 '원자래'(遠者來) 하고 사방에서 백성들이 포대기로 아이를 업고 달려오는 나라가 되었으면 좋겠다.

# 3. 정치의 방법

## 공자사상의 2가지 특이점

공자의 가르침에는 다른 성인들의 교훈에서는 발견되지 않는, 적어도 반드시 강조되지는 않는 두 가지 특수한 면이 있는 것이 특징이다. 그 하나는 정치를 중요시한 점인데 수기치인(修己治人), 추기급인(推己及人)으로 안백성(安百姓)하여, 치평을 이룩하는 것을 최고의 이상으로 삼았다. 정치는 인간 선의에 대한 신뢰의 표현으로 사람을 사랑하고 인(仁)을 펴기 위한 방편이라고 보았기 때문이다.

공자가 말하는 정치란 제도의 효율성에 관한 것이 아니라 인간을 인간답게 만드는 인간성의 회복에 그 궁극적 목적이 있는 것이다. 그에게 정치는 곧 인간을 인간답게 만드는 인간의 신뢰요, 인간의 해방이요, 인간의 사랑으로 그것은 곧 인(仁)의 길이요, 인의 실현이었기 때문이다.

둘째는 학문과 지식을 중시한 점인데, 《논어》 첫 장의 첫 자가 '學'으로 시작하여 마지막 장 마지막 자가 '知人'으로 끝날 정도로 인간 선의에 대한 신뢰나 사랑은 학지(學知)가 전제되지 않을 때는 존재 자체가 불가능하고 '학지'가 뒷받침이 되어야 완성된다고 보았다.

## 정치는 백성을 편안하게 하는 것

공자사상은 수기(修己)로부터 시작되지만 수기만으로는 아무 의미가 없다. 그것이 안인(安人) 또는 안백성(安百姓)으로 연결되어야 의미가 있는 것이다. 공자가 말씀하였다. "한 나라를 다스림에 있어서는, 일을 공경히 하고 신의가 있어야 하며, 쓰는 것을 절약하고 백성을 사랑해야 하며, 백성을 부림에 있어서는 철에 맞게 해야 한다."[1]

인간에 대한 신뢰와 사랑을 베푸는 방법은 여러 가지가 있겠지만 되도록 많은 사람들에게 영향을 미치는 데 정치는 확실히 최고의 방법 중의 하나다. 사회과학을 전공한 나로서는 이 점에 전적으로 동의한다. 케네디(J. F. Kennedy)가 "결단의 위치에 있기 위해 대통령이 되려고 한다"라고 말한 것처럼 정치가는 결단의 순간, 외롭고 고독하지만 제대로 했을 경우 전 국민이 행복하고 전 인류가 평화로울 수 있는 것이다. 이처럼 정치의 영향은 핵폭탄보다도 더 큰 것이다.

백성을 나라의 근본이라고 하여 민본주의사상을 근간으로 하는 공자는 수기치인(修己治人)하고 수기안인(修己安人)하며 수기안백성(修己安百姓)하는 것을 정치의 목표로 삼고 이상으로 여겼다. 이러한 목표를 달성하기 위해서는 백성들이 모두가 편안하게 살 수 있도록 '백성을 길러야'(養民)하고 궁극적으로는 모두가 인간답게 살 수 있도록 '백성을 가르치는 것'(敎民)에 정책의 초점을 맞추어야 하는 것이 공자의 생각이다.

이렇게 백성들이 편안하게 살 수 있도록 양민의 방법이 제시된 것이 이 장이 아닌가 한다. 여기에 제시된 나라 다스리는 방법은 첫째, 일을 경건하게 하는 것, 둘째, 믿음, 셋째, 쓰는 것을 절약하는 것,

---

1) 子曰 道千乘之國 敬事而信 節用而愛人 使民以時 〈學而 5〉

넷째, 사람을 사랑하는 것, 다섯째, 백성 부리기를 때에 맞게 하는 것이다. 진대제(陳大齊)는 이 중 '사람을 사랑하는 일'은 시정의 근본원칙이고 그 밖의 네 가지 일은 모두 이 근본원칙으로부터 생겨났다고 본다.

## 재정절약과 감세의 실현

첫째, 재정절약과 감세의 실현으로 백성을 사랑하는 것이다. 공자는 국가의 재정을 절약하여 백성을 사랑하라고 하였다. 재정을 절약하면 세금을 줄일 수 있고, 세금을 줄이는 것은 곧 백성을 사랑하는 것이다. 그래서 동서양 어느 나라든 선거에 세금을 줄이는 것이 공약으로 등장하고 유권자는 이를 선택한다.

그런데 참여정부 노무현 대통령의 '왕의 남자'에 해당하는 어떤 인사는 '세금폭탄'으로 국민을 때려잡겠다고 공언을 했으니 그 정권이 비극적으로 끝나지 않을 수 없었던 것이다. 또한 MB정부는 이른바 강부자에 의하여 내각이 구성된 데다가 부자와 재벌들만을 위한 감세만 하니 백성이 아니라 부자들만을 사랑하는 정부가 아니겠는가?

〈공자세가〉에는 "정치란 재화의 쓰임새를 절도 있게 하는 데 있다"(政在節財)라는 말이 나온다. 〈공자세가〉의 '절재'(節財)와 이 장의 '절용'(節用)은 같은 뜻이다. 예나 지금이나 재정을 절약하여 재정적자를 줄이고 대외부채를 줄이는 것이 정부의 할 일이다. 2006년 우리나라의 국가채무가 무려 290조 원이나 되고 이자부담액만도 매년 13조 원이라니 그저 입이 벌어질 뿐이다. 필요한 곳에만 써 세금을 줄일수록 민중은 곧 간접적으로 부담이 줄어들고 이득이 될 수 있는 것이다.

## 지도자는 백성들과 함께 풍족하고 아픔은 같이 해야

《논어》에는 세금을 줄여주는 것과 관련하여 공자의 제자 유약과 노애공(魯哀公)의 대화가 있다. 애공이 유약(有若)에게 물었다. "흉년이 들어 비용이 부족하니 어찌하면 좋겠는가?" 유약이 대답했다. "어찌하여 십분의 일을 받는 '철'(徹)[2]을 시행하지 않으십니까?" 애공이 말했다. "십분의 이도 나는 오히려 부족한데 어찌 십분의 일을 받는 철을 시행한단 말인가?" 유약이 대답했다. "백성이 넉넉하면 어찌 임금께서 넉넉하지 않을 것이며, 백성이 넉넉하지 못한데 임금께서 어찌 넉넉하시겠습니까?"[3]

예산을 아껴 쓰면 세금을 적게 거두어도 되고, 그 결과 백성이 풍족한 삶을 누리면 임금도 풍족해진다는 것이 《논어》의 지론이다.

특히 '백성이 풍족하면 임금은 누구와 더불어 부족하겠는가? 백성이 부족하면 임금은 누구와 함께 풍족하겠는가?'는 만고의 명언이다. 백성이 풍족하다는 것은 나라가 부강하고 풍요롭다는 이야기인데 임금이나 대통령 또는 위정자들이 부족할 수가 없는 것이다. 그래서 위정자 혼자 부족할 리 없는데, 누구하고 함께 부족하겠는가한 것이다.

그리고 백성이 부족하면 나라가 가난하다는 말인데, 가난한 국가에서 백성들이 굶주리고 죽어가고 있는데 위정자만 혼자 배부를 수가 있는가? 그리고 그것이 지도자인가?

2006년 퇴임한 리카르도 라고스 칠레 대통령은 스스로 진보주의를 표방한 인물이지만 "집안 살림을 잘해 성장의 과실이 모두에게 골고루 돌아가도록 하는 것은 진보와 보수의 문제가 아니다"라고 늘 말하

---

2) 철(徹) : 주대(周代)의 조세법으로 10분의 1을 거두는 세법.

3) 哀公 問於有若曰 年饑用不足 如之何 有若 對曰 盍徹乎 曰 二 吾猶不足 如之何其徹也 對曰 百姓 足 君孰與不足 百姓 不足 君孰與足 〈顔淵 9〉

면서 일하는 복지를 추구하였다. 특히 여성의 일자리 확대에 온 힘을 기울였다. 그 결과 임기 말 국민 지지율이 70퍼센트를 넘었고 빈곤율은 10년 사이 39퍼센트에서 18퍼센트 떨어트리는 공적을 올렸지만 항상 자기의 모자람과 부족함을 걱정하였다. 정말 참 지도자상을 본다.

반면 백성들이 매년 수백 명씩 굶어죽고 피골이 상접하여 목숨 내놓고 살 길을 찾아 탈북하는 사람들이 수만 명에 이르는데도, 북한의 김정일은 이른바 인민군 창건 75주년을 맞아 48기의 미사일까지 동원한 열병식을 통해 북한이 군사 강국임을 과시했지만 그것이 무슨 의미가 있는가? 핵을 보유하였으면 무엇하고, 미사일을 과시하면 무슨 소용이 있는가? 백성들이 굶주리고 죽어가고 있는데 말이다. 북한 동포가 불쌍하고, 이래도 김정일은 천벌을 받지 않으니 야속할 뿐이다.

## 정심과 성의를 가지고 국정에 정성을 다해야

둘째, 나랏일을 삼가고 공경해 정성을 다해 처리함으로써 백성들로부터 신뢰를 받아야 한다. 정심(正心)과 성의를 가지고 국사를 처리해야 한다. 임금을 섬기는 데는 먼저 자기의 직책을 성심껏 수행하고, 녹(祿)은 뒤로 하여야 한다.[4] 임금은 오늘날의 나라로 보면 된다. 또는 대통령이나 장관이라도 좋다. 나랏일을 정성을 다해 처리하되 정책에 일관성이 있어 백성들이 정부를 믿도록 해야 한다. 신뢰를 잃으면 정부의 존립기반 자체가 흔들리게 된다.

믿어야 세울 수가 있는 것이다. 민심이 떠난 정부에는 군대가 있어도 힘을 쓸 수 없다. 정치를 못 믿고 이웃을 못 믿는 사회는 미래가

4) 子曰 事君 敬其事而後其食 〈衛靈公 37〉

없다. 정치를 한다는 것은 신뢰하게 만든다는 것이다. 그래서 공자는 "백성의 믿음이 없다면 국가는 존립할 수 없다"[5] 고 했다. 국가를 장구하게 번영, 발전시키려면 백성의 믿음을 얻어야 하고, 백성의 믿음을 얻기 위해서는 백성을 편안히 살 수 있게 해야 한다.

## 백성을 의義와 예禮에 맞게 부려야

셋째, 백성을 때에 맞게 부려야 한다. 백성을 때에 맞게 부린다는 것은 부역이나 전쟁을 위해 백성을 동원할 때, 농한기를 이용하라는 말이다. 농번기에 전쟁을 일으키면 그것은 이겼다고 하더라도 진 것과 마찬가지인 것이다. 왜냐하면 농사를 못 지으니 농사를 망치게 되고 결국 백성들은 굶주리게 되며 국고는 텅 비게 되기 때문이다. 당시는 춘추시대로 제후국 간에 서로 패권을 다투던 시기여서 잦은 전쟁에 백성들을 수시로 동원함으로써 민생이 힘겨웠기에 이런 가르침이 나오지 않았나한다.

오늘날에도 민방위 소집훈련을 편리한 시간과 장소에서 할 수 있도록 탄력적으로 그리고 선택적으로 받을 수 있도록 해야 할 것이다.

공자는 더 나아가 백성을 부리되 의(義)에 맞고 예(禮)에 맞아야 한다고 강조하였다. 즉 자산(子產)[6] 을 평하여 "군자의 도가 네 가지 있으니 … 백성을 부리는 것이 의롭다"[7] 라든가, "윗사람이 의를 좋아하면 백성들은 감히 복종하지 아니함이 없다"[8] 라든가, "윗사람이 예

---

5) 民無信 不立 〈顏淵 7〉

6) 자산(子產) : 정(鄭) 나라의 대부, 성은 공손(公孫), 이름은 교(僑)이며 자산은 자이다.

7) 子謂子產 有君子之道四焉… 其使民也義 〈公冶長 15〉

8) 上 好義則民莫敢不服 〈子路 4〉

를 좋아하면 백성들은 부리기 쉽다",[9] 또는 "백성들에게 일을 시킬 때는 큰 제사를 받들 듯이 해야 한다"[10]가 그것이다.

이렇게 백성을 부리는 것은 백성들에게 부담이 되기 때문에 그것을 경감하기 위해서 여러 조건을 붙인 것이며 이는 함부로 백성을 부리지 못하게 하기 위함이라고 본다.

## 인人과 민民은 다른가?

이 장의 '절용이애인'(節用而愛人)과 '사민이시'(使民以時)에서 인(人)과 민(民)의 구분은, 인은 김용옥 교수의 견해대로 노나라 도성(都城)내의 사(士) 이상의 사람들을 가리키고, 민은 도성 밖의 서인(庶人)으로 보는 것이 무난할 같다. 중국의 조기빈(趙紀彬)은 《논어신탐》에서 맑스주의적 입장에서 인을 노예소유계급, 민을 노예계급으로 보고 있으나 지나치고 무리한 견해로 보인다.

이러한 관점에서 인(仁)이나 덕(德)같은 《논어》의 기본적 가치가 노예소유계급, 즉 귀족인 인계급(人階級) 내부의 협소한 가치라는 비판은 오늘의 가치와 언어로 읽으려는 데서 파생하는 오류이며 시제(時制)에 문제가 있다고 본다. 과거의 사상을 비판할 경우 기본적으로 당시의 가치와 당시의 언어로 읽어야 하는 것은 기본이다.

사실 서양 민주정의 뿌리가 된 고대 그리스의 민주정은 수많은 노예가 존재했고 이방인을 시민과 엄격히 분리하는 결함을 지닌 극히 불완전한 것이었다. 플라톤과 아리스토텔레스는 이러한 상황을 용인했지만 공자는 그렇지 않았다. 그는 교육은 물론이고 신분에서도 그

---

9) 子曰 上 好禮則民易使也 〈憲問 44〉
10) 使民如承大祭 〈顔淵 2〉

어떤 차별도 용인치 않았다. 그는 노비에 관해서 전혀 언급하지 않았는데도 민(民)을 노예계급으로 해석하는 것은 과도한 논리의 비약이다.

정치의 목표는 다름 아닌 백성의 행복이다. '경사이신(敬事而信), 절용애인(節用愛人), 사민이시(使民而時)'를 '3사'(三事)라고 하고, '경(敬)·신(信)·절(節)·애(愛)·시(時)'를 5요(五要)라고 하는데 이것들은 인정(仁政)의 요체(要諦)이다. 《논어》 전편을 통해 이 3사와 5요를 갖춘 인물로 표현되는 것이 우(禹) 임금이다.

"자신이 마시고 드시는 것은 검소하게 했으면서도 귀신에 대한 제사에는 정성을 다했다. 평소 입는 의복은 검소하게 하면서도 제례 때의 의복은 더없이 아름다웠다. 자신의 궁궐은 초라하게 했어도 치수(治水)에는 힘을 다 기울이셨도다"[11]가 그것으로 공자까지도 "우 임금은 정말 내가 따라갈 수 없도다"라고 평가하면서 우러렀다. 자신에게는 소홀히, 의식주는 검소하게 하면서도 백성을 위한 정사에는 온갖 정성을 다하는 지도자상이 그립다.

11) 菲飮食而致孝乎鬼神 惡衣服而致美乎黻冕 卑宮室而盡力乎溝洫 禹 吾無間然矣 〈泰伯 21〉

# 4. 정치참여의 적극화

## 참여의 의의

일반적으로 참여란 주권(主權) 연원자로서의 시민의 정치, 행정참여, 특히 개별적 이익을 전제로 하지 않고 전체의 이익이나 일정한 이념을 중심으로 하는 정치·행정참여를 말한다.

정치참여는 대체로 정치인의 선출과 정치적 의사결정에 영향을 미치는 개인 또는 집단적 활동을 말하고 행정참여는 공권력이 부여되지 않은 일반 시민들이 공적 권한이 부여된 사람들의 행위에 영향력을 미칠 의도로 정책결정과정에 참여하는 것이라고 정의하나, 매우 다의적 개념으로서 학자에 따라 다양하게 정의하고 있는 것이 현실이다.

장저(長沮)와 걸익(桀溺)이 짝을 지어 밭을 갈고 있는데, 공자가 지나가다가 자로(子路)를 시켜 나루터를 묻게 했다. "저 수레 고삐를 잡은 사람은 누구시오?"하니, 자로가 말했다. "공구이십니다." "그러면 노나라 공구이십니까?" "그렇습니다." "그렇다면 나루터가 어디에 있는지는 알고 있을 것이오."

걸익이 "그대는 누구요?" 하니, 중유(자로)가 대답했다. "중유라 하오." "그렇다면 노나라 공구의 제자요?" "그렇소이다." "도도하게 흐르는 물결처럼 천하가 다 그렇게 가고 있소. 이를 누가 바꿀 수 있겠는가? 또한 그대는 사람을 피하는 선비를 따르기보다는, 차라리 세상을 피해서 숨어사는 선비를 따르는 것이 어떠하오?" 그러면서 걸익은 씨

앗을 가는 일을 그치지 아니했다.

자로가 돌아와서 고하자, 공자가 탄식하며 말했다. "사람은 새와 짐승과 어울려 살지 못하니, 내가 이 사람들과 함께 살지 않으면 누구와 함께 산단 말인가? 천하에 도가 있다면 내가 굳이 바꾸려 들지도 않았을 것이다."[1]

나루터를 묻는 자로에게 은둔피세(隱遁避世)의 노장(老壯) 학풍을 따르는 장저(長沮)와 걸익(桀溺)이 "온 천하가 한 물결에 휩쓸려 가는데 누가 그 방향을 바꾸겠소? 한편 그대는 사람을 피해 다니는 선비를 따라 다니기보다는 세상을 피해 사는 선비를 따르는 게 어떻겠소?"라고 회유하였다. 공자는 "새와 짐승들하고는 함께 떼 지어 살 수 없으니, 내가 이 세상 사람들과 함께 살지 않는다면 누구와 함께 산단 말인가! 천하에 정도가 행해지면 나는 너희들과 함께 세상을 바꾸려들지도 않을 것이니라"고 한탄하였다.

그것을 바꾸려들지 않고 그대로 내버려 두었으면 인류는 인륜도 없는 동물과 같은 세계가 되었을 것이고 인류는 문명이나 문화 없이 야만의 상태에서 벗어나지 못했을 것이다.

## 무도한 세상을 정도의 세상으로 만들고자 한 공자

그래서 공자는 인간이 가는 길을 걷고 인간과 함께 하는 것이 아니라면 하지 않겠다고 하였다. 은자(隱者)들은 이렇게 탁한 세상에는

1) 長沮桀溺 耦而耕 孔子過之 使子路 問津焉 長沮曰 夫執輿者爲誰 子路曰 爲孔丘 曰 是魯孔丘與 曰 是也 曰 是知津矣 問於桀溺 桀溺曰 子爲誰 曰 爲仲由 曰 是魯孔丘之徒與 對曰 然 曰 滔滔者天下皆是也 而誰以易之 且而與其從辟人之士也 豈若從辟世之士哉 耰而不輟 子路行 以告 夫子憮然曰 鳥獸 不可與同群 吾非斯人之徒 與 而誰與 天下有道 丘不與易也 〈微子 6〉

미련이 없다고 하지만, 공자로서는 탁한 세상이므로 자신이 더 필요하다고 여겼고 그에 대한 천명(天命)을 믿었던 것이다. 그 속에서 괴로워해 보고 고민해 봄으로써 세상을 바로잡으려 한 것이다. 바른 도가 행해지는 세상이라면, 그가 고쳐 보잘 것도 없다고 실토한 대로, 그렇게 노력에도 불구하고 14년간이나 갖은 조롱과 생명의 위협까지 받아가며 명군을 찾아 주유열국을 할 필요도 없는 것이다.

공자가 시도한 것은 단순한 사회참여가 아니라 적극적 사회참여였다. 그는 무도한 세상을 도가 바른 정도의 세상으로 만들어, 인(仁)이 넘치는, 인으로 가득 찬 세상을 만들고 군자들을 길러 그 군자들이 세상을 이끌어 가는 이상사회를 창조하려고 한 개혁주의자였다. 말로만 참여를 강조한 것이 아니라 그의 뜻을 펴기 위하여 14년간이나 주유열국을 돌아다니며 꿈을 실현하려고 몸부림 쳤던 행동하는 사상가였다. 이런 점에서 그는 수구보수주의자가 아니라 기존의 혼탁하고 무도한 사회를 근본적으로 개혁하려고 했던, 당시의 관념으로 보아서는 혁명가에 가깝다.

공자가 7인의 일민(逸民)[2]에 대한 평을 통해서 "나는 이들과 다르다. 가도 없고 불가도 없다"[3]라고 하여 무도(無道)와 불의(不義)와는 타협하지 않고, 은거에도 휩쓸리지 않겠다는 의지를 나타낸 것이다. 자신의 뜻을 알아주는 명군을 만나면 그동안 꿈꿔 왔던 정치사상을 펴 보겠다는 신념을 표현한 것이다. 인간세상에서 인간의 도리를 다하면서 인간에 대한 책임을 지겠다는 것이다. 적극적으로 사회를 개혁하려는 것이다.

---

2) 7인의 일민(逸民)은 주대(周代)의 일곱 현인으로 백이(伯夷), 숙제(叔齊), 우중(虞仲), 이일(夷逸), 주장(朱張), 유하혜(柳下惠)와 소연(少連)을 가리킨다.

3) 我則異於是 無可無不可 〈微子 8〉

공자가 명군을 찾아 14년간이나 주유열국하며 추구하였던 것은 국가 행정기관의 핵심에 관여하여, 즉 재상이 되어 나라를 인정(仁政)과 덕치(德治)로 다스리려는 것으로 단순히 녹을 받고 권세를 얻고 출세를 하기 위한 것이 결코 아니었다.

## 인류를 개명하고 현대문명을 가능하게 한 공자

자로(子路)가 지팡이에 삼태기를 짊어진 노인에게 핀잔을 받았지만, 공손하자 자신을 잘 대접하고 편히 재워준 노인에 대하여 공자에게 보고하자, "그는 은자로다"라고 말하고 자로를 되돌려 보내어 그를 다시 찾아보게 하였다. 그러나 그는 이미 어디론가 가고 없었다. 이에 자로는 (노인이 없으므로 아들들에게) "만약에 모든 선비가 출사하지 않는다면, 의를 세울 수 없다. 장유(長幼) 간의 예절을 폐할 수 없다면, 어찌 군신(君臣) 간의 의를 폐할 수 있겠는가? 자기 한 몸을 깨끗이 하려고 (숨어 사는 것은 곧) 큰 윤리를 문란케 하는 것이 된다. 군자가 출사하는 것은 의를 행하기 위해서다. 도가 이루어지지 않고 있음을 나도 벌써부터 잘 알고 있다"[4] 라고 말하였다.

"군자가 벼슬살이 하는 것은 정의실천을 위함이다"라고 자로의 입을 통하여 세상을 바꾸겠노라고 스승을 대신하여 말한 것으로 공자의 생각인 것이다. 공자의 입에서 나오지는 않았지만 《논어》에서 제창한 가치관을 내포하고 있는 것이다.

---

4) 子路從而後 遇丈人 以杖荷蓧 子路問曰 子見夫子乎 丈人曰 四體不勤 五穀不分 孰爲夫子 植其杖而芸 子路拱而立 止子路宿 殺鷄爲黍而食之 見其二子焉 明日 子路行 以告 子曰 隱者也 使子路 反見之 至則行矣 子路曰 不仕無義 長幼之節 不可廢也 君臣之義 如之何其廢之 欲潔其身而亂大倫 君子之仕也 行其義也 道之不行 已知之矣 〈微子 7〉

자로가 석문(石門)에서 유숙하였을 때, 문지기에게 공문(孔門)에서 왔다고 하니까 공자를 가리켜 "그가 바로 안 되는 줄 알면서도 하는 자 그 사람 말인가?"[5] 라고 조롱한 적이 있다.

무얼 그리 되지도 않는 일을 가지고 아등바등 사느냐, 우리들처럼 세상을 피하여 편안하게 사는 것이 낫지 않느냐고 비아냥거린 것이다. 공자도 자기 뜻을 실현하는 것이 거의 불가능하다는 것을 알면서도 좌절하지 않고 끝까지 정진하고 참여하려고 하였다. 그의 이와 같은 참여의 노력이 오늘 우리 인류의 현대문명과 문화를 가능하게 하였고, 인류를 개명하게 한 것이다.

"정치참여를 넓히는 것은 정치적 근대화의 보증인(保證印)이다"라는 새뮤얼 헌팅턴의 말대로 참여는 대의정치(代議政治)의 모순과 내재적 한계를 보완하고 정책능력과 민주성을 고양하는 기능을 가지고 있다. 민주주의와 정치발전은 참여가 대전제라는 점을 생각할 때, 공자가 살던 시기에는 비록 민주주의를 상상조차 못하였지만, 더욱 공자의 민주주의와 정치발전에의 기여를 생각하게 된다.

---

5) 是知其不可而爲之者與 〈憲問 41〉

# 5. 선양과 재상정치

## 인을 실현하는 방편으로 정치를 중요시하다

공자는 인간 선의에 대한 무한 신뢰를 두고 그 인간에 대한 인(仁)을 최고로 실현하고 사람을 사랑하는 방편이 정치라고 보았다.

말로만이 아니고 행동으로 직접 옮겼다. 그의 일생은 인정(仁政)을 펼 수 있는 기회를 얻기 위한 처절한 역정(歷程)이었다. 56세부터 68세까지 명군을 찾아 천하유세를 한 것은 재상이 되어 정치적 이상을 현실에 펴고자 한 것이었다.

그 후 73세에 서거할 때까지 교육에 전념한 것도 정치적 지도자인 군자를 양성하기 위한 것이었으므로 크게 보아 일생이 정치에의 꿈의 실현을 위한 것이었다. 그것은 무엇보다도 정치만큼 전 국민 즉 천하 만민에게 영향을 미칠 수 있는 방법이 없었기 때문이다. 위정자가 선정을 베풀 때 그 영향과 결과를 천하 만민이 받아 행복을 보장하는 것은 정치가 유일하다고 할 수 있기 때문이다.

"누구라도 좋다. 나를 써주는 이가 있다면, 1년으로도 충분하다. 3년이면 멋지게 성과를 보일 수 있다"[1] 라고 절규하면서 14년간이나 장정을 계속하였지만 어떤 제후도 거들떠보지 않았다. 세습군주들은 야속할 정도로 그의 말에 귀를 기울이지 않았던 것이다.

---

1) 子曰 苟有用我者 朞月而已 可也 三年 有成 〈子路 10〉

그럴수록 덕정을 베푼, 그리고 선양(禪讓)을 한 임금이 그리워지지 않을 수 없었을 것이다. 세습에 의해서만 통치권을 부여받아 명군은커녕 우군(愚君)이 되어 백성들을 괴롭히는 군주들을 보면서 진실로 자신을 바르게 한다면 정치를 하는 데 무슨 어려움이 있겠는가? 그러나 자신을 다스리지 못한다면 어떻게 다른 사람을 다스릴 수 있겠는가?[2] 라고 힐난하면서 요순의 치(治)를 이상으로 그리워하며, 군주세습제를 수용은 하면서도 전설상의 인물인 요순의 선양을 유토피아로, 그 덕정(德政)을 군주가 실현할 이상으로 주장하지 않을 수 없었던 것이다.

## 우군愚君들에 의한 퇴폐정치 속에서 선양정치 동경

요임금은 "아! 그대 순아! 하늘이 정해준 역수(曆數)가 그대에게 있으니 하늘이 정해준 임금의 차례가 그대에게 돌아왔다. 그대는 반드시 중정의 도를 지켜라. 사해의 백성들이 곤궁하게 되면, 하늘의 복록도 영영 끝나리라"고 말하였다. 순임금도 역시(이 말을 선양할 때) 우임금에게 일러주었다.[3]

하늘은 유덕한 사람에게 명을 내려 하늘의 아들, 즉 천자가 되게 하고, 하늘을 대신하여 천하 만민을 다스리게 한다. 그러므로 천명을 받은 천자나 임금은 만민을 잘살게 하고 행복을 보장하여야 한다. 그래서 중정(中正)의 도를 지키라고 한 것이며, 백성들이 곤궁해지면 임금의 덕을 다시 뺏어간다는 소리다.

---

2) 子曰 苟正其身矣 於從政乎 何有 不能正其身 如正人何〈子路13〉, 子曰 其身正 不令而行 其身不正 雖令不從〈子路6〉

3) 堯曰 咨爾舜 天之曆數 在爾躬 允執其中 四海困窮 天祿 永終 舜 亦以命禹〈堯曰1〉

또 순임금이 뒤에 하나라의 우임금에게 천자자리를 선양할 때도 요임금이 자신에게 일러주었던 말을 그대로 전해 주었다는 것이다.

이 〈요왈〉편 1장은 후세에 첨가되었다는 위작시비 등 논란이 많지만 공자의 사상을 이해하는 데 극히 중요한 글이다. 천명에 의하여 평화적으로 왕위를 양보하는 선양을 찬양한 글로 정치를 중용의 덕으로 일관한 것이다. 《논어》에는 요(堯)에 대하여는 4번, 순(舜)에 대하여는 7번이나 언급되고 있으나 이 장을 제외하고는 요순의 선양에 대한 언급은 보이지 않는다.

그러나 모두 한결같이 요순의 덕치를 찬양하는 것으로 요순의 치를 동경하는 것이 내포되어 있다. 그것도 말로서 표현할 수 있는 최고, 최극(最極)의 찬사이다.

공자가 "위대하도다! 요의 임금 됨이여! 높고 위대하도다! 오직 하늘만이 그토록 높고 클 수 있나니, 요는 하늘을 따라 본받았노라! 그 덕이 넓고 넓어 백성들이 말로 칭송할 수 없노라! 높고 높은 그의 공적이여! 그의 문물이 찬연히 빛을 발하리라!"4) 또 "높고 위대하도다! 순임금과 우임금은 천하를 지키며 다스리면서도, 자신은 직접 관여하지 않으셨도다"5) 라고도 하였다.

이 이상의 극찬이 어디 있겠는가. 이보다 더한 찬양이나 찬미는 불가능하지 않겠는가? 그래서 공자는 성군의 최고 지향모델로, 유덕자의 최고 정점으로 요순을 들고 요순의 치를 들고 있으며, 덕치(德治)의 최고 최상의 도달점이 선양인 것이다.

물론 공자가 선양을 언급한 것은 〈요왈〉편 1장이 유일하며 그것도

---

4) 子曰 大哉 堯之爲君也 巍巍乎 唯天 爲大 唯堯則之 蕩蕩乎 民無能名焉 巍巍乎 其有成功也 煥乎 其有文章 〈泰伯 19〉

5) 子曰 巍巍乎 舜禹之有天下也而不與焉 〈泰伯 18〉

子曰이 빠져 있어 공자가 한 말이냐는 시비가 있을 수 있지마는, 공자가 찬양한 것으로 보아 선양을 그의 정치이상으로 보는 것이 무리가 없을 것으로 본다.

더구나 세습군주들의 횡포와 전횡, 그리고 백성들의 고통과 굶주림 속에서 자기의 뜻이 어디에서도 받아들여지지 않는 현실 속에서 선양은 더욱 그리워지고 그가 지향하는 이상의 종착점이 되지 않을 수 없었던 것이다.

# 6. 재상정치

## 위정자는 성덕을 갖추고 덕으로 솔선수범해야

공자 정치철학의 요체는 금지를 위한 처벌이 아닌 권장을 위한 솔선수범이다. 무엇을 해서는 안 되고, 그런데도 했을 경우 형벌로 다스리는, 공포로 지배하는 경찰국가가 아니라 무엇을 해야 한다는 교육을 백성들에게 제공하여 교화시킴으로써 도덕적 책임감을 느끼고 스스로 올바르게 되어 격조 높은 국가가 돼야 한다는 것이다.

덕(德)으로 인도하고 예(禮)로 질서를 잡음으로써 다스림을 받는 사람과 다스리는 사람 사이에, 백성과 왕의 관계에 상호이해와 선의가 깔려 있는 협동적인 국가가 돼야 한다는 것이다. 즉 덕으로 정치를 하라는 것이다. 덕으로 정치할 경우, 북극성이 밤하늘의 중심으로 빛을 발하듯이 임금이 임금다우면 백성이 모두 감화되어 따르고 협력한다는 것이다.

천자의 성덕에 천하가 감화되어 정치가 이상적으로 시행되게 한 분은 순(舜)임금이다. 대저 무엇을 하였던가? 몸가짐을 공손하고 또 바르게 하시고, 남면(南面) 즉 천자의 존위에 있었을 뿐이다.[1] 순임금은 성덕이 높아서 인민이 저절로 감화되었고, 현자를 얻어 정사를 맡기고 스스로는 아무 함이 없이 천하를 다스렸다는 것이다.

---

1) 子曰 無爲而治者 其舜也與 夫何爲哉 恭己正南面而已矣 〈衛靈公 4〉

위정자가 성덕을 갖추어 덕으로 솔선수범하여 그것으로 백성이 교화되면 인위적으로 다스릴 필요가 없어진다. 오히려 부덕한 세습군주들의 과도한 유위(有爲)의 정치에 공자가 염증을 내게 된 것이다. 기분 내키는 대로 백성들을 부려 못살게 굴고 괴롭히며 고통에 빠뜨려 신음하는 모습들을 보고 세습군주의 횡포와 전횡을 막기 위하여 군주의 지위를 실제로 군림은 하지만 통치하지는 못하도록 격하시켜야하겠다는 생각을 하게 되었을 것이다.

## 대안으로 재상정치 제시

그래서 성덕으로 천하를 다스리고 현자를 재상으로 위임하여 선정을 시행하는 순임금을 칭송하고 재상(宰相)정치를 대안으로 제시한 것이다. 이를 뒷받침하는 것으로 순임금에게는 어진 신하가 다섯이 있어 천하가 잘 다스려졌다.[2] 순임금의 다섯 신하는 우(禹), 직(稷), 계(契), 고요(皐陶), 백익(伯益)이라고 전해진다.

또 제자 번지(樊遲)가 인(仁)과 지(知)를 묻자 공자가 각각 애인과 지인이라고 대답하고 곧은 사람을 등용하여 굽은 사람 위에 놓으면, 능히 굽은 사람을 곧은 사람으로 만들 수 있다고 부연해준다. 그래도 이해가 잘 안가 공문십철 중의 하나인 동료 자하(子夏)에게 물으니 순임금이 천하를 다스릴 때, 많은 사람 중에서 고요(皐陶)를 등용하시니 어질지 못한 자들이 멀리 사라졌으며, 탕임금이 천하를 다스릴 때 많은 사람 중에서 이윤을 등용하시니 어질지 못한 자들이 멀리 사라져 버렸다고 예를 들어 대답하여준다.[3] 모두가 재상정치의

2) 舜 有臣五人而天下治 〈泰伯 20〉

3) 樊遲 問仁 子曰 愛人 問知 子曰 知人 樊遲未達 子曰 擧直錯諸枉 能使枉者直 樊遲退 見子夏曰 鄕也 吾見於夫子而問知 子曰 擧直錯諸枉 能使

실증이다.

《논어》에는 이 밖에도 외교문서를 작성할 때 비심(裨諶)이 초고를 작성하고, 세숙(世叔)이 의견을 말하며 검토하고, 행인(외교관)인 자우(子羽)가 수식하고, 동리의 자산(子產)이 문채를 더해 완성시켰다[4]는 말도 나온다.

정(鄭)나라는 제(齊)나라와 진(晉)나라 사이에 있는 작은 나라였는데 중신들이 이와 같이 협력함으로써 큰 나라들이 감히 넘보지 못했던 것이다.

또한 공자가 위나라 영공(靈公)의 무모함을 이야기하자 계강공이 사정이 이런데도 어찌하여 임금의 자리를 잃지 않느냐고 했다. 공자가 중숙어(仲叔圉)는 빈객을 접대하고, 축타(祝駝)는 종묘를 맡고, 왕손가(王孫賈)는 군대를 다스리고 있다. 그러니 어찌 임금 자리를 잃겠느냐고 했다.[5]

영공과 같이 부패하고 타락하고 무도한 군주도 신하들을 잘 등용해서 나라를 잘 끌고 나가듯이 재상정치의 장점을 실례로 입증한 것이다. 대신(大臣)의 지위를 높인 것이다.

H. G. 크릴은 공자의 정치사상인 재상정치에 대해, 공자는 "행정중심을 군주가 아닌 재상에게 두었다"며 명쾌하게 설명하고 있다. 중국 정치이론을 기술한 라인버거(Paul M. A. Linebarger)가 황제는 일상적인 문제에는 직접 관여하지 않았지만, 그것을 수행하는 대신들을

---

枉者直 何謂也 子夏曰 富哉 言乎 舜有天下 選於衆 擧皐陶 不仁者遠矣 湯有天下 選於衆 擧伊尹 不仁者遠矣 〈顔淵 22〉

4) 子曰 爲命 裨諶 草創之 世叔 討論之 行人子羽 修飾之 東里子產 潤色之 〈憲問 9〉

5) 子言衛靈公之無道也 康子曰 夫如是 奚而不喪 孔子曰 仲叔圉 治賓客 祝駝 治宗廟 王孫賈 治軍旅 夫如是 奚其喪 〈憲問 20〉

선발하고 감독했다고 결론내린 것은 공자의 영향 때문이라고 크릴은 보고 있다.

재상이나 위정자의 지위가 너무나 중요하기에 공자는 군주에게 충성을 다하되 군주가 무도한 짓을 하는 데 맹목적으로 부화뇌동할 것이 아니라 정성껏 충간(忠諫)을 올려 깨우쳐 만민을 사랑하도록 해야 한다고 가르친다.[6] 그래서 임금을 속이지 말고, 임금의 뜻을 거스르더라도 옳은 말을 간하라고 했다.[7]

## 재상을 잘못 쓴 YS와 MB, 재상을 잘 쓴 박정희대통령

김영삼 정권 말 경제정책의 실패로 국가부도가 와서 IMF 구제금융을 받기 직전까지 YS가 경제가 잘 나간다고 한 것은 완전히 경제 각료들의 거짓 보고에 속임을 당한 결과가 아닌가? 그 결과 4천만 국민의 고통과 가난을 가져오지 않았나?

경제를 망친 주요 책임자의 하나인 당시의 경제기획원 강만수 차관을 MB는 재경부 장관 자리에 앉혔다. 강 장관은 임명권자인 MB에게 잘 보이려고 그의 747 공약을 실현하고자 전 세계에서 달러 가치가 떨어지는데도 불구하고, 대기업 수출을 늘린다는 명목으로 우리나라만 환율을 인위적으로 올려놓았다. 그 결과 갑자기 유가(油價)가 급등하고 원자재 가격까지 폭등하여 걷잡을 수 없는 경제위기가 오자 미국의 금융위기에 따른 세계경제위기의 여파라고 모든 책임을 미국에 돌렸다. 한국 경제를 거의 소생 불가능한 지경으로 망쳐 놓은 그를 다시 대통령 경제자문위원으로 자리만 돌려쓰는 것을 보면서 공자

---

6) 子曰 忠焉 能勿誨乎 〈憲問 8〉

7) 子曰 勿欺也 而犯之 〈憲問 23〉

생각을 더하게 된다.

공자는 재상이나 관료의 책임이 이렇게 중하기에 학문과 덕행을 갈고 닦은 다음에 공직을 맡고 정치에 참여하라고 했다.[8]

그런데 박정희 대통령은 비록 쿠데타로 집권하고 독재를 하였건만 재상을 잘 써 남덕우 같은 명상에 의하여 5천년 동안 뼈를 깎는 가난 속에서 살아왔던 우리나라를 세계 10대 무역국으로 만들고 선진국 문턱까지 끌어올리지 않았나!

이렇게 재상정치의 중요함이 2500년 전 공자에 의하여 이미 제시되었다는 것은 그저 놀라울 뿐이고, 그의 형안(炯眼)에 벌어진 입이 닫히지 않는 것이다.

---

8) 子路使子羔 爲費宰 子曰 賊夫人之子 子路曰 有民人焉 有社稷焉 何必讀書然後 爲學 子曰 是故 惡夫佞者 〈先進 24〉

# 7. 정명론

## 선임되면 무엇을 먼저 할 것인가?

공직에 출마하면, 인터뷰 때나 또는 토론회 때 당선되면 무엇을 먼저 하겠느냐고 질문을 받는다. 공자도 초나라로부터 위(衛) 나라로 돌아가니 그때 이미 위나라에서 벼슬을 하고 있던 제자 자로에게 위(衛)의 군주가 공자를 맞이하여 정사를 맡긴다면 무엇을 먼저 하겠느냐는 질문을 받는다.

공자는 반드시 명분을 바로 세우겠다고(正名) 대답한다. 공자가 이름을 바로 세우겠다고 한 데는 특수한 배경이 있다. B.C 493년 위나라 영공이 죽자 왕위가 아들인 괴외(蒯聵)에게 계승되지 않고 손자인 첩(輒)에게로 이어져 출공(出公)이 된다. 아들인 괴외가 위 영공의 부인인 음란하기로 소문이 난 남자(南子)를 죽이려다 실패하여 망명 중이었으며 이로 인하여 부자간의 왕위다툼이 계속되고 있던 때이다. 따라서 공자는 누가 정당한 왕위계승권자인지를 밝혀내는 것이 가장 중요하다고 본 것이다.

이에 자로가 "선생님께서는 세상물정에 어두우십니다. 왜 하필이면 이름을 바로잡으시겠다는 것입니까?"라고 노골적인 불만을 토로하자 공자가 다음과 같은 질책을 한다.

"야비하구나 자로야. 군자는 자기가 알지 못하는 것에 대해서는 잠자코 있는 법이다. 이름이 바로 서지 않으면 말이 통하지 않으며, 말이 통하지 않으면 일이 이루어지지 않고, 일이 이루어지지 않으면 예악이 흥하지 않으며, 예악이 흥하지 않으면 형벌이 맞지 않지 않게 되고, 형벌이 맞지 않으면 백성이 손발을 둘 곳이 없게 된다. 그런 까닭에 군자가 이름을 세우면 반드시 말을 할 수 있어야 하고, 말을 하면 반드시 실천할 수 있어야 한다. 군자는 그 말에 구차함이 없을 따름이다."[1]

## 먼저 이름을 바로 잡은 다음에 사회건설

명(名)을 바로잡는다는 정명(正名)은 탈선한 기차를 레일 위에 제대로 올려놓아 제 속도를 내서 달리게 하는 것이며, 궤도를 이탈하여 우주의 미아가 될 우려가 있는 것을 정상궤도로 환원하겠다는 이야기이다. 비정상을 정상으로 환원하여 제대로 순환하게 한다는 말이다. 그렇지 않으면 궁극적으로 혼돈(*chaos*)이 온다는 소리다. 즉 만민을 본래의 궤도로 돌아오게 해야 한다는 말이다.

정명론(正名論)의 구체적 내용이 바로 공자의 '다움'론이다. "임금은 임금다워야 하고 신하는 신하다워야 하며 아버지는 아버지다워야 하고 자식은 자식다워야 한다"[2]는 것이 그것이다.

어떤 직위나 위치에 있으면 그것에 맞는 책임을 다해야 하고 역할과 기능을 발휘해야 하는 것이다. 윗사람이라고 해서 자기 할 일은

---

1) 子路曰 衛君 待子而爲政 子將奚先 子曰 必也正名乎 子路曰 有是哉 子之迂也 奚其正 子曰 野哉 由也 君子於其所不知 蓋闕如也 名不正則言不順 言不順 則事不成 事不成 則禮樂不興 禮樂不興 則刑罰不中 刑罰不中 則民無所措手足 故 君子名之 必可言也 言之 必可行也 君子於其言 無所苟而已矣 〈子路 3〉

2) 齊景公 問政於孔子 孔子對曰 君君臣臣父父子子 〈顔淵 11〉

안하고 아랫사람을 못살게 굴면서 부려먹기만 하면 안 된다. 《논어》는 인간관계의 보고(寶庫)로서 항상 상호성을 중시하는데 그것이 가장 두드러지고 분명하게 나타나는 것이 이 정명론에서의 내용을 이루는 '다움론'인 것 같다.

## 지도자가 지도자답지 않아도 복종해야 하는가?

우리 주변에는 공자가 신하는 군주에게 절대적으로 복종해야하고, 자식은 부모에게 절대적으로 복종해야한다고 가르친 것으로 피상적으로 생각하고 있는 사람이 많다.

임금이 난폭하고 폭정을 행하며 백성들을 죽음으로 몰아가더라도 신하로서 충성을 다해야 한다든가, 또는 아버지가 자식교육은 하지 않고 자식에 대한 애정은 없이 학대만 하여도 자식은 지성으로 효도해야 한다는 식의 일방적인 것을 공자는 《논어》 어디에서도 언급한 적이 없다.

임금이 임금답지 않더라도 신하는 신하다워야 하고 아버지가 아버지답지 않더라도 자식은 자식다워야 한다는 일방적인 사랑은 공자와 《논어》와는 거리가 먼, 공자를 모략하고 죽이기 위하여 뒤집어씌운 악의적인 덫에 불과하다.

## 소망스런 군신관계를 이룩하려면?

그러면 임금은 임금답고 신하가 신하다우려면, 즉 소망스러운 군신(君臣)관계를 이룩하려면 어떻게 해야 하는가? 공자는 임금은 신하를 부리기를 예로써 하고 신하는 임금 섬기기를 성실과 진심(忠)으로써 하라고 했다.[3] 상급자 또는 리더가 예로써 부하를 대하지 않을 경우, 리더로서의 자격이 없는 것이다. 또 하급자가 성실과 진심으로 리더를 섬기지 않으면 하급자로서의 본분에서 벗어나는 것이다.

이렇게 《논어》는 인간관계, 특히 정치에 있어서 군주와 신하 또는 리더와 하급자 간의 상호성과 쌍무성(雙務性)을 중시하며 그 기준은 예와 충으로, 서로 공경하고 사랑하며 견제하고 협력해야 한다는 것을 가르치고 있다.

이렇게 예(禮)와 충(忠)으로 역할분담이 이루어진 상하관계라야 정명(正名)이 되어 궤도를 순조롭게 운행할 수 있고 점점 가속이 붙어 예(禮)적 질서에 의한 '다운'사회가 이루어지는 것이다. 이는 바로 덕치(德治)가 이루어지는 것이고 예치(禮治)가 실현되는 것이며 인정(仁政)이 이루어지는 것이다.

---

3) 君使臣以禮 臣事君以忠 〈八佾 19〉

# 8. 나라에 도가 있을 때와 없을 때의 처신

## 환경과 적응

《논어》에는 '나라에 도가 있을 때'(邦有道)와 '나라에 도가 없을 때'(邦無道)라는 문구가 자주 나온다. 어떤 경우는 '천하에 도가 있을 때'(天下有道) 등으로 표현되기도 한다.

나라에 도(道)가 있다는 것은 나라가 인정(仁政)과 덕치(德治)에 의해 운행되는 왕도정치가 실현되는 것으로, 나라에 도의가 있고 진리와 정의의 물결이 강물처럼 흐르는 사회, 자유의 정신이 넘치고 인간의 존엄성이 실현되는 사회를 말한다.

반대로 나라에 도(道)가 없다는 것은 나라에 도의가 쇠퇴하여 땅에 떨어지고 불의와 무도(無道)가 판을 치는 혼돈사회를 가리킨다. 진실은 사라지고 거짓이 넘쳐나는, 갈 데까지 간 사회이다. 강권과 형벌에 의하여 나라가 운영되고 불의와 통제 그리고 권력에만 의존하는 패권정치가 판을 치는 사회이다.

공자가 말하는 유도(有道)나 무도(無道)는 모두 세상살이의 한 모습이며 우리가 처한 환경이기도 하다. 환경이란 우리를 둘러싸고 있는 외적 요소 일체를 말한다.

외부세계의 상응은 사람들이 성공하고 자아실현을 이루게 한다. 일반적으로 이런 경우 운이 좋았다고도 하며, 기독교에서는 은총을 받았다고 하고, 불교에서는 부처님의 가피를 받았다고 하며, 《주역》에서는 상응(相應) 한다고 하며, 행정학에서는 환경에 적합하다고 한다. 반대로 외부세계의 혼란은 보통 사람에게 커다란 시련을 가져다준다. 하지만 세태의 변화를 정확하게 판단하고 이를 잘 이용하면, 모진 풍랑이 오히려 속도를 가속화시키며 앞으로 나아가는 데 도움을 줄 수도 있는 것처럼 환경도 우리가 활용하기에 따라 모두를 상응으로 만들 수도 있는 것이다.

《논어》에는 방유도(邦有道), 방무도(邦無道)의 일곱 가지 용례가 있다. 공자가 제자 남용(南容)을 평하여 "나라에 도가 있을 때는 버림받지 않고, 나라에 도가 없을 때에도 형벌이나 주륙을 모면할 사람이다"라고 말하고, 형의 딸을 그에게 시집보냈다.[1]

남용은 〈선진편〉 5에도 백규(白圭)의 시를 여러 번 되풀이하여 읽자, 공자가 형의 딸을 그에게 시집보냈다는 내용[2]이 있는 것으로 보아 말이 적어 과묵하고 신중한 사람이었던 것 같다.

인생여정은 좋은 날만 있을 순 없는 것이다. 누구나 궂은 날도 있기 마련인 것이다. 시기를 정확히 파악하고 올바른 판단과 결단을 내리는 것은 인생성공의 열쇠이다. 진정으로 총명한 사람은 언제나 변화하는 세계에 자신을 맞출 뿐 아니라 자신이 세계를 변화도 시켜 환경을 조절해 가는 것이다.

공자가 영무자(甯武子)를 평하여 "나라에 도가 있을 때는 지혜롭고, 나라에 도가 없을 때는 어리석었다. 그 지혜로움은 따라갈 수 있지만 그 어리석음은 누구도 흉내 낼 수 없었다"라고 하였다.[3]

영무자는 위(衛)나라 대부로 진(晋)과 초 양 강대국 사이에 끼인

---

1) 子謂南容 邦有道 不廢 邦無道 免於刑戮 以其兄之子 妻之 〈公冶長 1〉

2) 南容 三復白圭 孔子以其兄之子 妻之 〈先進 5〉

3) 子曰 甯武子 邦有道則知 邦無道則愚 其知는 可及也 其愚 不可及也 〈公冶長 20〉

위나라를 보전하기 위해 분골쇄신한 사람이다. 제후 성공(成公)을 위해 성실하게 보필하다가 난이 평정되어 성공이 귀국하자 자취를 감추어 천수를 다했다고 한다.

장기간의 군사독재시절 많은 내로라하는 지식인들이 총칼에 눌려 찍소리도 못하고 앞잡이 주구(走狗) 노릇을 하는 것을 보았다. 그러나 일신의 안위를 돌보지 않고 조국과 민족 그리고 민주주의의 발전을 위해 온몸으로 투쟁하는 소수의 지식인들과 종교인들도 보았다. 그러다가 국가보안법에 걸려 간첩으로 둔갑되어 사형까지 받아 사라져가는 것도 보았다.

그러한 과정을 거쳐 우리나라는 제2차 세계대전 후 독립한 국가 중에는 세계에서 유일하게 민주주의와 경제발전을 동시에 성공시킨 나라가 되었다. 모두가 그 어려운 고통을 감수하고 싸워온, 이들 어리석은 사람들의 열정의 덕이 아니던가? 그래서 대현대우(大賢大愚)라 하는 것 같다.

천하에 도가 있으면 드러내고, 도가 없으면 숨어라. 나라에 도가 있는데도 가난하고 미천하면 부끄러운 노릇이오, 나라에 도가 없는데도 부하고 귀하면 부끄러운 일이다.[4] 인정(仁政)과 덕치가 이루어져 정의가 강물처럼 흐르는 자유사회에서는 나가서 현실에 참여하고 평화세계 창조에 기여하고 가능하면 부귀도 누리라는 것이다. 그러나 무도(無道)한 나라에서 벼슬하고 녹봉을 받는 것은 범죄에 가담하는 것이다. 공자는 무조건 청빈하게 살라고 한 것이 아니다. 악과 타협하면서까지 부귀를 탐내지 말라고 한 것일 뿐이다.

이렇게 언제 앞으로 나가고 언제 뒤로 물러나야 하는지를 아는 분

4) 天下有道則見 無道則隱 邦有道 貧且賤焉 恥也 邦無道 富且貴焉 恥也 〈泰伯 13〉

별력, 상황적 시기에 적중하는 결단, 즉 시중(時中)의 지혜가 가장 중요하다. 우주원리를 담은 책으로 공자가 위편삼절(韋編三絶) 했다는 《주역》은 시중(時中)의 지혜를 가르치는 책인 것 같다.

원헌(原憲)이 부끄러움에 대해서 묻자 공자가 "나라에 도가 있을 때 녹만 챙겨먹고, 나라에 도가 없는데도 녹을 먹는 것, 이 모두가 다 수치스러운 일이다"라고 하였다.[5] 나라에 도가 있을 때에 벼슬하여 도리를 다해야 군자이고, 나라에 도가 없을 때 물러가서 몸을 깨끗하게 가지지 못하고 출사하여 녹만 축내는 것은 백성의 재물을 도둑질 하는 것이나 같은 것이다.

나라에 도(道)가 있을 때는 언행을 높고 당당하게 하고, 나라에 도가 없을 때는 행동은 높고 당당하게 하되 말은 겸손하게 하라.[6] 무도(無道)한 시대라고 해서 행동마저 비굴해질 필요는 없는 것이다. 당당하게 해야 한다. 다만 말은 겸손하게 하고 삼가야 한다. 말 한마디에 목숨을 잃고 큰 뜻을 한번 펴보지도 못하고 죽어간 사람이 얼마나 많은가?

공자가 말씀하였다. "참으로 곧도다. 사어(史魚)여! 나라에 도가 있어도 화살같이 곧게 행동하고, 나라에 도가 없어도 화살같이 곧게 행동하는구나. 참으로 군자로다. 거백옥(蘧伯玉)이여! 나라에 도가 있으면 벼슬하고, 나라에 도가 없으면 거두어 감춘다."[7]

사어와 거백옥은 위(衛)의 대부이다. 공자는 사어를 직(直), 거백옥을 군자(君子)라고 평하였다. 공자는 시종일관 강직한 것을 높이 평가하였지만 시기와 진퇴를 시중(時中)에 맞게 하는 군자를 그 위에

---

5) 憲 問恥 子曰 邦有道 穀 邦無道 穀 恥也 〈憲問 1〉

6) 邦有道 危言危行 邦無道 危行言孫 〈憲問 4〉

7) 子曰 直哉 史魚 邦有道 如矢 邦無道 如矢 君子哉 蘧伯玉 邦有道則仕 邦無道則可卷而懷之 〈衛靈公 6〉

다 둔 것 같다. 그러나 세상을 살다보면 곧은 것도 어렵고 군자 되기는 더욱 어려운 것 같다.

## 시중時中을 따르라 : 변별력

군자 즉 지도자에게 가장 필요한 능력은 무엇보다도 변별력(辨別力)인 것 같다. 나아갈 때와 물러설 때를 가리고, 선택할 것과 포기할 것을 구분하고, 먼저 할 것과 뒤에 할 것을 나누고, 취할 것과 양보할 것 등을 판단하는 것은 너무나 중요한 것이다.

공자는 세상에 쓰일 때는 나아가서 자기의 도(道)를 행하고, 쓰이지 않을 때는 물러나서 숨는 용행사장(用行舍藏)의 처세를 하라고 가르쳤다. 즉 천하에 도가 있으면 자신의 재주를 나타내고, 없으면 은거하라고 하였다. "임금을 정도(正道)로써 섬기다가 옳지 않으면 사퇴한다."[8] "무도한 임금을 자주 간(諫)하면 오히려 욕을 보게 된다"[9]고도 하였다. 중용의 도를 일탈하면 도리어 욕이 된다는 것으로 시중(時中)을 따르라는 것이다.

이렇게 공자는 나라에 도(道)가 있을 때는 드러내고 도가 없으면 숨으라고 가르치면서 스스로는 그 이상으로 적극적이며 열정적으로 도를 실현코자 하였다. 즉 "사람은 새와 짐승과 어울려 살지 못하며, 모든 사람들과 더불어 살지 않으면, 누구와 더불어 살겠느냐? 천하에 도가 행해지면 내가 구태여 변혁하고자 애를 쓰겠느냐?"[10]라고 하면서 그 자신은 난세를 만나서 자기가 주장하는 이상이 통하지 않을 줄

8) 以道事君 不可則止 〈先進 23〉

9) 事君數 斯辱矣 〈里仁 26〉

10) 鳥獸 不可與同群 吾非斯人之徒 與 而誰與 天下有道 丘不與易也 〈微子 6〉

알면서도[11] 좌절하지 않고 죽을 고비를 넘겨 가면서 14년간이나 장정(長程)을 계속하였다.

상갓집 개 취급을 당하면서도 기를 쓰고 명군(明君)을 찾아 예치(禮治)와 인정(仁政)으로 천하를 덕화(德化)할 기회를 얻기 위하여 끈질기게 노력을 기울였다. 이렇게 무도(無道)한 나라를 유도(有道)한 나라로 개혁하여 대동(大同)의 이상세계를 구현코자한 것이다. 여기에 그치지 않고 어떤 때는 과감하게 군주(君主)의 잘못을 지적하여 간하기도 하였다. 자기의 이상을 거두어서 주머니에 감추듯이 물러나 숨지는(卷懷) 않았다.

## 방邦은 도 또는 주

《논어》를 처음 읽다보면 나라에 도(道)가 있으면 참여하고, 나라에 도가 없으면 숨으라는 가르침은 너무나 기회주의적이며 소극적이며 나약하지 않나하는 의심이 생긴다. 그러나 회(回)를 거듭하여 읽으면 의문이 풀린다. 공자가 생존했을 당시에는 봉건주의체제로 '천하'라고 할 때는 중국 전체 즉 제후국 전체를 합친 천자가 다스리는 주나라를 가리킨다. '방'(邦)은 나라로 번역되지만 제후국을 가리켜, 현대에는 연방국가인 미국의 주(州, state) 정도로 보면 된다. 결코 country나 nation state가 아니다.

춘추전국시대의 '방'이란 당대의 사(士)들에게는 얼마든지 선택의 여지가 있는 것이다. 맹상군(孟嘗君), 평원군(平原君), 춘신군(春申君), 신릉군(信陵君) 등 4군(君)은 휘하에 수천 명의 유사(游士)들이 식객으로 북적거린 것을 보면 쉽게 알 수 있다.

---

11) 是知其不可而爲之者與 〈憲問 41〉

이것은 심지어 일반 백성들에게도 해당되는데, 인정과 덕치를 베풀면 사방에 있는 이웃나라 백성들이 제 자식을 포대기에 싸 업고 찾아올 것이다[12] 라는 것을 보면 어느 정도는 자유로운 이민(移民)이 가능하였던 것 같다. 천하는 천자국을 가리키고, 국은 제후국 즉 방(邦)을 뜻한다. 따라서 강원도에서 충청도로, 충청도에서 경기도로 옮겼다 해서 크게 문제될 것이 없다.

그렇더라도 천하유도즉견(天下有道卽見)하고 무도즉은(無道則隱)하라는 〈태백편〉 13장의 '천하'는 천자국(天子國)을 가리키는 것이므로, 이런 때도 지도자가 숨는 것은 문제가 있지 않나하는 생각이 든다. 그러나 천하를 세상으로 보아 해석하면 그것도 별 무리는 없을 것 같다. 어떻든 도가 있으면 벼슬을 하고 도가 없으면 숨는 것이 명철보신(明哲保身)하는 데는 최상의 길이긴 하지만 말이다.

---

12) 夫如是 則四方之民 襁負其子而至矣 〈子路 4〉

# 9. 여론과 정치

## 모든 사람이 다 좋아하는 사람과 그 반대는 위선자

세상에는 선한 사람들과 악한 사람들이 어우러져 혼재하여 살고 있다. 착한 사람들만 사는 사회라든가 악한 자들만 모여 사는 사회는 없다고 본다. 다만 전체적으로 착한 사람들이 다수를 차지하여 어제보다 오늘이 더 발전하고 인류역사도 진전되는 것이 아닌가 한다.

자공(子貢)이 질문했다. "마을사람 모두가 좋아하는 사람은 어떻습니까?" 공자가 대답하였다. "좋은 사람이라고 할 수 없다." "(그렇다면) 마을사람 모두가 미워하는 사람은 어떻습니까?" 공자가 대답했다. "(그 역시) 좋은 사람이라고 할 수 없다. 마을의 좋은 사람들이 좋아하고 마을의 좋지 않은 사람들이 미워하는 사람만 같지 못하다."[1]

따라서 마을사람들이 모두 좋아한다면 그 사람은 신(神)과 같은 인간일 것이고, 마을사람들이 모두 미워한다면 그 사람은 사탄과 같은 사람일 것이다. 그러나 엄밀하게 말하면 신은 착한 사람만이 좋아할 것이고 악한 사람은 오히려 미워할지도 모르고, 사탄은 착한 사람만이 미워할 것이며 악한 사람은 좋아할지도 모른다. 그러므로 모든 사람이 다 좋아하는 사람, 또는 모든 사람이 다 미워하는 사람은 위선

1) 子貢問曰 鄕人 皆好之 何如 子曰 未可也 鄕人 皆惡之 何如 子曰 未可也 不如鄕人之善者好之 其不善者惡之 〈子路 24〉

자(僞善者)가 아니면 속류를 좇아서 마을사람들의 구미를 돋우려는 비열한 짓을 하는 위악자(僞惡者)일 것이다.

한 마을에서 모든 사람이 좋아하는 사람이 있다면 그는 분명 어떤 의도된 속셈과 꿍꿍이에 의해 인기전술을 폈다든가 사람들을 속였을 것이다. 그렇지 않고는 불가능한 것이다. 그리고 그 효과도 잠시일 뿐 오래 지속될 수 없는 것이다. 그러한 사람은 기회주의자로 좋은 사람에게는 좋게 말하면서 얼버무리고 좋지 않은 사람들에게는 그에 맞게 비위를 맞추는 사람으로서 사이비 지도자 또는 유지가 이에 해당할 것이다. 공자가 말한 '향원'(鄕原)이 이에 해당한다.

## 공자가 제일 미워한 '향원'

공자는 인(仁)을 최고의 덕목으로 하여 애인(愛人)과 지인(知人)을 하라고 가르쳤고, 군자와의 대비를 위하여 소인을 지적하지만 소인을 미워하지는 않았다. 공자가 《논어》 전편을 통하여 미워한 것은 오직 '향원'(鄕原)이다.

어느 정도이냐 하면 "향원(향리의 인정을 살펴 이에 영합하는 사람)은 덕을 해치는 자다"[2]라고 하였다. 더하여 공자는 "내 문 앞을 지나면서 내 집에 들어오지 않더라도 내 서운해 하지 않는 자는 오직 향원일 것이다. 향원은 덕(德)의 적이다"라고 하고, 그 이유로 "자주색이 붉은 색을 빼앗은 것을 미워하며[3] 향원을 미워함은 덕을 어지럽힐까 두려워해서이다"[4]라고 하여 향원과 같은 사이비(似而非) 내지

2) 子曰 鄕原 德之賊也 〈陽貨 13〉
3) 惡紫之奪朱也 〈陽貨 18〉
4) 惡鄕原 恐其亂德也 〈孟子 盡心章句 下 37〉

는 회색분자(灰色分子)들을 미워하는 단계를 넘어 저주의 대상이었던 것이다.

향원은 본심을 숨기고 자신의 이익을 위하여 끈임 없이 권력과 힘에 영합하여 시류나 인기에 편승하는 자들이다. 해방 전에는 일제(日帝)에, 해방 후에는 지금까지 항상 여당(與黨) 편에서 행세하는 유지들이 그들이다.

특히 이런 향원은 지방자치실시 이후에는 하루 종일 악수만 하고 다니고 상갓집 개, 아는 집이든 모르는 집이든 상가만 있으면 나타나는 약방의 감초로서 꼭 제거되어야 할 인물이다. 그런데 시민들은 정당만 보고, 아무 생각 없이 악수했다는 이유로 이런 사람을 자치단체장으로 찍어 주어 자방자치를 표류하게 하고 자치의 앞날을 어둡게 하고 있다.

## 인仁은 판단기준

사람을 좋아하고 미워하는 것이 그렇게 간단한 것이 아니다. 좋은 사람을 좋아하고 좋지 못한 사람을 미워하면 괜찮지만 그 반대일 경우는 낭패인 것이다.

사람을 좋아한다든가, 미워하는 것은 모두 자유이다. 그러나 호오(好惡)가 사심(私心)에 의하여 결정되면 도덕적으로 무가치한 판단인 것이다. 사회생활에서 좋아할 수 있고 미워할 수 있는 능력은 그것을 가리기 위한 판단기준이 있어야 한다. 그 기준이 인(仁)이어야 하는 것이다.

그래서 공자는 "오직 인한 자라야 사람을 좋아할 수 있고, 또 사람을 미워할 수 있다"[5]라고 판단의 단서 내지는 기준으로 인(仁)을 제시하고 그 주체를 인자(仁者)로 제한한 것이다. 오직 정도를 지키고 대의명분을 밝히는 인자만이 선악시비를 바르게 판단하고 아울러 사람과 사악한 자를 구분할 수 있다. 사람을 인(仁)으로 대할 줄 아는 사람만이 사람을 좋아할 수도 미워할 수도 있다.

## 확인하여 보고 판단하라

그래서 공자는 덮어놓고 믿지 말고 확인하여 보고(*confirm*) 판단하라는 정말 놀라운 교훈을 가르치고 있는 것이다. 즉 "많은 사람이 미워하더라도 반드시 살펴보아야 하며, 많은 사람이 좋아하더라도 반드시 살펴보아야 한다"[6]가 그것이다.

'많은 사람'이 반드시 옳은 것은 아니다. 시정잡배 수백 명이 선량한 사람 한 사람만 못하다. 중요한 것은 숫자나 머릿수가 아니라 그 사람의 됨됨이와 능력인 것이다.

공자는 모두로부터 칭찬받을 수 없다고 가르치고 있다. 공자만이 그런 것은 아니다. 예수도 "모든 사람들에게 칭찬받는 사람들아, 너희는 불행하다. 그들의 조상들도 거짓 예언자들을 그렇게 대하였다"(루가 6:26)라고 가르쳤다.

공자의 가르침과 예수의 가르침은 여론을 의식하면서 나라와 지방을 경영해야 하는 오늘의 지도자에게 판단의 준거를 어디에 두어야 할지 혼란이 온다. 민주주의 시대는 여론에 정치와 행정이 좌우된다. 따라서 여론에 예민하지 않을 수 없지만 동시에 여론에만 의존하여 선악을 결정하는 것이 반드시 올바른 것만도 아닌 것이다.

민주주의와 매스미디어의 시대인 오늘날 대중의 힘이 위대하면서

---

5) 子曰 惟仁者 能好人 能惡人 〈里仁 3〉

6) 子曰 衆惡之 必察焉 衆好之 必察焉 〈衛靈公 27〉

도, 그 힘이 거꾸로 폭력이 되어 위해를 미치기도 하는 것이다. 대중 조작이 용이할 뿐 아니라, 극성스런 인터넷 마니아들에 의한 사이버 공간을 통하여 사람 하나 영웅 만들기도 쉽고 매장하기도 간단하다. 그러니 많은 사람들이 아무리 좋거나 나쁘다고 해도 그대로 믿기는 어렵다.

원래 공자는 모든 사람이 잠재적으로 평등하다고 생각했기 때문에 인간의 선악과 빈부귀천 등에 근원적인 차이를 인정치 않았다. 오히려 그 시대에 아무도 생각지 못한 전 백성의 교민(教民)을 주장하였고, 배움에 계층의 구분이 있을 수 없다고 하여 신분의 고하를 막론하고 모든 사람에게 교육평등을 강조한 '유교무류'(有教無類)를 실현하려고 할 정도로 개혁사상이 넘쳐흘렀다.

## 만장일치나 무차별적 다수결의 원칙은 안 된다

그러나 그는 무조건의 평등은 아니었다는 점에 유의하여야 한다. 마을사람들이 모두 좋아하든가 모두 미워하는 것을 인정하지 않았다. 마을사람 중 선한 자가 좋아하고, 선하지 못한 자가 미워하는 것만 인정하였다. 이와 같은 생각은 민주주의 제도 하에서 만장일치 제도를 부정하고 다수결의 원리를 인정하는 것과 일맥상통한다고 본다.

공자는 민주주의 제도를 주장하지도 않았고 민주주의가 무엇인지도 몰랐지만, 학덕과 식견을 갖춘 군자들에 의한 덕치(德治)를 주장했다. 인(仁)을 갖춘 선한 사람만이 사람을 좋아할 수도 있고 미워할 수도 있다고 하여 대중들의 인기에 편승하여 통치권력을 자의로 행사할 경우 천민정(賤民政) 내지 폭민정(暴民政)으로 나갈 수 있음을 예언한 것이나 같은 것이다.

만장일치나 무차별적 다수결의 원칙에 함몰된 대중민주주의는 포퓰리즘(인기영합주의)으로 치달을 경우 소크라테스의 사형이나, 빌라도에 의한 예수의 재판이 반복되는 것이다. 또 6·25 전쟁 시 공산당은 만장일치에 의한 인민재판으로 얼마나 많은 양민을 학살하였는가?

우리사회는 아무리 썩었다 하더라도 선인이 악인보다는 많은 것 같다. 그리고 우리는 해방 후 높은 교육열에 의하여 많은 문제점도 내포하였지만 학덕과 식견이 있는 백성이 다수를 차지하여 결과적으로 고민도(高民度) 사회가 되었다. 그 덕에 제2차 세계대전 후 세계에는 수많은 신생국이 태어났지만 유일하게 경제발전과 동시에 민주화에 성공한 나라가 되었다. 이것은 공자가 말하는 식견 있는 대중 즉 군자(君子) 또는 문사(文士)가 늘어난 결과가 아닌가 한다.

공자는 모두로부터 칭찬을 받을 수는 없다고 가르쳤다. 만장일치가 꼭 좋은 것이 아니다. 공산주의 국가나 독재국가에서나 가능한 것이다. 옛날 군부독재 시절 장충체육관에서 통일주체 대의원들이 대통령을 뽑을 때나 가능했던 것이다. 민주주의 하에서는 다수결의 원리이다. 이것은 모두로부터의 칭찬에서 벗어날 때 가능한 것이다.

## 다면평가의 문제점

참여정부에 들어와서 공무원 인사에 다면평가(多面評價)를 전가의 보도처럼 의존하는 것 같다. 그러나 이는 잘못하면 조직에서 향원(鄕原)이 판을 치게 하고, 지도자들이 구성원들의 눈치나 보게 하는 덫으로 작용할 위험을 동시에 내포하고 있는 것이다. 특히 혁신과 변화를 추구하는 사람은 배제되기 알맞은 것이다.

필자는 공직생활을 하면서 주위에서 아침에 출근해 저녁에 퇴근할 때까지 하루 종일 손 하나 까닥 안하고 신문이나 뒤적이다가 퇴근하는 중견간부를 많이 보았다. 그들이 부하들로부터는 인기를 유지하고 있는 것을 많이 보았고 반면 무언가 새로운 것을 창조하려고 고심하는 중견간부들이 부하들로부터는 너무 일을 많이 시킨다고 불만의 대상이 되는 것도 보았다. 인사(人事)는 정말 어려운 것 같다.

따라서 인사에 참고로 활용하는 것은 좋아도 전적으로 다면평가만 가지고 인사를 하는 것은 포퓰리즘화하는 것과 다름없다고 본다.

## 민주주의 안전핀 제공한 공자

공자가 민주주의가 무언지도 몰랐지만, 마을사람 중 선한 자가 좋아하고 선하지 못한 자가 미워하는 판단의 기준을 제시한 것은 놀랍게도 무차별적인 다수결의 원칙을 맹종하는 포퓰리즘에 의존하는 대중민주주의의 문제점을 지적한 것이기도 하다.

더구나 "많은 사람들이 미워하는 것일지라도 정말 그러한지 반드시 살펴보아야 하고, 여러 사람이 좋아하는 것일지라도 정말 그러한지 반드시 살펴보아야 한다"라고 한 것은 민주주의 시행의 안전핀을 제시한 것으로 어떻게 이런 생각까지 할 수 있었는지 그저 경탄스러울 뿐이다.

케네디(J. F. Kennedy) 미 대통령이 베를린 장벽 연설에서 표명한 대로 "민주주의는 완벽한 것이 아니다." 많은 문제점이나 결함이 있지만 인류가 지금까지 창안한 제도 중 가장 합리적일 뿐이다. 공자의 사상이 함축되어 있는 《논어》에서 민주주의의 품격과 지혜를 높일 수 있는 방향과 근원을 찾을 수 있지 않을까?

# 10. 능력이 최고이다

## 세속적 신분질서에 얽매이지 않은 공자

공자가 중궁(仲弓)에 대하여 말씀하셨다. "얼룩소 새끼라도 털이 붉고 뿔이 반듯하다면, 비록 제물로 쓰지 않으려 한다 해도 산천의 신이 내버려 두겠는가?"1)

중궁은 자이며, 성명은 염옹(冉雍)이다. 중궁은 미천한 출신이었음에도 불구하고 덕행이 뛰어났던 모양이다.

본래 얼룩소는 제물로 쓰지 못한다. 그러나 그 새끼 송아지가 빛이 붉고 뿔이 단정하면 제사에 희생용으로 쓰기에 아주 적당한 것이다. 사람들은 그 어미 소가 좋지 않다고 하여 쓰지 않으려 할지 모르나, 그 혈통으로 인하여 산천의 신은 버려두지 않을 것이다. 따라서 인간도 신분에 상관없이 그 재능에 따라 인정을 받게 마련인 것이다. 본인의 덕성이나 능력이 뛰어나거나, 실력과 자력(自力)을 갖추었으면 산천의 신령들조차 그대로 그를 내버려두지 않는다는 것이다.

당시는 무도한 난세로 권력이 세습만 되던 때이다. 이러한 때에 공자가 여기에서 한걸음 더 나아가 "옹(雍)은 임금이 될 만하다"2) 라고까지 한 것은 세습적인 신분질서에 얽매이지 않고 신분세습과 귀족주

1) 子謂仲弓曰 犁牛之子 騂且角 雖欲勿用 山川其舍諸 〈雍也 4〉
2) 雍也 可使南面 〈雍也 1〉

의를 혁파하려고 한 선언으로 봐야 할 것이다.

단순한 선언만이 아니고 공자 스스로 실행하려고 애를 쓰고 또 바랐던 것이다. 그것은 공자의 제자들이 대부분 평민출신이라는 것을 보면 쉽게 알 수 있는 것이다.

천민출신 염옹(冉雍)은 차치하고라도, 자로(子路) 역시 《사기》의 〈중니 제자열전〉에 "성질이 거칠고 야비하였으며, 수탉의 깃으로 꾸민 갓을 쓰고 수퇘지의 가죽으로 만든 띠를 차고 다니면서 공자를 업신여기고 포악한 짓을 하곤 하였다"로 나타난 대로 공문(孔門)에 입문하기 전에는 깡패 또는 한량이나 다름없었다.

그가 가장 사랑한 안회(顔回)는 밥 한 공기에 물 한바가지를 먹고 살 정도로 찢어지게 가난하였고, 공야장(公冶長)은 오랏줄에 묶긴 채 감옥에서 지내기도 하였다. 이들은 모두 하층민 출신이었지만 오히려 공자의 신임을 한 몸에 받는 제자가 되었던 것이다.

이와 같이 공자는 기본적으로 똑똑하고 부지런하기만 하면 가문이나 재산, 민족, 계층, 지역 등의 사회적 제한을 뛰어넘어 누구나 교육을 받아 장차 위정자는 물론이고 군주(君主)가 될 자격이 있다고 생각하고 스스로 실현하려고 한 것이다.

공자가 신분의 고하를 막론하고 "말린 포 한 묶음 이상을 예물로 가지고 온 사람에게 내 일찍이 가르치지 않은 바 없다"[3]라고 설파한 대로 최소한의 예만 갖추면 모두 받아들여 시(詩), 서(書), 예(禮), 악(樂)의 고등교육을 실시한 것은 불합리한 봉건제를 대신해 능력에 따른 신분상승이 보장되는 새로운 질서를 꿈꾸었다는 것을 보여주는 사례가 아닌가 한다.

---

3) 子曰 自行束脩以上 吾未嘗無誨焉 〈述而 7〉

## 가르치는 데에는 차별이란 없다〔有教無類〕

그래서 공자는 "가르치는 데 차별이란 없다"[4]라고 하여 교육에서 빈부, 귀천, 신분, 혈통, 계급, 종족, 성별 등의 차별을 부정하였다. 공자가 인간을 신분이나 재산을 가지고 차별하지 않은 것은《논어》전편에 나타난다. 유교는 신분을 가지고 인간을 차별하였지만, 그것은 공자의 책임이 아니다. 공자는 차별한 적이 없다. 당시 혈통을 중시하던 신분세습 제도 하에서 '유교무류'(有教無類)를 주장하고 얼룩소의 새끼(犂牛之子)라고 불릴 정도의 미천한 출신인 중궁(仲弓)에게 왕이 될 자격이 있다고까지 한 것은 혁명의 도(度)를 넘는 개혁적 진보적 사고이다.

오히려 "알지 못해 분발하지 않으면 계발해주지 않고, 표현하지 못해 더듬거리지 않으면 말을 일러주지 않고, 한 구석을 들어 보이면 나머지 세 구석을 알 만큼 반응하지 않으면 더는 가르치지 않는다"[5]라고 하여 빈부나 귀천이 아니라 배우려는 의욕이 없고 노력이 없으면 안 된다고 하여 지(知)적 개발에 열정을 쏟는 사람만 가르치겠다고 한 것이다.

스승이 매번 학생을 내신하여 문제를 풀어주고, 정서를 분발시켜 학문에 힘쓰게 할 수는 없다. 학생 스스로 해야 하는 것이다.

혹자는 공자의 "천하에 도가 있으면 예악(禮樂)과 정벌(征伐)의 명령이 천자로부터 나오고, 천하에 도가 없으면 예악과 정벌의 명령이 제후(諸侯)로부터 나온다. 제후로부터 나오면 10대로 망하지 않음이 없고, 대부(大夫)로부터 나오면 5대로 망하지 않음이 없고, 가신(家

4) 有教無類〈衛靈公 38〉

5) 不憤 不啓 不悱 不發 擧一隅 不以三隅反 則不復也〈述而 8〉

臣)이 국권을 잡으면 3대에 망하지 않음이 없다. 천하에 도가 있으면 정사가 대부의 손에 있을 리 없고, 천하에 도가 있으면 서민들이 논란하지 않는다"[6]는 이 말씀을 가지고 공자가 봉건질서를 옹호했다고 보기도 한다. 그러나 이 대목은 오히려 공자의 정명(正名)사상을 현실화한 것으로 H. G. 크릴의 견해대로 강한 중앙집권체제를 주창한 것으로 보는 것이 옳을 것 같다.

사실 《논어》에는 공자가 봉건제도를 지지하는 말이 전혀 보이지 않지만 한편 결코 봉건제도를 직접 부정하는 장도 없다. 《논어》 전편을 통해 정치에 관한 언급은 많지만 정치제도에 관한 언급은 거의 보이지 않는 것이 특징이다.

그것은 아마도 고대 중국에는 오늘날 우리가 알고 있는 것과 같은 민주정치의 가능성을 꿈꾼 사람이 아무도 없었으며, 이 점은 공자도 예외가 아니었기 때문이다. 천자(天子)를 떠난 어떤 제도도 상상할 수가 없었기 때문일 것이다.

## 신분이나 혈통보다 능력과 덕망 중시

그러나 공자가 신분이나 혈통보다는 능력과 덕망을 중시하여 제자 중궁(仲弓)의 비천한 신분에 개의치 않고 그 자질을 보아 한 사회의 최고의 지위인 임금의 자리에 오를 자격이 있다고 한 점, 노나라에서 전횡을 일삼은 3환 세력을 은밀한 방법으로 제거코자 한 사실이다.

무엇보다 중요한 것은 그가 원한 실제 정치상의 변혁이 너무나 전반적이고 철저한 것으로, '사해(四海) 안의 사람이 모두 형제'[7]라고

---

6) 孔子曰 天下有道 則禮樂征伐 自天子出 天下無道 則禮樂征伐 自諸侯出 自諸侯出 蓋十世 希不失矣 自大夫出 五世 希不失矣 陪臣 執國命 三世 希不失矣 天下有道 則政不在大夫 天下有道 則庶人 不議 〈季氏 2〉

생각해 도시국가나 제후국에 한정하지 않고 천하를 상대하였다는 점이다. 귀족정치를 철저하게 변혁시켜 세습보다는 오히려 공적에 기초를 두고, 위정자의 능력은 가문, 재산 또는 지위와 필연적인 관련성이 없고 오직 인격과 지식에 달려 있다고 보아 기회균등을 통한 교육으로 인재를 길러 이들의 세상, 즉 군자들의 천국을 만들려고 했다.

군자들이 다스리는 세상도 정치는 덕치(德治)로 하되 백성의 행복을 보장하는 것이라고 생각하여 정치의 선부(善否)를 판단하는 기준을 백성에 한정하고 그 밖에는 군자는 물론 누구도 아니라고 본 것[8]을 보면, 그가 민주주의가 무엇인지 상상할 수는 없었겠지만 그의 이론은 민주주의 이론과 너무나 유사하다는 사실을 알 수 있다.

이렇게 신분제를 부정하여 왕후장상(王侯將相)의 씨가 따로 있는 것이 아니라 능력을 최고로 보고 모든 사람을 사해형제(四海兄弟)로 생각하는 공자의 사상을 시원으로 하는 유교를 국교로 한 조선왕조가 5백 년간 반상(班常)제도의 속박에서 한 걸음도 못 벗어나고, '사해'는커녕 '가문'의 범주에서 꼼짝 달싹 못하고, 연좌제의 굴레로 수많은 사람들을 죽게 한 것을 생각하면 통탄할 일이다. 유교를 국교로까지 한 나라에서 공자의 사상과는 배치되는 일만 죽어라고 골라서 하였으니 말이다.

지금은 또 어떤가? 특목고와 자립형 사립고는 부잣집 자녀만 다니고, 일류대학은 부유한 집안이나 고관의 후예라야 들어가는 현실이 아닌가. 지금부터라도 부의 세습과 빈곤의 세습화가 고착되지 않게 누구에게나 기회가 균등하고 그 기회를 발판삼아 누구나 능력을 마음

---

7) 四海之內 皆兄弟也 〈顔淵 5〉

8) 道之以德 齊之以禮 〈爲政 3〉, 近者悅 遠者來 〈子路 16〉, 夫如是 則四方之民 襁負其子而至矣 〈子路 4〉

껏 발휘할 수 있도록 국가가 정책을 펴나가야 할 것이다.

미국에서 버락 오바마가 현대의 귀족이라고 할 수 있는 매케인을 이기고 더구나 흑인으로서 대통령이 되어 세계를 움직이는 것은 인류에게 희망을 주고 21세기의 미래가 밝다는 것을 보여주는 것으로 공자의 생각이 현대에 실현된 대표적 경우라 하겠다.

우리나라에서도 인물이 타고난 지위와 물려받은 재산에서 만들어지는 게 아니라 운명에 맞서는, 자기 삶에 대한 결코 포기하지 않는 진한 애정을 통하여 만들어지는 나라가 되었으면 좋겠다.

# 11. 검증의 완벽성

## 큰 지도자의 조건

큰 지도자는 백성들에게 꿈과 희망을 주고, 신바람을 일으키고, 급변하는 국내외의 상황에 대처하여 혁신과 자기변혁 속에 국민통합을 이룩하고 분단 조국의 통일과 세계인류평화에 기여해야 한다. 정의와 평화가 강물처럼 흘러 국민 모두가 편안하게 하여야 한다.

공자가 말씀하였다. "그 행동을 보고, 그 연유를 살피고 또 그가 (받아들이고 있는) 결과를 관찰해 보면, (결국 그 사람을 알게 된다. 그러니) 사람 됨됨이를 어찌 숨길 수 있겠느냐? 사람 됨됨이를 어찌 숨길 수 있겠느냐?"[1]

큰 지도자가 되기 위해서는 먼저 무사(無私)해야 하며 공심(公心)에 따라야 한다. 그러기 위해서는 과거가 깨끗해야 한다. 과거와 단절된 현재는 존재할 수 없기 때문에 과거가 불성실하고 문제가 있을 경우 현재의 어딘가에 그것이 나타나지 않을 수 없는 것이다.

큰 지도자가 되기 위하여서는 본연의 자신이 되어야 하며 자신이 자신을 만드는 창조자가 되어야 한다. 그래서 항상 새로운 일과 업무를 생각해 내야 한다. 지도자는 링컨이나 간디처럼 다른 사람이 행한 적이 없고 또 하지 않은 일을 새롭게 행하는 창조자이며 혁신가인 것

1) 子曰 視其所以 觀其所由 察其所安 人焉廋哉 人焉廋哉 〈爲政 10〉

이다. 큰 지도자가 되기 위해서는 보다 나은 미래세계를 창조하겠다는 꿈과 긍지 그리고 비전으로 가득 차야 한다. 보다 아름다운 창조목표를 가지고 그것을 실현하기 위하여 끊임없이 정진을 계속한 사람이 역사상 위대한 지도자가 되었다.

지도자를 한마디로 정의해 주는 자질은 비전을 만들고 실현시키는 역량이다. 예이츠(W. B. Yeats)는 "꿈에서 책임감이 시작된다"라고 말했다. 비전은 깨어있는 꿈이다. 지도자의 책임은 비전을 현실로 바꾸는 것이다. 그래 미래를 창출하여야 한다.

우리는 해방 후 지금까지 많은 대통령을 배출하였지만 국민들로부터 존경받는 대통령이 별로 없는 것은 불행 중의 하나다. 그것은 대통령을 제대로 못 뽑고 잘못 뽑았다는 이야기이다. 이와 같은 잘못은 지금까지로 충분하고도 남는다.

## 거짓 지도자의 문제

공자는 "잘못이 있는데도 고치지 않는 것, 그것이 잘못이다"[2]라고 했다. 같은 잘못은 한 번은 괜찮지만 두 번 이상은 안 된다고 하였다.[3] "(먼저) 소인은 잘못을 저지르면 반드시 꾸며댄다"[4]라는 공자의 제자 자하(子夏)의 말처럼 또 잘못 뽑고 변명이나 늘어놓는 소인이 될 수는 없다. 제대로 뽑아 우리 국민 모두가 군자가 되어야 한다.

공자는 "덕 있는 사람은 반드시 도에 맞는 올바른 말을 한다. 그러나 도에 맞는 올바른 말을 한다고 해서 반드시 덕이 있는 것은 아니

---

2) 子曰 過以不改 是謂過矣 〈衛靈公 29〉

3) 不貳過 〈雍也 2〉

4) 子夏曰 小人之過也 必文 〈子張 8〉

다"[5] 고 했다. 그렇다. 착한 말을 하는 사람이라고 해서 모두 덕이 높은 것은 아니다. 말을 교묘히 꾸미고 가장하는 사람도 많기 때문이다.

거짓 지도자들은 시대에 거꾸로 가는 짓을 하면서 그것을 드러내지 않기 위해 겉으로 번드르르한 말로써 포장한다. 그리고 자기는 전체를 위해 희생하고 봉사하기 위하여 무거운 십자가를 진다고 선전한다. 이 날까지 역사를 보면 정의를 부르짖고 일어서지 않은 독재자가 없고 공평을 주장하지 않고 나선 강탈자도 없다.

전두환 전 대통령을 보면 바로 입증이 된다. 그는 정권을 강탈하였을 뿐 아니라 그가 창당한 정당은 이름까지 '정의'가 들어가는 '민주정의당'이지만 독재정권 유지에 앞잡이가 되어 정의를 유린하고 짓밟지 않았는가?

## 검증의 3단계

그러면 참 지도자와 거짓 지도자를 어떻게 구분하고 평가할 것인가? 공자는 평가의 3단계를 제시한다.

첫 단계는 '시기소이'(視其所以) 즉 밖으로 나타나는 언행이나 작위나 동기를 보는 것(*motivation*)이다.

두 번째로 '관기소유'(觀其所由), 즉 그러한 행위를 하게 된 경유나 전개과정(*process*)을 넓게 관찰해 보는 것이다.

세 번째로 '찰기소안'(察其所安), 즉 그 사람이 어떠한 결과나 처지에 안정되고 또 즐길 것인가, 결국에는 어떠한 곳에 머물 것인가(*aim and vision*)를 깊이 통찰하는 것이다.

---

5) 子曰 有德者 必有言 有言者 不必有德 〈憲問 5〉

## 선출직 지도자의 검증 철저

사람을 총체적으로 보고 평가해야 그 능력이나 인품 및 덕성을 제대로 알 수 있다. 그러기 위해서는 그 사람의 과거의 족적을 살펴야 한다. 현재 어떠한 행위를 하고 어떤 태도를 취하는가도 보아야 한다. 또 앞으로의 지향점 즉 목표나 이상으로 삼는 꿈 또는 비전 및 가치 등을 보아야 한다.

인간의 의사결정(*decision making*)과 그에 따른 행위는 동기를 전제로 한다. 따라서 행동의 동기를 살펴보면 그 사람을 알 수 있다. 그 전개과정을 살펴보면 모든 것이 드러나게 되는 것이다.

이런 식으로 사람을 검증하면 아무리 숨겨도 다 백일하에 어항 속의 고기처럼 완전히 드러나고 나타나게 되는 것이다. 그래서 공자는 어찌 숨길 수 있겠느냐고 한 것이다.

대선을 앞두고 예비후보자들의 과거 행적의 폭로에 대하여 네거티브 식이라고 비난하는 측도 있지만 괴롭더라도 참고 진실을 밝혀야 한다. 지도자는 기본적으로 깨끗해야 하는데 하물며 대권주자는 말할 필요도 없다. 장밋빛 공약이 쏟아지는데 그것이 실현 가능한 것인지, 예산은 구체적으로 얼마나 드는지, 그것이 시대에 맞는 것인지 등 치밀한 검토가 있어야 된다.

미래는 앞으로 전개될 상황이고 내일에나 이루어질 일이다. 이미 전개된 상황이나 나타난 현실이 아니기 때문에 아무리 치밀하게 작성된 계획이라도 전개되는 현실과는 차이가 날 수밖에 없고, 아무리 훌륭한 꿈과 비전이라도 꼭 이루어진다는 보장이 없는 것이다. 따라서 말로 표현될 수밖에 없으며 가정이지 현실이 아니다.

오히려 말 잘하고, 좋은 말 많이 하는 사람일수록 거짓이 많고 사기(詐欺)가 있을 수 있는 것이다. 말을 중시해야 하지만 결코 말만 가지고 사람을 평가해서는 안 된다. 언행을 함께 보아야 한다. 공자도 남을 대할 때 그의 말을 듣고서 행실을 믿었으나, 나중에는 그의 말을 듣고서도 그의 행실을 살핀 후에나 믿게 되었다고 하였다.[6]

또 어떤 사람에 대한 선입관(先入觀)이나 편견에 말까지 포함해서는 안 된다. 시골 산자락에 사는 무지렁이 같은 사람의 말이 대학교수나 국회의원의 말보다 우리에게 더욱 절실하게 다가올 때가 있다. 그래서 우리는 "군자는 말만으로 사람을 평가하지 않고, 또한 그 사람의 신분 때문에 그의 말까지 버려서는 안 된다"[7]는 공자의 가르침에도 귀를 기울여야 하겠다.

물론 지도자는 자기관리와 혁신은 항상 철저히 하고 자기 과실이나 잘못에 대하여는 엄격하고 칼날 같아야 한다. 지도자는 자기 자신의 잘못을 항상 반성하여 책망하기를 엄하게 하고 다른 사람의 잘못은 너그럽게 용서해야 한다. 이것이 극기(克己)의 길이고 수덕(修德)의 길이다. 그래서 공자도 "자기 자신에 대한 책망은 엄하게 하고, 남에 대한 책망을 가볍게 하면 원망이 멀어진다",[8] "자신의 나쁜 점을 스스로 탓하고 남의 나쁜 점을 탓하지 않는 것이 바로 악을 바로 잡는 길이 아니겠는가?"[9]라고 하였다.

공자는 오히려 남의 약점을 부질없이 늘추어 지껄이는 사람, 아랫사람이 윗사람을 비방하는 것, 용맹만 자랑하고 예를 모르는 사람, 과감하기는 하나 꽉 막힌 자를 미워했고, 그와의 대화에서 제자 자공(子貢)은 엿보고 아는 척하는 사람, 불손한 태도를 용감하다고 생각

6) 子曰 始吾於人也 聽其言而信其行 今吾於人也 聽其言而觀其行 〈公冶長 9〉

7) 子曰 君子 不以言擧人 不以人廢言 〈衛靈公 22〉

8) 子曰 躬自厚而薄責於人 則遠怨矣 〈衛靈公 14〉

9) 攻其惡 無攻人之惡 非修慝與 〈顔淵 21〉

하는 사람, 남의 비밀을 폭로하는 것을 강직하다고 생각하는 사람을 미워한다고 하였다.[10]

《논어》에 나타난 공자의 언행으로 비추어 볼 때 공자는 인간의 가능성을 누구보다도 믿고 있었다. 《논어》를 한마디로 표현하면 "인간의 선의에 대한 신뢰"라고 할 수 있을 정도이다. 그렇기 때문에 그는 항상 긍정적인 것에 대하여 언급하였지 부정적인 것에 대해서는 거의 언급하지 않았다. 자공의 질문에 대한 대답이긴 하지만 그러한 그가 여기서는 미워하는 것에 대해 언급하고 있다. 《논어》에 드문 대목이다.

## 흠 있고 거짓 있는 지도자의 진출 억제

그러나 이것은 어디까지나 지도자의 자기관리에 관한 문제에 대한 교훈이고 지침이다. 지도자의 검증문제와는 별개다. 지도자는 철저히 검증을 받아 옥석을 분명하게 가려야 한다. 거짓 지도자가 참 지도자의 탈을 쓰고 지도적 위치에 나가 백성을 괴롭히고 희망을 꺾게 하면 안 된다.

특히 선출직 지도자에 대하여는 본인은 괴롭겠지만 철저히 이 잡듯이 뒤져야 한다. 조금이라도 흠이 있고 거짓이 있는 지도자는 진출을 못하게 하는 것을 완전히 제도화해야 한다. 국민들이 내 손으로 뽑은 지도자에 대하여 긍지를 느끼는 사회가 되어야 한다. 그래야 지도자와 백성이 하나가 되어 사회와 나라의 융성에 상승효과가 나타난다.

우리는 해방과 건국의 격변, 6·25전쟁의 혼란 그리고 급격한 산

---

10) 子貢曰 君子亦有惡乎 子曰 有惡 惡稱人之惡者 惡居下流而訕上者 惡勇而無禮者 惡果敢而窒者 曰 賜也 亦有惡乎 惡徼以爲知者 惡不孫以爲勇者 惡訐以爲直者 〈陽貨 24〉

업화 기간의 변화의 요동 속에 살아왔다. 그래서 많은 지도자들이 허점과 결함을 가지고 있다. 지도자의 검증과정에 대부분이 양성반응이 나타날 수 있는 아쉬움이 있다.

이를 거울삼아 우리의 어린 2세들 중 지도자가 되려는 꿈을 가진 사람들은 어려서부터 정도(正道)를 걷고 이웃을 사랑하고 덕을 쌓아 나라와 세계가 요구하는 훌륭한 지도자가 될 수 있게 해야겠다.

# 12. 공자 정치사상의 한계

## 정치를 중시한 공자

공자가 세계의 다른 성인과는 달리 정치를 특히 중시하였다는 것은 누구나 다 아는 사실이다. 그것은 정치를 인(仁)을 표현하기 위한 최고의 방편으로 여겨 말로만 주장한 것이 아니라 직접 명군을 찾아다니며 선정의 기회를 얻으려고 한 것을 보면 더욱 그렇다. 공자는 사상가이기 전에 정치가인 것이다.

정치는 백성의 행복을 보장하여야 한다고 보았는데, 섭공(葉公)이 정치를 물었을 때 "선정(善政)을 베풀어 가까이 있는 사람은 행복하게 하고, 멀리 있는 사람은 찾아오게 하여야 한다"[1]고 대답했다. 또한 다른 나라 백성들도 진정으로 선정이 행해진다는 것을 들으면 그 치하에서 살기를 열망하여 "자식들을 등에 업고 달려온다"고 하였다.[2] 선정 여부의 판단주체를 백성에 두고, 백성들의 눈으로 보아 선정이라고 판단할 때만 그들이 행복해질 수 있다고 본 것이다.

백성들의 행복을 보장하기 위하여 위정자는 '수기안백성'(修己安百姓)하라고 하여 먼저 몸을 닦아야 한다고 했다. 또한 백성을 편안하게 하는 첫째 조건은 덕을 행하는 수양의 길이고, 그 다음은 덕치를

1) 葉公 問政 子曰 近者說 遠者來 〈子路 16〉

2) 夫如是 則四方之民 襁負其子 而至矣 〈子路 4〉

펴는 것이라고 했다. 그러므로《논어》는 그 전편이 위정자를 위한 지침이요 원칙이며 가르침이라고 해도 무방한 것이다.

## 위정자의 덕정德政만 강조

공자에게는 덕(德)이 곧 정치이다. 그래서 유덕하고 능력 있는 사람이 모든 백성의 이익을 위하여 정치를 해야 한다는 것이 그의 신념이었으며, 이와 같이 덕과 능력이 있는 사람이 그가 평생을 추구하고 양성한 바로 군자인 것이다.

공자가 희망을 건 것은 바로 이 군자였으며 그는 일생동안 이들 군자를 양성하는 데 진력하였고 그들을 통하여 덕치를 펴고 선정을 실현하려고 하였다. 이와 같은 입장에서 공자는 오로지 덕과 능력을 기초로 한 관리선발 및 승진이 중요하다는 것을 거듭 강조하였다.[3)]

그 결과 과거제도가 중국은 물론 우리나라도 고려조에 쌍기(雙冀)에 의하여 도입되었는데 이것은 공자의 견해가 반영된 것으로 보아야 할 것이다. 서양이 프랑스혁명 후에나 관료선발이 이루어진 것을 보면 가히 혁명적인 선진이라 하겠다.

---

3) 哀公 問曰 何爲則民服 孔子對曰 擧直錯諸枉 則民服 擧枉錯諸直 則民不服〈爲政 19〉
樊遲 見子夏曰 子曰 擧直錯諸枉 能使枉者直 何謂也 子夏曰 富哉言乎 舜有天下 選於衆 擧皐陶 不仁者遠矣 湯有天下 選於衆 擧伊尹 不仁者遠矣〈顔淵 22〉
仲弓 爲季氏宰 問政 子曰 先有司 赦小過 擧賢才 曰 焉知賢才而擧之 曰 擧爾所知 爾所不知 人其舍諸〈子路 2〉

## 권력제어制御장치의 결여

그러나 문제는 공자의 화려한 정치구상이 치명적인 약점을 가지고 있었다는 점이다. 즉 절대권력을 장악한 것은 군주이고, 그들이 덕치를 원하지 않고 폭정을 행할 경우 백성들의 행복은커녕 불행과 고통에서 헤어날 수 없게 된다. 또한 훌륭한 대신이나 재상을 선발하도록 강제할 수단이 없기 때문에 결국 정치가 잘되고 못되는 것은 군주에게 달려 있는 것이다. 그러나 공자는 군주들을 강제할 방법을 제시하지도 않고 오히려 그들을 찾아다니며 재상이 되어 그들 밑에서 선정을 펴 능력만 발휘하려고 하였다.

이에 대하여 H. G. 크릴은 공자가 장래 대신이 될 만한 청년들이나, 가능하다면 장래 군주가 될 사람들에게 교육을 통하여 영향을 주는 방법과, 교양 있는 여론의 결과로 형성되는 사회적 압력에 의존할 수밖에 없었다고 보았다. 그 당시에는 이 운동도 초기단계였기 때문에 별다른 효과가 없었지만, 여러 세기가 경과하면서 거역할 수 없는 힘이 되었다. 크릴은 그 이유가 유가(儒家)들은 주로 학문에 관심을 가진 사람들이었기 때문에 점차 교육과 학문을 독점하게 되었고, 대부분의 역사도 그들이 저술하였으며 대부분의 군주를 교육하게된 것도 그들이었기 때문이라고 결론 내렸다.

그래서 중국이나 조선왕조도 군주나 장래 군주가 될 사람들에게 태교서부터 시작하여 성군(聖君)이 되고 군자가 되기 위한 교육, 즉 경연(經筵)을 시행해 왔지만 조선조 5백 년 동안 세종대왕 한 분 이외에는 별로 성군이 나오지 않았던 것이다. 반면 연산군과 같은 폭군 때문에 수많은 백성들이 죽어야 했고 고통 속에서 살아야 했던 것이다. 또 선조임금과 같이 나라의 풍전위기 앞에서 거의 홀로 수많은 왜적들과 고군분투하고 있는 충무공을 표창과 격려는 못할망정 잡아들여 감옥에나 가두고 고문이나 하는 무능한 군주들이 판을 쳤던 것이다.

## 인간 선의에 대한 무한 신뢰

공자는 사람의 가치를 중요시해 "인간이 도를 넓힐 수는 있지만, 도가 스스로 인간을 넓게 할 수는 없다"[4]고 했다. 인간으로서의 우월성과 그 가치를 최고로 보아 인간의 선의에 대한 무한신뢰를 하여 덕망과 능력을 가춘 군자들이 당시의 혼탁한 세상을 바로잡도록 열정과 사명감을 불어 넣었던 것이다.

사람만 보고 사람이 변화하면 복례(復禮)가 된다고 믿은 것이다. 사실 부패한 사회를 바꾸려면 구성원 모두를 도덕적 인간으로 만들면 된다. 그러나 현실세계에서 모든 사람을 도덕적 인간으로 변화시킨다는 것은 거의 불가능한 것이다. 그렇기 때문에 사회문제에 대한 도덕적, 윤리적 관점에서만 접근하는 것은 안전장치의 결여로 자칫하면 공허해질 우려가 많은 것이다.

물론 공자가 인간이 인(仁)을 실현하고 인의 세계를 만드는 데 평생을 바친 사상가이기 때문에 모든 관심의 초점을 사람에 맞추고, 사람의 변화를 촉구할 수밖에 없었던 것은 당연하다. 또한 예수나 석가를 비롯한 모든 성인은 인간을 대상으로 한다는 점에서 공자만을 탓할 수는 없다.

## 제도도 함께 고려했어야

다만 여타 성인과 달리 정치를 중요시 한 공자가 사람과 동시에 제도까지 함께 보았으면 좋았을 터인데 그렇지 못한 아쉬움이 더하기

---

4) 子曰 人能弘道 非道弘人 〈衛靈公 28〉

때문에 그냥 넘어갈 수는 없는 것이다. 제도와 사람을 동시에 보고 상호보완 할 수 있는 방안의 언급이 있었으면 완벽을 이루었을 것이 아닌가?

민권운동가 마틴 루터 킹 목사는 "사회를 바꾸기 위해서는 개인의 영혼을 바꾸지 않으면 안 된다. 그러나 개인의 영혼을 변화시키기 위해서는 사회를 바꾸지 않으면 안 된다"고 했다. 군자들이 많아야 혼탁한 사회가 밝아지고, 사회가 건강해야 군자들이 더욱 늘어가는 것이다.

제도에만 치중하다보면 사람의 중요성이 과소평가되기 쉽다. 한비자(韓非子)를 비롯한 법가의 이론이 거의 전적으로 행정제도와 법률에 중점을 두어 결과적으로 공포사회만 만들었던 사례를 보면 사람의 중요성이 과소평가되는 것의 폐해를 알 수 있다.

똑같은 제도 아래서 어느 나라는 자유롭고 어느 나라는 그렇지 못하며, 어떤 때는 흥하고 어떤 때는 고난을 겪는 것은 모두 사람 탓이다. 미국은 대통령제로 전 국민이 자유롭게 잘 사는데 그 제도를 직수입한 우리나라는 반세기 동안 시행착오를 거쳐 민주화를 이룩한 것은 모두 사람이 다르기 때문이다.

같은 헌법 하에서 지난 10년간 이룩했던 민주화가 이명박 정권에 들어와서 후퇴하는 것도 모두 사람 탓이다.

이렇게 사람이 중요한 것이며 공자가 관심의 초점을 개인, 즉 사람에게 둔 것은 인간 선의에 대한 무한 신뢰이며 이 점은 높이 평가되어야 할 것이다. 다만 제도와 군주의 자의를 제어할 수 있는 수단이 함께 고려되었더라면 인간의 가치가 더욱 존중되고 존엄성이 더할 터인데 그렇지 못하여 아쉬울 뿐이다.

제4장

# 리더십

# 1. 지도자는 부리는 사람

## 공자는 전문성을 부정하였나?

옛날부터 사람을 평가할 때 '그릇'에 비유해서 그릇이 크니, 적으니 말하여 왔다. 공자는 "군자는 한 가지 기능만을 지닌 그릇이 아니다"[1] 라고 말씀하셨다.

그런데 그릇이란 주자(朱子)의 집주(集註)와 같이 그 용도가 정해져서 서로 통용될 수 없는 것(器者 各適其用而不能相通)이다. 군자는 어떤 특정한 용도에 쓰이는 그릇이나 도구 같은 존재가 아니라는 뜻이다. 즉 군자는 지식과 덕과 경험이 서로 원만한 조화를 이룬 전인적(全人的) 인격의 소유자라야 하므로, 한 가지 구실밖에 못하는 그릇과 같은 융통성 없는 전문가가 아니라는 말씀이라고 생각한다.

이 구절이 특히 유명하게 된 것은 독일의 사회학자 막스 베버(Max Weber)가 이 말을 그의 《유교와 도교》(*The Religion of China: Confucianism and Taoism*)와 《프로테스탄티즘의 윤리와 자본주의 정신》(*The Protestant Ethic and the Spirit of Capitalism*)에서 프로테스탄트 윤리와 대비되는 유교윤리의 대표적 구절로서 부정적으로 읽기 시작한 이후부터이다.

베버의 경우 기(器)는 한마디로 전문성이다. 이것은 베버가 강조하

---

1) 子曰 君子不器 〈爲政 12〉

는 직업윤리이다. 독일어의 직업(*beruf*)을 영어로 바꾸면 Vocation이 되는데 '신의 소명'(*God's Calling*)이라는 말과 동시에 '직업'이라는 의미를 갖는다. 즉 이 어원(語源)에는 그 의미를 탄생시킨 서구 프로테스탄티즘의 문화적 의식구조가 함축되어 있다는 것이다. 바로 이 전문성에 대한 거부가 동양사회의 비합리성으로 통한다는 것이 베버의 논리이다.

분업을 거부하였고, 뷰라크러시(관료제)를 거부하였고, 이윤추구를 위한 경제학적 훈련을 거부하였다고 이해한 것이다. 또한 그것이 바로 동양사회가 비합리적이며 근대사회 형성에서 낙후될 수밖에 없는 원인이라는 결론을 이끌어내고 있다.

막스 베버의 논리는 자본주의를 최고의 가치로 전제하고 그것을 합리화하는 데 주안점을 두었다. 그러나 그의 논리는 당대의 거의 모든 맑스주의자가 반대했다는 점, 가톨릭 역사가들이 적대감을 가졌다는 점, 청교도 분파의 역할을 강조함으로써 결코 프로테스탄티즘 사상가들로부터 일치된 환영을 받지 못한 점 및 '자본주의'라는 용어의 사용 그 자체 등으로 많은 논쟁을 불러 일으켰으며 경제사에 별로 유용하지 않다고 여기는 경향이 있었다는 것은 잘 알려져 있다.

자본주의 경제체제가 베버의 프로테스탄티즘을 동력으로 하고 있는 것이 아님을 경제사를 조금이라도 공부한 사람이면 잘 알고 있다. 오히려 마이클 노박(Michael Novak)은 《가톨릭 윤리와 자본주의 정신》(*The catholic ethic and the spirit of capitalism*)에서 '창조적 인간'을 자본주의 발달 동력으로 치고 있다.

어떻든 자본주의 불발생(不發生)의 원인을 유교(儒敎)에 모두 전가할 수는 없는 것이다. 왜냐하면 자본주의 그 자체가 유교의 역사에서 발생되어야만 할 어떤 지고(至高)의 가치나 목표 혹은 이상이 아니기 때문이다. 또한 일본은 세계의 경제대국으로 자본주의를 꽃 피우고 있다고 할 수 있는데, 그렇다면 일본의 사례는 자본주의 정신을 구현하기 위해 우리가 프로테스탄트가 되지 않아도 된다는 것을 결정적으로 증명해 주고 있지 않는가? 더구나 우리 대한민국도 비록 출발은 늦었지만 불과 반세기만에 자본주의 경제발전과 민주화를 동시에 이룩해 낸 것을 보면 베버의 주장은 완전히 비현실적이고 허구인 것이다.

여기서 군자불기(君子不器)라는 공자의 언명의 맥락이 과연 근대사회적 특징을 이루는 전문직종에 대한 종사의 거부가 군자(君子)됨의 특징이라고 하는 의미의 맥락으로 사용된 것인지는 의심이 간다. 분명 '기'(器)는 주자(朱子)의 주(註)대로 "각각 용도에만 적합하여 서로 통용될 수 없다"고 보아야 하지만, 주자 자신도 이어서 "덕을 이룬 선비는 그 몸이 갖추어지지 않음이 없어 용(用)이 두루 하지 않음이 없으니, 다만 한 재능, 한 기예에 국한될 수 없다"[2]라고 한 것을 보면 군자는 기(器)를 부정하는 것이 아니라, 모든 기(器)를 포괄하고 어우르는 것으로 보는 것이 타당하지 않을까 한다.

공자도 스스로 여러 가지 잡다한 재주에 능하였는데, 그것은 어렸을 때 비천했기 때문이라[3]고 말했다. 그러나 《논어》 어디에도 그의 잡다한 재주가 성인(聖人)이 되는 데 방해가 되었다는 이야기는 없는 것을 보면 군자는 기(器)를 부정하는 자가 아니라 뛰어 넘는 자 내지는 부리는 자로 보아야 할 것이다.

## 군자는 기器의 부정이 아니라 뛰어 넘는 것

인간의 모든 배움은 기(器)를 이루는 것이다. 그러나 군자(君子)의 배움은 성기(成器)를 통하여 불기(不器)의 경지에 이르는 것이다.

---

2) 成德之士 體無不具故 用無不周 非特爲一才一藝而已 〈論語集註〉

3) 吾少也 賤 故 多能鄙事 〈子罕 6〉

즉 군자불기(君子不器)는 기(器)를 통하여 기(器)를 초극(超克)하는 것이요, 성기(成器)의 행위를 통하여 기(器)를 부리는 대도(大道)의 경지에 나아가는 것이다. 이렇게 볼 때 이 구절은 노자(老子)의 도덕경과도 맥락을 같이 하는 장(章)이 아닌가 한다.

군자는 특정한 일에만 쓰일 수 있는 기능인이나 기술자라기보다는 어떠한 일에도 적응할 수 있는 융통성과 포용성을 지닌 지도자(*leader*)이다. 따라서 군자는 자신을 남과 비교하거나 파(派)를 가르는 일을 하지 않는다. 오히려 군자는 넓은 마음으로 남을 감쌀 수 있는 여유를 지닌다.

분업화된 현대세계에서 공자가 이야기 한 "군자는 한 가지 그릇이 아니다"는 말이 전문적 기술의 필요성을 무시한 것으로 이해될 수도 있다. 사실 우리나라 조선조의 경우 유교가 지행합일(知行合一)의 본래의 유교와는 관계없이 공리공론(空理空論)화되면서 기능인들을 중인(中人)으로 취급하고 대장장이 또는 백정 등 기술인들을 상놈으로 천대하여 기술의 발전과 전문화를 저해했던 것도 사실이며, 아직까지도 우리사회에 진정한 '프로' 근성이 결여되어 있는 것도 현실이다.

그러나 그 말씀의 본뜻을 되새겨 보면 기능을 무시하려는 것보다는 기능에 앞서 인격성을 갖추어야 함을 강조한 것임을 알 수 있다. 사실 오늘날 비인간화 문제가 심각해지면서 우리는 인간을 만드는 교육이 기술교육의 바탕이 되어야 함을 절감하게 된다. 우리나라의 경우 유아교육부터, 지식보다 인성교육을 더 늘리는 것이 바람직하고, 특히 북유럽국가들이 인성과 사회성발달에 초점을 두고 교육하는 데서 교훈과 길을 찾아야 할 것이다.

## 2. 덕을 갖춘 지도자

### 군자는 공자가 평생 추구하여 양성하려고 한 것

《논어》에는 군자(君子)를 말한 장(章)이 거의 매편(每編)마다 반복되고 또 '군자'라는 용어가 무려 70여 회나 나올 정도로 중요한 위치를 차지하며 공자가 평생을 통하여 추구하였던 것이 군자 만들기였다. 즉 공자가 제자들을 모아서 글을 가르친 정신이나 목적은 그들을 군자 되게 하고 또 그들을 바탕으로 도덕정치를 펴기 위해서였다.

《논어》에서 공자는 한결같이 모든 이가 추구해야 할 이상적 인간상으로 군자를 제시한다. 공자는 후대 유학자들과는 달리 인간의 본성을 철학적으로 논하지도 않았고, 이기(理氣)니 음양(陰陽)이니 태극(太極)이니 하는 우주론을 말하지도 않았다. 그의 가르침은 소박하고 단순해서 인간이면 누구나가 될 수 있고 되어야 하는 인격자를 군자로 표현했다.

그러면 군자는 누구인가? '군자'라는 말은 공자 이전에도 있었다고 한다. 공자 이전에 군자는 임금 혹은 귀족같이, 부귀를 누리는 상류계층 즉 지배계층을 지칭하였다. 그러나 공자는 신분이 낮은 평민이라도 '학문과 덕행을 겸비하고, 도덕정치에 참여할 인격적인 지식인'의 뜻으로 썼다. 다시 말하면 공자에 의해 '새로운 군자'가 나타난 것이다. 이렇게 인격적으로 된 사람 혹은 되지 못한 사람이라는 새로운 가치를 부여함으로써 사회적 용어였던 군자와 소인이 도덕, 인격적

전문용어로 변화된 것이다.

옛날의 정치는 세습영주(世襲領主)의 독점은 물론, 그들이 임명하는 가신(家臣)들만이 참여할 수 있었다. 그와 같이 폐쇄된 관습과 울타리를 넘어서 평민 출신의 군자들을 투입하고, 정치에 참여시킴으로써 혁신적인 도덕정치를 실현하고자 한 사람이 바로 공자였다.

이것으로도 공자의 혁신사상의 일면을 볼 수 있겠는데, 김경일이 공자의 도덕은 '기득권자'를 위한 도덕이기 때문에 공자의 도덕을 딛고 선 유교문화는 정치적 기만과 위선으로 가득할 수밖에 없다고 매도하는 것은 우리에게 희망과 미래를 열어 준 영원한 인류의 스승에 대한 잔인한 사형(死刑)이 아닌가? 시정잡배도 아닌 지식층에 있는 교수가 곡학아세(曲學阿世)의 망언을 마구잡이로 입에 담아도 되는지 모르겠다.

## 누구나 노력하면 될 수 있는 군자

《논어》에서 군자(君子)는 '자왈'(子曰) 다음으로 많이 나온다. 공자는 대개의 경우 '학문과 덕행을 겸비하고, 도덕정치에 참여할 지성인 또는 현자(賢者)'의 뜻으로 썼으며, 간혹 '높은 관직에 있는 사람'을 군자로 표현하였다. 현대적 감각의 말로 표현하자면 덕을 갖춘 지도자(*leader*)라든가 CEO 또는 엘리트가 맞지 않을까 한다.

그러나 '군자'하면 많은 사람들이 조선시대의 양반을 생각해서 '벼슬한 사대부' 정도로만 여긴다. 조금 더 덧붙이면 '사대부 가운데 덕망이 있는 사람'으로만 여긴다. 말하자면 군자에 대해 신분상의 한계를 긋고 있는 것이다. 바로 거기에 문제가 생긴다.

이것은 공자가 그렇게도 추구한 군자가 아니었다. 아주 구제불능의 인간이 아니면 누구나 노력해서 군자가 될 수 있는 것이다. 사대부만이 군자가 될 수 있는 것은 아니었다. 그 당시에도 누구나 신분 상승의 기회는 있었던 것이다.

오랑캐의 여자라도 군주의 눈에 들면 이국(異國) 땅에 와서 왕비가 되는 경우도 있고, 남자들도 전공(戰功)을 세우는 경우 신분이 바뀌는 경우가 많았다. 오히려 지금의 대한민국처럼 있는 자들은 있는 대로 대물림하다가 문제가 되어 우리나라 첫째와 둘째가는 재벌 총수가 하나는 구속되고 하나는 미국에 잠적하였다가 돌아와서 조사받고, 또 없는 자들은 늘 없는 대로 대물림하는 신분 고정사회는 일찍이 없었다.

그러나 공자는 신분이 낮은 평민이라도 학문과 덕행을 쌓은 평민 출신의 군자들을 정치에 참여시켰다. 따라서 우리에게는 군자에 대한 선입견 내지는 편견을 버리는 것이 무엇보다도 중요하다고 하겠다.

한 집안의 크고 작은 일을 아무런 잡음 없이 처리하면서 그 집안을 화목과 웃음이 넘치게 하는 사람은 그 집안의 군자에 속할 것이다. 한 마을을 활력이 넘치게 하는 중에 그 마을을 발전시켜 윤택하게 하는 사람은 그 마을의 군자일 것이다. 한 회사를 노사화합 속에 잘 이끌어 기업이윤 확대와 직원 후생복지를 증진시키며 사회에 봉사까지 하는 사람은 훌륭한 군자일 것이다. 한 시·군의 대소사를 공명정대하게 처리하면서 첨단기업의 유치로 많은 일자리를 창출하고 문화생활을 즐길 수 있도록 도시를 발전시켜 그 혜택이 골고루 돌아가게 한다면 그 사람은 그 시·군의 군자일 것이다. 한나라를 그렇게 하면 그 나라의 군자일 게고 온 세상을 그렇게 하면 온 세상의 군자일 것이다.

이렇게 어느 위치에서든 공명정대하고 사람을 사랑하며 세상을 인의(仁義)의 마음으로 다스리면 군자이다. 집안을 잘 다스리면 고을을 잘 다스리는 경지로 이어지고, 고을을 잘 다스리면 나라를, 나라를 잘 다스리면 온 세상을 잘 다스리는 경지로 통해야 군자로서의 제 길을 걷는 순서라는 것은 누구나 잘 아는 사실이다.

## 국민적 존경을 받을 군자 중의 군자 나와야

한문(漢文)의 어려움으로 백성들의 글 익히기가 어려움을 알고 '한글'을 창제하여 남자는 물론 여자까지도 쉽게 배워서 읽혀서 모든 백성의 눈을 뜨게 하신 세종대왕은 군자 중의 군자가 아니겠는가? 1만원권 화폐에 대왕의 초상을 보라. 덕이 넘치고 인자함으로 보는 이마다 기쁘게 하지 않는가? 더구나 미소까지 띠고 있지 않는가?

백척간두(百尺竿頭)에 처한 나라를 한 몸으로 막아 왜적을 물리치고 마지막 싸움에서 적의 화살에 맞아 순국하면서도 자신이 죽었다는 것을 알리지 못하게 하면서 최후까지 독전(督戰)한 충무공 이순신 장군도 군자의 화신으로 살신성인을 몸소 실현한 어른이다.[1] 광화문 광장에 우뚝 서있는 충무공 동상의 눈에서 어느 누가 적의(敵意)를 느낀 사람이 있는가? 사랑으로 넘치는 덕장(德將) 앞에 그저 고개가 숙여지고 숙연해진다.

그러나 세종대왕은 500여 년 전 분이고 충무공은 400여 년 전 분이다. 오늘 큰 도량으로 백성의 아픈 곳을 찾아 고치고 가려운 곳을 찾아 긁어 주며, 분단 조국을 평화적으로 통일하여 번영이 충만한 가운데 찬란한 문화로 빛나게 할 군자는 어디에 있는가?

우리는 근세에 와서 국민적인 존경을 받을 만한 군자를 갖지 못하는 불행을 안고 있다. 이제 우리도 대통령다운 대통령 한번 갖고 국민다운 국민이 되는 나라[2]가 되었으면 얼마나 좋을까? 군자다운 정

---

1) 志士仁人 無求生以害仁 有殺身而成仁 〈衛靈公 8〉

치로 여야 밤낮 싸움만 하는 세상이 아니라 웃음이 넘치는 세상의 도래(到來)를 염원한다.

2) 齊景公 問政於孔子 孔子對曰 君君 臣臣 父父 子子 〈顔淵 11〉

## 3. 자기에게서 구하라

공자가 말씀하였다. "군자는 자기에게서 구하고 소인은 남에게서 찾는다."[1] 군자와 소인의 차이를 가장 극명하고 명료하게 나타낸 표현으로, 군자는 좋으나 나쁘나 모든 책임을 자신에게 돌린다. 군자는 잘못되면 자신의 탓으로 돌리고 잘되면 주변의 덕으로 옮긴다. 그래서 군자의 주변에는 사람이 모인다. 그것은 군자의 덕성 수양활동과 소인의 이익추구 활동이 확연히 다른 특성을 갖고 있기 때문이다.

즉 군자는 도(道)를 따라 인정(仁政)과 덕치(德治)가 행해지기를 추구한다. 그래서 군자의 덕성 수양의 중점은 자신에게 갖추어진 사랑(愛心)의 확충에 두는 것이다. 군자는 자기 자신에 대한 책망은 엄하게 하고, 남에 대한 책망은 가볍게 하여 누구로부터도 원망 사는 일을 하지 않는다.[2]

반대로 소인(小人)은 사리사욕을 채우기 위해 재물이나 이득을 얻으려고 안달한다. 어떻게 하면 이익이 되고 어떻게 하면 손해를 입는가에만 관심을 두고 이익의 몫을 조금이라도 더 많이 차지하려고 다투고 싸우고 시기하며 시샘하는 것이다. 그래서 잘 되면 자기 탓으로, 안 되면 남의 탓으로 돌리는 것이다. 오죽했으면 '잘 되면 내 탓이요, 안 되면 조상 탓'이라는 유행어까지 생겨났겠는가?

---

1) 子曰 君子 求諸己 小人 求諸人 〈衛靈公 20〉

2) 躬自厚而薄責於人 則遠怨矣 〈衛靈公 14〉

특히 우리사회는 그 정도가 심하여 모든 것을 '남의 탓'으로 돌리는 고질병에 빠져 있다. 그 중에서도 극심한 곳이 정치판이 아닌가 한다. 여야 대변인의 성명이라든가 논평 또는 담화를 보면 잘된 것은 자기 당 때문이고 잘못된 것은 상대 당 때문이라는 것을 거의 1년 365일 반복하여 국민들의 눈과 귀를 더럽히고 식상하게 하고 있다. 우리는 언제 한번 나의 당의 잘못이며 내 탓이라고 하는 대변인의 말을 들어볼 수 있을까? 우리 정치판은 정녕 소인배들만의 집결소인가? 모두 군자들로 채워지는 날이 빨리 오기를 고대한다.

천주교에서는 '고백의 기도' 중에 "내 탓이요, 내 탓이요, 내 큰 탓이로소이다"라는 구절을 세 번 가슴을 치며 암송하며, 지은 죄의 용서를 빌고 사(赦)함을 청하는 의례가 있다. 이것은 《논어》의 이 장과 일치를 이루는 기도라고 생각한다.

한 때 천주교단에서 "내 탓이요" 캠페인을 벌인 적도 있었다. 자동차에 티켓도 부착하고 거리운동 등도 벌였으나 별로 국민적 호응을 얻지 못하고 흐지부지된 것 같아 안타깝다. 결국 아직도 내 탓을 인정하는 사회가 되려면 멀었다는 이야기이다. 이렇게 무도(無道)하고 타락한 세상도 자신의 학문과 덕행으로 바로 잡으려고 하고 최후까지 자기 탓으로 돌리고 책임을 지는 군자들이 많이 나왔으면 좋겠다.

# 4. 언행일치의 중요성

## 소통의 원활

공자가 말씀하셨다. "더불어 말할 만한 사람인데도 말하지 않으면 사람을 잃고, 더불어 말할 수 없는 사람과 말을 하면 말을 잃는다. 지혜로운 사람은 사람도 잃지 않고 또 말도 잃지 않는다."[1]

어떻게 이렇게 정곡(正鵠)을 찌르는 말씀을 할 수 있을까? 나도 모르게 고개가 끄덕여지고 감탄하게 되는 명언이다. 사람이 세상을 사는 데 상대해야 할 사람과 상대하지 말아야 할 사람, 말할 때와 침묵할 때, 나아가고 물러서는 것을 때와 곳 그리고 상대에 따라 분명히 할 수 있다면 지혜로운 사람일 것이다.

그러나 더불어 말해야 할 사람에게는 말하지 않고 입만 꼭 다물고 있다가 더불어 말하지 말아야 할 사람을 붙들고 귀가 따갑도록 말을 늘어놓아 얼마나 많은 사람이 나를 떠나가고 또 원망을 샀는가? 또 더불어 말하지 말아야 할 사람에게 말을 하여 실없는 사람으로 낙인 찍히는 것은 고사하고 중요한 내용이 사전에 새어나가 일을 그르치는 경우는 얼마나 많았는가?

사람의 말이란 심사숙고하여 할 말, 못 할 말을 잘 분별하고, 상대

---

1) 子曰 可與言而不與之言 失人 不可與言而與之言 失言 知者 不失人 亦不失言 〈衛靈公 7〉

가 될 말의 대상도 분별 있게 선택해야 한다. 순발력도 있어야 하고 직감적으로 판단하는 판단력도 필요하다. 꼭 말해야 할 때와 사람에게 용기가 없어 못하는 경우도 많고, 사람을 잘못 보아 말하게도 되고 어떤 경우는 수양이 부족해서겠지만 입이 간지러워 참지 못하고 말하는 경우까지 있는 것이다.

## 언행일치는 사람과 신용을 얻는다

말은 사람과 사람 사이를 이어주는 가교(架橋)다. 그러나 위와 같이 아무나 함께 말을 나눌 수 있는 것은 아니다. 인간이 말과 일치를 이루면 즉 언행이 같으면 '믿음'(信)이 되는 것이다. 그러면 사람도 얻고(得人) 신용도 얻게(得言) 되는 것이다. 이와 같이 말은 인간에게 있어 최고의 가치가 있는 것이나, 그것이 실행(實行)과 합치되지 않을 때는 도리어 인간의 가치를 최하로 떨어뜨리기도 하는 것이다. 말은 이렇게 양면성을 지니고 있지만 우리 같은 보통사람들의 경우 말이 말썽이 되고 화근이 될 때가 많은 것이다. 예부터 '혀끝을 조심하라'고 가르치는 것도 그래서일 것이다.

그래서 공자도 "말이란 뜻이 통하면 된다"[2] 라고 하여 자신의 의사를 상대방에게 전하면 그것으로 족한 것으로 보았다. 또 "옛사람이 말을 함부로 하지 않은 것은, 자신의 실천이 따르지 못할 것을 부끄러워하기 때문이었다",[3] "요긴한 말만 하면 실수하는 것이 적다",[4] "함부로 말을 하고도 부끄러워하지 않으면 (그 말을) 실천하기 어렵다"[5] 라고 하였다.

---

2) 子曰 辭達而已矣 〈衛靈公 40〉

3) 子曰 古者 言之不出 恥躬之不逮也 〈里仁 22〉

4) 子曰 以約失之者 鮮矣 〈里仁 23〉

또 제자 자장(子張)이 도행(道行)에 대해서 물었을 때도 공자는 "군자가 말을 성실하고 믿음직하게 하고, 행실을 돈후하고 공손하게 하면, 비록 오랑캐 나라에서도 도(道)가 행해질 것이다. 그러나 말이 불성실하고 믿음직하지 못하고 또 행실이 돈후하거나 공손하지 못하면, 향리인들 도가 행해지겠는가? 그러므로 군자는 충신독경(忠信篤敬)을 서 있을 때도 눈앞에 엄숙히 떠올리고, 수레에 탔을 때도 수레 멍에에 걸려 있는 듯이 살펴야 한다. 그렇게 하면 도가 행해진다"[6]라고 가르쳐 '언충신'(言忠信)을 강조하였으며, "덕 있는 사람은 반드시 도에 맞는 말을 한다. 그러나 말 잘하는 사람이 다 덕이 있는 것은 아니다"[7]라고 갈파했다.

따라서 의(義)를 바탕으로 하고 예의범절에 맞게 행동하는 군자(君子)는 말을 신중하고 겸손하게 하며 자기가 한 말을 실천하고 완성한다.[8] 그러므로 "사람이 신의가 없으면 무엇에 쓰겠는가?"[9]라고 하여 신(信), 즉 언행일치(言行一致)가 없으면 그 쓸모를 알 수 없다고까지 했다.

공자의 일관된 언행일치의 강조의 영향이라고 생각되는데, 그의 문하생 자로(子路)는 "좋은 말을 듣고 아직 그것을 실행하지 못했으면 행여 다른 말을 들을까 두려워하였다"[10]고 할 정도라고 한다.

---

5) 子曰 其言之不怍 則爲之也亂 〈憲問 21〉

6) 子張 問行 子曰 言忠信 行篤敬 雖蠻貊之邦 行矣 言不忠信 行不篤敬 雖州里 行乎哉 立則見其參於前也 在輿則見其倚於衡也 夫然後行 子張 書諸紳 〈衛靈公 5〉

7) 子曰 有德者 必有言 有言者 不必有德 〈憲問 5〉

8) 子曰 君子 義以爲質 禮以行之 孫以出之 信以成之 君子哉 〈衛靈公 17〉

9) 子曰 人而無信 不可其可也 〈爲政 22〉

10) 子路 有聞 未之能行 唯恐 有聞 〈公冶長 13〉

이렇게 공자는 물론이고 그 문하생까지 언행일치에 좀 지나친 표현을 하자면 '노이로제'에 걸릴 정도이다. 말하는 것에 대한 공자의 의견은 《논어》에 과도할 정도로 많이 나온다. 군자의 지행(知行) 합일과 관련해서 〈학이〉 8, 〈위정〉 13, 〈이인〉 24에 나오며, 〈헌문〉 29도 '말'에 관한 것이다.

## 설화舌禍의 무서움

설화(舌禍)는 참으로 무섭다. 필자는 민선 2기 원주시장 시절 설화로 홍역을 치룬 적이 있다. 공개석상도 아닌 데서 얼마 전에 서거하신 최규하 대통령에 대하여 원주가 배출한 유일한 큰 인물로 주사에서 출발하여 대통령이 되신 분이라고 자랑한 적이 있다.

당시 강원일보는 강원도에서 유일하게 원주시만 이른바 '계도지'[11]를 폐지하여 개혁하고 있을 때라 원주시와 시장인 필자에 관해서는 비난기사만 침소봉대하여 싣고 심지어는 원주시 주관행사까지도 시장인 필자의 사진은 모두 삭제하고 보도할 때로, 필자가 '주사급 대통령'이라고 비하했다는 기사를 다음 날 신문에 대서특필했다.

강원일보의 집요한 악의적 보도에 의한 지방신문의 끝없는 횡포와

11) 계도지(啓導紙)란 시·군 행정기관이 일부지역 일간신문을 시·군 예산으로 일괄구입, 리·통·반장에게 보급하는 신문으로 지난 1970년대부터 지금까지 수십 년간 무료 배급되어 온 제도이다. 그동안 지방자치단체가 지역신문에 수억 원의 돈을 지원해 주는 것으로 변질, 관행화되었으며 TV, 라디오, 인터넷 등 매스컴과 정보화의 발달로 초고속의 디지털 시대인 21세기 현 시점에서는 구시대적 유물 중의 하나로 원주시의 경우 당시 연 3억여 원이나 되었다. 더 자세한 것은 한상철, 《시민행정론: 시민활동의 전개와 행정》, 법문사, 2002, pp. 292~304 참고.

난도질, 거기에다 이를 본 정적(政敵)의 교묘한 활용으로 많은 아픔과 괴로움을 당한 적이 있다. 2002년 지방선거에서 낙선한 것은 한나라당 소속이 아니기 때문에 어떻게 해도 떨어지게 되어 있었지만 이 설화 때문에도 표가 더 적게 나왔을 것이다.

지금도 생각하면 몸서리 처진다. 진작 《논어》를 못 읽은 것이 후회스럽다. 그러면 더 말조심했을 텐데. 인류의 역사가 말에서 시작하여 말로 계속되지만 설화(舌禍)는 이렇게도 무서운 것이다.

## 5. 지도자의 자질

### 지도자는 누구이고 어떤 사람인가?

정치(政治)란 한마디로 '다스림'이다. 다스림은 나를 다스리는 것과 남을 다스리는 것, 두 가지로 크게 나눌 수 있겠다. 공자는 내가 나를 다스리는 것을 수기(修己)라고도 하였고 극기(克己)라고도 하였다. 내가 남을 다스리는 것을 공자는 안인(安人)이라고도 하였고 또는 복례(復禮)라고도 하였다.

그래서 공자의 도를 수기안인(修己安人)의 도라고 하는 것이다. 그런데 후세의 학자들이 공자의 수기안인의 안(安)을 치(治)라고 바꾸어 수기치인(修己治人)이라고 많이 일컫는다. 따라서 공자의 도는 수기안인의 도요 수기치인(修己治人)의 도인 것이다. 《대학》의 강령 중 명명덕(明明德)이 수기에 해당하고 신민(新民)이 치인에 해당하며, 공자의 모든 가르침은 수기치인(修己治人)을 지향한다고 해도 지나치지 않을 것이다.

제자 자로(子路)가 정치에 대해서 묻자, 공자가 말씀하셨다. "백성들의 앞에 서서 일을 하고(솔선수범하고), 다음에 백성들을 부려야 한다." 좀더 자세히 말씀해 달라고 자로가 청하자, 공자가 말씀하셨다. "언제나 게으름을 피우지 말라."[1]

---

1) 子路 問政 子曰 先之 勞之 請益 曰 無倦 〈子路 1〉

이 장에서 자로의 물음에 대한 공자의 대답은 그 내용으로 보아 '다스림'을 하는 치자(治者), 현대의 말로 표현하면 지도자는 누구이고 어떤 사람인가에 대한 설명이다. 즉 지도자는 먼저 솔선수범한 뒤에 부하들이나 백성들에게 일을 시키는 사람이며, 그리고 지속적으로 열정을 보여 줘야 하는 사람인 것이다.

호령만 하고 제 몸을 사리는 사람은 지도자가 될 자격이 없는 것이다. 지도자는 명령만 하고 일은 남에게 시키는 사람을 가리키는 것이 아니다. 내가 잘살기 위하여 남을 못살게 구는 사람은 지도자가 아니다. 자기를 올바르게 돌보지 않고 남에게만 복종하라고 강요하고 힘으로 밀어붙이는 것은 다스림이 아니라 군림(君臨)인 것이다. 구호(口號)만 가지고 백성을 매질하고 세금폭탄으로 백성을 괴롭혀도 소용없다. 오히려 먼저 실천해야 백성들이 자연히 따라오는 것이다.

지도자는 무엇보다도 백성들 앞에 서서 행동으로 모범을 보여야 한다. 그리고 백성들이 열심히 생업에 종사하도록 여건을 조성해야 한다. 지도자의 기본덕목은 모범을 보이는 것이다. 리더십이란 '행동으로 보여주고 말로써 이해시켜서 행동하도록 하는 것'이다.

지도자가 어렵고 힘든 일을 앞장서서 먼저 하고 나서 백성들을 부리면 백성들은 원망하지 않는다. 수고로워도 원망하지 않는 '수근불원'(雖勤不怨) 상태를 넘어 필요하면 생명까지 기꺼이 바칠 수 있기 때문이다.

지도자는 행동으로 솔선수범하해야 하지만 '선지'(先之)는 정신적으로 확대해석해도 무방하다고 생각한다. 즉 지도자는 미래에 대한 비전(*vision*)을 가지고 끊임없이 새로운 자신을 만들어 가야 할 뿐 아니라 백성들에게 새롭고 창조적인 정책을 창안하여 백성들이 나아가야 할 방향을 정확히 제시해야 한다. 그러기 위해서는 지도자가 시대와 환경이 요구하는 새로운 트렌드(*trend*)를 앞서서 포착하고 스스로 변화의 길을 자발적으로 선택하여, 온몸을 던져 흔들리는 모습을 나타내지 말고 의연하게 새로운 미래를 열어가야 하는 것이다.

이러한 지도자는 기본적으로 몸가짐을 올바르게 해야 한다. 지도자는 높은 도덕성이 요구되는데 특히 한국에서 지도자로 성공하려면 성인군자는 못 될지라도 최소한 도덕적으로 떳떳해야 한다. 지도자 자신이 올바르면 명령을 내리지 않아도 만사가 이루어지고, 지도자 자신이 올바르지 못하면 비록 호령을 해도 백성들이 따르지 아니하는 것이다.[2)]

지도자가 먼저 몸가짐을 올바르게 하면 백성들이 감화되고 지도자를 마음속으로부터 존경하며 명령을 내려 위압하지 아니하여도 스스로 따르는 것이다. 그러나 지도자가 제 몸을 바르게 하지 않고 말만 앞세우면 아무리 호령을 한다 하더라도 백성들은 복종하지 않는다. 그래서 공자는 "자기 몸가짐을 바르게 한다면 다스리는 데 무슨 어려움이 있겠느냐? 자기 몸가짐을 바르게 하지 않으면, 어찌 남을 바르게 다스릴 수 있겠느냐?"[3)] 하였다.

## 바르게 해야 한다

천하에 좋은 일은 골라서 하는 것처럼 위장하고, 남을 위해 봉사하는 일꾼처럼 떠벌리나 뒤로는 호박씨 까면서 온갖 잡일을 일삼고 부정을 저지르는 지도자, 아무리 감추려 해도 세상은 다 알게 된다.

세상을 속일 수 있다고 여기는 사람보다 더 어리석은 사람은 없다. 그것은 마치 손바닥으로 하늘을 가리는 것과 같은 것이다. 그 노력으

---

2) 子曰 其身正 不令而行 其身不正 雖令不從 〈子路 6〉

3) 子曰 苟正其身矣 於從政乎 何有 不能正其身 如正人何 〈子路 13〉

로 먼저 깨끗해지고 몸가짐을 올바르게 하여 솔선수범해야 한다. 꼬리가 길면 밟히는 법이고, 긴 꼬리는 아무리 감추어도 드러나게 마련인 것이다. 그래서 계강자(季康子)가 정치에 대해서 묻자, "정치는 바로 잡는 것이다. 그대가 앞장서서 바르게 하면 그 누가 감히 바르지 않게 하겠습니까?"[4] 라고 대답한 것이다.

우리는 청문회에 불려온 고위 지도자를 보면서 그들의 부동산 투기, 자식들의 미국 국적 취득, 병역비리 등을 보면서 많은 자괴감을 갖는다. 지도자는 몸가짐이 올바르며 솔선수범해야 한다.

계강자는 노나라의 권문세도를 이룬 계씨(季氏) 권문으로 참월무도(僭越無道)한 대부였다. 공자는 정치의 정(政)을 곧 정(正)이라고 대답함으로써 계강자의 폐부를 찔렀다. 정치는 바로잡는 것이고 몸가짐을 올바르게 하는 것이다. 윗물이 맑으면 아랫물도 맑고 윗물이 흐리면 아랫물도 흐려지는 것이다.

## 시종일관 열정에 불타야

지도자가 이렇게 몸가짐을 올바르게 하면서 솔선수범해 모범을 보이면서 백성들을 부려도 그것이 지속되어야 하는 것이다. 빤짝하고 끝나면 의미가 없는 것이다. 시작은 좋았으나 끝이 안 좋은 지도자가 세상에 한둘이 아니다. 백제를 멸망시킨 의자왕도 처음에는 명군(明君) 소리를 들었고 고려를 조선왕조에 빼앗긴 공민왕도 시작은 아주 좋았다고 한다.

지도자란 업(業)은 하고 싶으면 하고, 싫증나면 언제고 그만두는 그런 자리가 아니다. 대부분의 사람들은 시작단계에는 아주 잘하

---

4) 季康子 問政於孔子 孔子對曰 政者 正也 子帥以正 孰敢不正 〈顔淵 17〉

다가도 시간이 좀 지난 다음에는 몸과 마음이 흐트러지고 이완되어 게을러지고 방탕하게 되는 경우가 많다. 출발은 큰 뜻을 품고 시작했으나 중간에 좌절하거나 실망하여 흔들리기도 하고, 일이 힘들어 피로에 지치기도 하고, 또 조그만 성취에 도취되어 자만해지기도 하는 것이 보통 지도자들의 모습이다.

특히 현대와 같이 많은 지도자를 선거로 뽑는 시대에는 선거 때만 되면 잘하겠다고 유권자에게 90도로 절을 하고 온갖 공약을 내놓다가도 당선되고 난 후에는 내가 언제 그랬냐는 식이다. 백성의 머슴이나 심부름꾼이 되겠다던 약속은 사라지고 백성 위에 군림하려는 많은 선량(選良)들을 우리는 본다. 지도자는 이래서는 안 된다. 처음이나 끝이나 열정으로 불타고 부지런하면서 자나 깨나 올바른 정사를 생각하여 시정(施政)으로 펴야하는 것이다. 게을러서는 안 되는 것이다. 솔선수범하는 일 못지않은 것이 그러한 자세를 지속적으로 유지하는 것이다.

시작할 때 의욕에 불탔으면 항심(恒心)을 가지고 지도력을 발휘해야 훌륭한 지도자인 것이다. 식을 줄 모르는 열정은 지도자와 항상 같이해야 한다. 그래서 공자는 "거처할 때에는 게으르지 말아야 하며, 일을 할 때에는 성실하게 하라"[5]고 그의 제자 자장(子張)에게도 가르쳤던 것이다. 이와 같이 지도자는 항상 마음을 일에 두어서 밤낮 일에 관심을 갖고 어떻게 하면 더 좋은 일을 할 수 있을까 생각하여 게을리하지 않고, 충심(衷心)으로 혼신의 힘을 다해, 자기를 던져 일을 해야 하는 것이다.

어떠한 지도자도 신(神)은 아니다. 일을 하다보면 과오도 범하고 시행착오도 일으키게 된다. 그러나 항상 솔선수범하고 백성을 부리는

5) 子張 問政 子曰 居之無倦 行之以忠 〈顔淵 14〉

열정에 불타는 지도자는 그 과오가 일식이나 월식 같아서 일식, 월식 후에 해와 달이 더욱 선명하게 빛나듯이, 개과(改過)하면 즉시 사라져 지도자의 높은 덕(德)은 백성들에게 더욱 우러러 보이고 존경을 받게 되는 것이다.[6]

6) 子貢曰 君子之過也 如日月之食焉 過也 人皆見之 更也 人皆仰之 〈子張 21〉

# 6. 지도자의 기쁨

## 촛불은 국민 양심의 표출

지도자의 기쁨은 어디에서 오는가? 30개월 넘는 뼈 있는 쇠고기 대미 수입허용은 검역주권 포기로 재협상하라고 매일 저녁 수십만의 시민이 서울광장에서 촛불을 밝히고 있다. 남녀노소 구분 없이 다양한 국민들이 모여 광화문통을 거쳐 청와대로 행진하면서 이명박 대통령 물러가라고 외친다. 이를 막기 위해 서울광장은 경찰차로, 광화문통은 컨테이너박스로 성을 쌓아 청와대 진입을 막으며 대통령이 대국민에게 가슴 찢어지는 아픔 속에 사과를 거듭해야 하니 그에게 무슨 기쁨이 있겠는가?

기쁨은커녕 괴로움과 뼈를 깎는 아픔 속에 고뇌에 차서 해결의 길을 찾기에 여념이 없을 것이다. 거기다 남북관계, 경제악화, 물가 급등, 심지어 독도문제까지 불거져 국정전반이 IMF외환위기 직전 상황보다 더할 정도의 막다른 골목으로 치닫고 있으니 대통령의 마음이 얼마나 괴롭고 아프랴.

크게는 대통령으로부터 적게는 마을과 같이 소집단에 이르기까지 지도자가 기쁨에 넘치고 희열로 가득 차야 그 나라가 번영・발전하고 그 조직이 활력이 넘친다.

## 지도자의 5덕

공자는 지도자는 인도(仁道)의 길을 걸어 대의(大義)를 위해 당당히 나가는 군자가 될 것을 주창하며 공(恭), 관(寬), 신(信), 민(敏), 혜(惠)의 5덕을 실행하라고 한다. 구체적으로 "공손하면 욕을 보지 않고, 관대하면 많은 사람들을 얻고, 신의가 있으면 남들이 일을 맡기게 되고, 민첩하면 일을 성취할 수 있고, 은혜로우면 남들을 족히 부릴 수 있다"[1] 고 하였다.

이와 같은 5덕은 공자의 제자 자장(子張)이 인(仁)에 대하여 물은 것에 대한 답으로, 인자(仁者)의 요건이지만 동시에 지도자가 갖추고 실행해야 할 덕목으로 보아도 무방할 것이다.

그것은 지도자의 요건으로 이 5덕을 실행하면 충분할 뿐 아니라 〈요왈편〉 1장에 '惠'를 '公'으로 바꾸어, '공즉열'(公則悅) 즉 공평하고 공정하면 기쁘다는 것 이외에는 그대로이다. 중국의 요순을 비롯한 성왕의 덕치를 요약 내지는 함축한 것이라는 일반적 통설은 물론이고 앞으로 천하를 맡아 다스리게 될 제왕이나 위정자들에게 대한 교훈 내지는 요구사항이라고 볼 때 더욱 그러하다.

그러나 시야를 조금 넓혀서 보면 이는 현대 지도자론이 될 뿐 아니라 공자 스스로 민주주의를 상정하지는 않았더라도 훌륭한 민주주의의 원리가 되고도 남는다는 점을 밝히고자 한다.

### 공손하라

즉 지도자가 공손하게 일하면 남들로부터 모욕당하지 않는다(公則不侮). 공손한데 욕보일 사람이 세상에 어디에 있겠는가? 먼저 웃고

---

1) 恭則不侮 寬則得衆 信則人任焉 敏則有功 惠則足以斯人 〈陽貨 6〉

친절하게 인사하는데 인상을 쓸 사람은 없는 것이다. 특히 민주주의 국가에서의 국민은 주권자인데 심부름꾼인 대통령이나 국회의원 등이 오만하고 거들먹거리는 것은 주객이 바뀌고 본말이 전도된 것이다. 지도자는 그 주인에게 공손함으로써 진정한 지도자가 되는 것이고 존경을 받게 되는 것이다.

## 관대하라

지도자가 남에게 관대하고 관용을 베풀면 사람들을 얻고 지지를 받는다(寬則得衆). 윗자리에 있는 사람들이, 또는 윗자리에 있으려고 하는 사람들이 혼자만 잘났다고 우쭐대면 사람들은 떠나가고 등을 돌린다. 그러나 두루 포용하고 배려하면 사람들은 따르고 모이며 지지를 보낸다.

세상을 이끌어온 원동력은 힘이 아니라 배려(配慮)다. 인간사회에서 사람과의 관계를 이어 주는 고리는 배려이다. 배려는 경쟁자까지도 초월할 수 있다. 경쟁자의 관점에서 보고 역지사지(易地思之)의 입장에서 경쟁자를 더 나은 길로 인도하는 것이 진정한 승리이다. 배려의 기저에는 너그러움, 즉 관대가 깔려있는 것이다.

경선에서 이기고 대통령이 되었다고 하여 국내에는 경쟁자가 없다고 하는 것은 국정 동반자로 함께 가겠다고 한 사람에 대한 배신이며 오만이다. 대통령은 보수진영은 물론이며 야당까지도 모두 끌어안고 가야 되는 것이다. 그러려면 관대와 너그러움 그리고 배려가 뒷받침되어야 한다.

## 신의를 지켜라

지도자가 신의가 있어야 남들이 일을 맡긴다(信則人任焉). 신의를 지키고 말과 행동이 일치한다면 부하들로부터의 신뢰는 물론이고 국민들로부터 지지를 받지 않을 수 없는 것이다. 미더우면 모든 것을 맡기는 것이 세상이치이다.

쇠고기 문제로 대통령이 뼈저린 사과를 하면서 국민의 의견을 충분히 들어 처리하겠다고 해놓고 다음 날 고시하면 대통령 말을 누가 믿겠는가? 그렇게 하는 대신 뼈저린 사과를 하면서 동시에 한미 간의 추가협정이 결정되면 안전문제는 완전히 해결되니 무역의존도가 80퍼센트에 가까운 우리나라로서는 추가협상의 결과가 나오는 대로 더 이상 지체 없이 고시를 하지 않을 수 없으니 국민들이 협조하여 달라고 요구했어야 옳았을 것이다.

청와대 뒷산에서 '아침이슬'을 부르며 광화문을 덮은 횃불의 뜻을 새겼으면 어떻게 유모차를 끌고 나왔던 엄마들까지 붙들어다 조사를 하며 입건을 하는가? 이렇게 하는데 누가 대통령의 말을 믿겠는가?

## 민첩하라

지도자가 민첩하면 업적을 세우고 남긴다(敏則有功). 민첩함은 서두름이나 조급함 그리고 날림이나 무조건 빨리빨리와는 다른 것이다. 대통령이 'early bird'니까 청와대 전 직원이 매일 새벽같이 출근해 밤 10시가 넘어 퇴근하고 주말도 반납하며 사무실을 지키는 것은 민첩이 아니라 미련함의 극치이다.

민첩은 무조건적이 아니라 성실을 동반한 제대로 된 민첩함이며 그러면 공(功)을 남기는 것이다. 10년 전 IMF 외환위기시 전 국민이 실의에 빠져 있을 때, 골프선수 박세리가 헤저드에서 흔들림 없이 맨발의 투혼으로 샷을 해 미국 메이저 여자골프대회에서 챔피언이 되어 국민에게 용기를 주고, 후배들에게 자극과 용기를 주어, 이들 세리키드(Kid)들이 10년 후 10여 명의 선수가 되어 미 LPGA를 누비며 대회마다 우승을 휩쓰는 것이 바로 민첩의 결과인 것이다.

은혜를 베풀면 누구나 고마워하는 것은 인지상정이다. 윗사람이 자애로우면 모두가 감동에 넘치고 따르게 되어 부리기가 쉬워진다는 것이다(惠則足以使人).

현대에는 부역(賦役)이 없어져, 사인(使人)의 의미가 없지만 동시에 세금으로 대치한다고 하더라도 즐겨 세금을 내게 되고, 내더라도 빼앗겼다는 생각이 아니라 좋은 일 했다고 기뻐하게 된다는 이야기이다.

## 공평무사하고 정의로워라

만민에게 공평무사하게 하면 만민이 기뻐하고 따른다(公則悅). 이는 지도자의 역할 중 가장 중요한 것이다. 지도자는 사인(私人)이 아니라 공인(公人)인 것이다. 지도자는 공인이므로 무사(無私)해야 하는데 사(私)하여 한 군데로 치우치면 그는 지도자가 이미 아닌 것이다.

가장 공평해야 할 대통령이 내각과 비서실을 강남 부자들만으로 구성하고, 발표에 의하면 이들이 유능하기 때문이라고 하지만 실제로 일하는 것을 보면 무능하기만 하다. 뿐만 아니라 이들의 대부분은 위장전입과 부동산투기 및 논문표절이나 한 사람들이다. 국민들은 이러한 정부를 보면서 돈과 권력이 없어서 자식교육을 위하여 강남으로 위장전입 한 번 못하고 부동산 투기와 논문표절은 우리들과는 무관한 것으로 알고, 법만 지키며 성실하면 일등국민이 되는 것으로 생각하여 어리석게 살아온 데 대한 자괴심에 빠져 MB정부는 나와 관계없는 남의 정부로 생각하게 되는 것이다.

실용도 중요하지만 원칙이 서야 한다. 기업 경영에 있어 CEO의 역할이 중요하지만 정부는 기업과는 다른 점도 있다는 것을 분명히 알아야 한다. 정부는 기업과 같이 아윤만을 추구할 수는 없는 것이다. 기업 프렌들리(*friendly*)도 좋지만 근로자나 서민들의 생활향상도 중요한 것이다. 개발시대의 성공신화로 몸에 밴 수월(秀越)의식도 물론 중요하지만 동시에 도덕성을 높여 공평하고 정의로울 때 국민은 기뻐하면서 박수를 보내는 것이다.

그래서 공자는 지도자는 공평하고 공정하라고 하면서, 절대 치우치지 말고 진실로 중(中)을 잡으라고 하였다. 그렇지 못하면 사해(四海)가 곤궁해서 하늘이 너에게 준 운수(綠)도 끝장난다[2]고 경고까지 했다.

이렇게 공평하고 공정하게 나라를 다스리면 사회가 형평을 이루고 바르고 올바르게 되어 국민이 모두 기뻐하면서 희열 속에 즐겁게 노래 부르는 것이다. 국민이 모두 기뻐하며 즐거워하여 웰빙(*well being*)이 이루어져야 최종적으로 지도자도 기뻐지고 발 펴고 잘 수 있는 것이다.

---

2) 允執其中 四海困窮 天綠永終 〈堯曰 1〉

# 7. 양궁과 골프의 세계제패 이유

## 현대는 무한경쟁의 시대

우리가 살아가는 세상에서 쟁(爭, *competition*)은 필수적이라고 해도 지나치지 않다. 자유로운 사회가 될수록 경쟁은 가중되는 것이다. 그래서 경제학에서는 완전경쟁사회를 전제로 하고 이론을 전개하는 것이 통례이다.

인류의 역사는 변화와 경쟁의 연속이었다고 정의해도 지나치지 않을 것이다. 수없는 변화를 겪으면서 더욱 융성한 나라도 있지만 아예 망해버려 지구상에서 사라져 버린 나라도 무수히 많다.

우리나라가 일본에 망하여 나라를 빼앗겨 민족전체가 고통의 지옥 속에 살다가 해방 후 한반도가 분단되어 현재까지 그 아픔이 계속되는 것도 우리가 국력이 약했던 것인데 다른 말로 표현하면 경쟁력이 없었기 때문이었다. 이렇게 경쟁은 생존을 위한 필수인 것이다.

교통과 정보통신의 발달은 국가의 의미와 기능을 약화시키고 있다. 경제사회 주체들 간의 국경을 넘는 상호의존이 가속화되고 있으며, 자본과 인력 그리고 기술과 정보의 이동이 자유로워지고 있다. 그 결과 세계가 하나의 시장이 되고 있으며, 기업을 비롯한 경제주체들 간의 무한경쟁의 장이 열리고 있다.

이렇게 개방화, 국제화의 결과로 세계가 하나로 되어 가자 강대국들은 경쟁의 무대를 우주로까지 확장해 우주경쟁에 열을 올리고 있는 등 경쟁의 극치 내지는 첨예화를 달리고 있는 것이 오늘의 현실인 것이다.

## 자기와 경쟁하라고 가르친 공자

공자는 경쟁에 대하여 "군자는 다투지 않는다. 불가피한 경쟁은 활쏘기 정도일 것이다. 그때에는 서로 절하고 사양하며 당에 오르고, 내려와 벌주를 마신다. 이러한 다툼이야말로 군자답지 아니한가!"[1] 라고 말씀하였다.

자유로운 사회에서는 경쟁 없이는 살 수가 없는 것이다. 공자가 "군자는 다투지 않는다"라는 것은 다투는 것을 원칙으로 삼지 않는다는 뜻이다. 그것은 대인관계에 있어서 다툼은 군자의 덕성에 속하지 않으며 군자의 인간성을 저해할 수 있기 때문이다.

공자는 《논어》 전편을 통하여 수기(修己)와 극기(克己)를 하여 복례(復禮)하라고 주장하였다. 수기와 극기는 자기와 경쟁하고 자기와 다투어 이기라는 소리이다. 자신을 참혹하게 매질하고 채찍질하여 자기혁신을 이루라고 하였다. 즉 남을 짓밟고 올라서야만 내가 살 수 있는 약육강식의 무한경쟁이 치열해짐에 따라 자연스럽게 만연하기 시작한 이기적인 마음을 버리라고 하였다.

이렇게 공자는 자기와는 철저하게 다투고 경쟁하여 이기라고 하였다. 다만 다른 사람과는 물리력을 사용하는 싸움은 하지 말라고 한 것이다. 사실 우리가 살아가는 세상에서 경쟁을 근원적으로 거부하는 것은 현실적으로 불가능하다. 따라서 경쟁을 하더라도 활쏘기 같은 것을 하라는 것이다.

---

1) 子曰 君子無所爭 必也射乎 揖讓而升 下而飮 其爭也君子 〈八佾 7〉

활쏘기는 6예(六藝) 가운데 하나이다. 옛날 중국에서는 6예를 아주 중요시하였고, 우리나라에서도 고구려 때는 물론이고 조선왕조에서도 조정이나 지방에서 큰 행사가 있을 때에는 6예 중에서 활쏘기와 말타기를 행하였던 것이다.

## 예를 갖추어 정정당당하게 경쟁하라

나라의 내일을 책임진 젊은 선비들이 모두 모여서 심신을 수련하고 그 결과를 과녁을 맞히는 수효에 따라 겨뤘던 것이다.

경쟁을 하면서도 활을 쏘러 당에 오를 때 서로 읍(揖)—가슴 앞에 두 손을 모아 인사하는 예—하고, 서로 먼저 쏘라고 사양하면서 당에 오르는 것이다. 활쏘기가 끝나면 당에서 내려와서 이긴 사람이 진 사람에게 벌주를 권하는 것이다. 다투더라도 예를 갖추어야 하고 게임의 법칙(*rule of game*)을 지켜 정정당당하게 경쟁하라는 것이다. 부당한 수단을 이용하거나 다른 사람에게 해를 입히지 말라는 것이다.

같은 운동경기라 하더라도 활쏘기 중 동양의 궁도와 서양의 양궁 그리고 골프 등과 복싱, 레슬링 격투기 등은 그 성질이나 차원 자체가 다르다. 복싱이나 격투기 등은 서로 직접 맞부닥뜨려야 하는 운동으로 상대방을 치고 차서 때려눕혀야만 승부가 난다.

서양의 군자라고 할 수 있는 기사(騎士)들이 하던 양궁이나 골프 등은 자기와의 싸움이다. 상대방은 동반자로 대화 속에서 서로 격려하면서 혼자의 외로움을 덜어 주는 동료인 것이다.

군자의 쟁(爭)은 이렇게 신사적이고 품격이 있는 것이다. 그래서 공자는 "활을 쏠 때 가죽을 관통하는 것을 위주로 하지 않는다. 힘을 쓰는 것이 같지 않기 때문이다"[2]라고 하여 화살이 가죽 과녁을 관통하지 못하더라도 과녁에 적중하기만 하면 된다고, 무력행사로 전락한 활쏘기를 한탄하였다.

우리는 수십 년간 올림픽에서 남녀 양궁이, 미 LPGA와 PGA에서 박세리와 최경주, 양용은 등이 우승을 휩쓰는 것을 보고 박수를 보내고 자랑스러워한다. 그들이 우승을 하며 세계를 제패하고 명예의 전당에까지 들어가는 것은 우선 피나는 노력의 결과이다. 또 젓가락 사용민족의 후예라 손재주가 다른 나라 선수들에 비하여 천부적이기 때문이라는 분석도 있다.

## 개방화 시대에 맞는 에티켓의 대중화

여기에 하나 더 추가하여 전래로 군자를 숭상해 온 군자국의 후예로 그들의 피에 조상들의 군자의 인자(因子), 즉 DNA가 포함되어 있기 때문이 아닐까 하는 생각이 든다.

양궁선수들이 훈련과정에서 단전(丹田) 호흡을 하기도 하고 선(禪)을 하기도 한다는데 그것은 마음을 유학(儒學)에서 중시하는 시중(時中) 사상과 직결시키는 것으로 마음을 집중시켜 택선고집(擇善固執)으로 시중을 실현하는 것이기 때문이다.

그런데 안타까운 것은 양궁장에서나 골프장에서 소란스러운 갤러리들의 관전태도이다. 경주에서 열렸던 미국 여자프로골프협회(LPGA) 하나은행-코오롱 챔피언십에서의 사단은 그 소동이 하도 심하여 외국선수들이 신변의 위협까지 느꼈을 정도라고 하니 한심할 정도다.

사실 외국 골프장에는 갤러리의 휴대전화나 카메라 반입 자체가 안된다. 갤러리뿐이 아니다. 근래 골프가 대중화되다 보니 활쏘기와 같이 예(禮)를 중시하는 골프에서 상대방이 샷을 하는데 막 떠들고 퍼

---

2) 射不主皮 爲力不同科 〈八佾 16〉

팅을 하는데 앞에서 왔다 갔다 하는 것을 다반사로 보면서 눈살을 찌푸리게 된다.

논두렁문화에 젖어 있던 우리가 IT문화에로, 폐쇄·정체사회에서 갑작스런 발전의 가속으로 세계화하자 아직 각 분야에서 그것을 따르지 못하는 것이 현실이다. 이런 점에서 2011년 세계육상을 유치한 대구시가 관전 교본을 만화로 펴낸 것은 참신을 넘어 극히 바람직한 일이라 하겠다.

아는 예절은 지켜야 하고, 모르면 계도하여 알게 해야 한다. 중앙정부와 자치단체 그리고 언론기관과 각종 시민단체는 논두렁문화에서 세계문화로 이전한 사회상황에 맞추어 여기에 맞는 에티켓이 대중화되도록 운동을 펴서 군자의 나라로서 문화민족의 긍지를 찾아야 할 것이다.

# 제5장

# 경제사상

# 1. 경제를 중시重視한 경세가

## 인구를 늘려라

'공자가 죽어야 나라가 산다'고 주장하는 김경일은 한국병의 모든 원인이 유교에 있고, 그 책임은 공자에게 있다고 한다. 6·25전쟁은 물론이고 심지어는 IMF 외환위기까지도 공자 때문에 왔다고 황당무계한 말을 활자화하여 독자들을 오도(誤導)하고 있다. 세계가 인정하는 인류의 영원한 스승을 어떻게 이렇게까지 난도질을 할 수 있는지 참으로 마음이 비통함을 금치 못하며 세상이 어찌 이 지경까지 왔나 하는 한심한 생각이 든다.

공자는《논어》전편을 통하여 단 한 번도 유교를 말한 적이 없다. 그는 인간을 말했고 삶을 말했을 뿐이다. 사람을 한 차원 승화(昇華)시키려고 인의(仁義)의 도덕사회의 이상향(理想鄕)을 실현하려고 하였다. 특히 삼성(三聖) 중에서 공자만큼 헝클어진 현실의 혼란을 현실적으로 풀려고 한 사람은 없다. 또한 경제문제의 중요성에 대하여 뚜렷한 의견을 제시한 것은 공자가 유일하지 않나 한다.

공자께서 위(衛)나라에 갈 때 제자 염유(冉有)가 수레를 몰았는데, 공자께서 "백성들이 많구나" 하였다. 염유가 "이미 백성들이 많으면 또 무엇을 더하여야 합니까?" 하고 묻자, "부유하게 해야 한다" 하였다. "이미 부유해지면 또 무엇을 더하여야 합니까?" 하고 묻자, "가르쳐야 한다(교화해야 한다)"고 하였다.[1)]

한 가정도 그렇고 특히 나라가 잘 되려면 인구(人口)가 많아야 한다. 중국이 세계에서 큰 소리치고 발언권이 센 것도 13억이 넘는 인구 때문이다. 인구는 한 나라를 구성하는 기본요소이다. 그래서 공자는 위(衛)나라에 가서 보고 "백성들이 많구나"한 것이다. 그러나 가난해서 먹고 살기가 어렵다면 인구의 번성도 아무 소용없는 일이다. 오히려 나라에 무거운 짐으로 작용할 수도 있는 것이다. 그들을 경제적으로 잘살게 해 주어야 한다.

우리는 1960년대부터 90년대에 이르기까지 경제개발에 집중하면서 동시에 가족계획을 병행했던 것을 기억한다. 지금 중국도 한 가정에서 한 자녀만 낳게 하는 것이 모두가 이 때문이다. 지금은 우리나라가 부강해졌지만 가족계획의 영향으로 아이들을 안 낳아 인구가 감소하는 추세라 오히려 더 걱정이다. 그래서 보건복지부장관이 직접 아이 더 낳기 운동을 펴고 각 지방자치단체들도 여러 가지 혜택을 주어 지원하고 있지만 출산율은 늘지 않고 있어 더 근원적인 대책이 강구되어야 할 것 같다.

## 부유하게 하라

"다음은 백성들을 부유하게 해 주어야 한다"고 했다. 인구가 많으면 그 다음은 우선적으로 그들이 배불리 먹도록 해 주는 것이 지도자의 일차적 책임이다. 그래서 민(民)은 이식(以食)이 위천(爲天)이라는 말도 있는 것이다. 공자가 경제를 얼마나 중요시하였는가를 잘 보여주는 것이 바로 "나라에 도가 있을 때에 가난하고 천하게 사는 것

1) 子適衛 冉有僕 子曰 庶矣哉 冉有曰 旣庶矣 又何加焉 曰富之 曰旣富矣 又何加焉 曰敎之 〈子路 9〉

은 부끄러운 것이다"[2] 라고한 대목이다. 공자는 무조건 가난하게 살라고 한 적이 없다. 정의와 선이 행해지는 세상에서 의로운 사람, 착한 사람들이 적극 사회의 표면에 나서서 부귀를 누리라고 한 것이다. 오히려 그렇지 못하면 부끄러운 일로 규정하였다.

또 공자가 "지도자는 백성이 적은 것을 근심하지 않고 고르지 못한 것을 걱정하며, 가난한 것을 근심하지 않고 편안치 못한 것을 근심해야 한다. 모두 고르면 가난함이 없고, 조화롭게 하면 적음이 없고, 편안하게 하면 기울어짐이 없게 된다"[3] 고 하여 균배(均配)를 강조한 것은 경제정책에서 분배문제까지도 관심을 두었다는 것이 된다. 공자의 이와 같은 여민분화(與民分貨) 사상은 빈곤율이 14퍼센트가 넘을 정도로 높아만 가는 우리나라의 경우 항상 유념해야 할 지도자의 덕목이 아닌가 한다.

더 나아가 공자는 "군자는 남이 궁핍하고 몰릴 때에는 돕고 보태주되, 부유하게 사는 사람에게는 더 보태고 재물을 늘려주지 않는다"[4] 라는 말씀을 전하며 강조했는데, 경제정책의 기본방향을 제시한 것으로 보인다. MB정부는 부자들에게는 감세하여 세금을 깎아주는 것도 부족해 환급까지 하고, 서민들에게는 간접세를 늘려 부담만 가중시키는 것이 부자들만의 나라이지 어니 우리나라라고 하겠나?

"그 다음은 교육이다"라고 했다. 공자는 정치는 먼저 경제생활을 풍요롭게 하여 민생(民生)을 해결한 후에 교육을 일으켜서, 물질생활의 토대 위에 정신생활의 향상을 꾀하자는 것이다. 백성을 먼저 경제적으로 부유하게 한 후에야 그들을 도덕적으로 가르칠 수 있다는, 즉

---

2) 邦有道 貧且賤焉 恥也 〈泰伯 13〉

3) 不患寡而患不均 不患貧而患不安 蓋均 無貧 和 無寡 安 無傾 〈季氏 1〉

4) 君子周急 不繼富 〈雍也 3〉

도덕적 교화(敎化)를 목표로 하면서도 굶주린 백성을 가르칠 수는 없다는 극히 현실적인 경제관(經濟觀)이다. 도덕만을 앞세운 비현실적 이상주의자는 결코 아닌 것이다.

노무현 정부가 공자의 이 말씀에 귀 기울여 민생문제를 우선 해결하고 경제진흥 속에서 개혁을 추진하였더라면 이렇게까지 국민들이 등을 돌리지는 않았을 텐데 말이다. 이명박 정부도 강부자 내각으로 부자들의 감세만 시켜 있는 자만 살찌워 어떻게 할 것인가? 지금부터라도 민생문제해결에 정책의 초점을 맞추기를 소망할 뿐이다.

김경일은 또 "IMF 외환위기가 터지기가 무섭게 사회전반에 박정희 신드롬이 일었다. 문제는 미래사회로의 진입실패에 있는데 답은 박 대통령의 관 뚜껑을 열어 꺼내고 있었다"라고 비난하면서 공자의 온고지신(溫故知新)에 의한 '되돌아보기 문화' 때문이라고 진단하였다.

그러나 천만의 말씀이다. 완전한 오진(誤診)이다. 과거로 돌아가자는 과거지향의 정서 때문이 아니다. 박정희 그는 치적(治績)의 공과(功過)는 차치하고라도 보릿고개에서 허덕이던 백성들을 먹고 살게 만들어서 공자의 말씀대로 부(富)를 해결했고 국민들은 그러한 지도자가 그리웠기 때문이다. 따라서 정치지도자는 백성들의 생활이 안정될 수 있도록 경제문제를 해결해야 하는 제일차적 책임을 져야 하는 것이다.

## 경제진흥, 국방 그리고 신뢰가 정치의 기본

제자 자공(子貢)이 정치를 묻자, 공자는 "민생문제와 국방문제가 가장 중요함을 말하고 백성의 식생활이 풍족하고, 군비가 튼튼하면 백성들이 신의를 지킬 것이다"라고 하였다.[5] 부국강병(富國强兵)과 신뢰(信賴)가 정치에 기본이라는 이야기다.

이 세 가지는 나라를 경영하는 데 필수이지마는 부득이 하나를 버려야 할 경우 무력강화 정책을 버리라고 하였다. 무력강화도 백성을 살리기 위한 것이다. 민생을 도탄에 빠트려 놓고 무력강화에만 힘쓰는 것은 어리석은 짓이다. 백성이 굶주리고 있는 국가의 무력강화는 사상누각(砂上樓閣)에 불과하다. 북한을 보면 바로 입증된다.

국민들은 굶주려 사망하는 자가 1년에 수백 명에 이르고 먹고 살기 위하여 갖은 고초를 다 겪으며 중국으로의 탈출이 줄을 잇는데 세계 구호기구의 도움 속에서 '강성대국'을 외쳐대니 무슨 소용이 있고 대포동 미사일을 발사하고 핵실험을 하여 설사 핵보유국으로 공인을 받은들 무슨 의미가 있겠는가? 불쌍한 것은 북한 동포뿐이다. 김정일 위원장이 쓸데없이 유훈정치나 할 것이 아니라 지금이라도 《논어》의 이 장(章)을 읽고 개과(改過)하기를 빌 따름이다.

마지막으로 민생문제와 백성의 신뢰 중에서 민생문제를 버리라고 했다. 왜냐하면 정치가 백성의 신뢰를 잃으면 설 자리가 없기 때문이다. 패도(覇道)의 악덕(惡德)정치에서는 무력강화와 경제발전을 앞세운다. 즉 '힘과 돈'으로 백성을 다스리고자 한다.

그러나 공자의 도덕정치에서는 백성의 신뢰를 앞세운다. 백성의 신뢰를 얻기 위해 위정자는 인덕(仁德)을 갖추고 인정(仁政)을 펴야 한다. 그렇게 하면 세종대왕 같은 위대한 지도자가 꼬리를 물고 나올 것이다.

---

5) 子貢問政 子曰 足食 足兵 民 信之矣 子貢曰 必不得已而去 於斯三者 何先 曰 去兵 子貢曰 必不得已而去 於斯二者 何先 曰 去食 自古皆有死 民無信 不立 〈顔淵 7〉

## 신뢰만 중시하고 경제와 국방을 부정한 것이 아니다

그러나 이 세 가지 기본정책에 대한 비중이나 정책수행 순서에 있어, 공자는 백성들의 신뢰를 가장 중시하고, 그 다음이 민생문제, 또 그 다음이 국방문제라고 말한 것이지, 백성들의 신뢰만 중요시하고 나머지를 부정한 것은 아니다. 백성의 신뢰를 강조한 것은 군주가 위민(爲民)을 빙자하여 백성을 착취해서는 안 된다는 것을 강조한 것으로 치자와 피치자가 모두 국가목적에 대한 이해를 함께하고 그 이익을 함께 향유하는 공동체의 주체임을 강조한 것으로 보아야 할 것이다.

이 세 가지는 정치에 기본이나 그중 제일 중요한 것은 백성들의 신뢰다. 예컨대 바울로가 "믿음과 희망과 사랑, 이 중에서 가장 위대한 것은 사랑이다"(고린토Ⅰ 13:13)라고 한 말과 같은 맥락이 아닌가 한다. 즉 믿음과 희망과 사랑 모두 다 중요한 것이지만, 제일은 사랑이라는 것이나 같은 뜻이다.

이렇게 공자는 국가경영에 있어 인구와 경제 그리고 교육을 중시했으며 정치에 있어서 무력강화 정책 그리고 백성의 신뢰를 중시하였다. 공자의 말씀대로 나라를 경영하고 정치를 할 경우 흥하지 않을 나라가 없는 것이다. 외환위기가 아무리 일어나라고 빌어도 일어날 수가 없는 것이다.

# 2. 경제윤리 강조

## 인은 모든 덕의 완성

공자는 한마디로 인(仁)을 버리지 말라는 것으로, 인(仁)은 인격자가 잠시라도 떠날 수 없는 궁극규범이고 최종목표이다. 부유나 빈곤, 명예나 빈천보다도 뛰어난 최고의 가치로서 도(道)를 말하고 있는데, 그 도의 내용이 인(仁)인 것이다.

공자는 하느님을 말하지 않는다. 그는 인(仁) 자체를 요청한다. 인이란 모든 덕의 완성으로서 인을 이룬 사람은 더 바랄 것이 없는 최고의 인격을 완성한 인물이다. 그래서 공자는 군자가 잠시라도 인을 떠난다면 어찌 우리가 그를 사람이라 말할 수 있겠는가?(君子去仁 惡乎成名)라고까지 말한다.

공자가 말씀하셨다. "부귀는 누구나 탐내는 바지만, 정상적이 아닌 방법으로 얻은 것이 아니면 누리지 마라, 빈천은 누구나 싫어하는 바지만, 정상적으로 주어진 것이 아니라도 구태여 마다하지 마라. 군자가 인(仁)을 떠나면 어찌 이름을 이룰 수 있겠는가? 군자는 밥을 다 먹는 동안도 인을 떠남이 없어야 하니, 경황 중에도 이 인에 반드시 같이 하며, 넘어져 뒤집히는 경우에도 반드시 인과 같이 하여야 한다."[1]

---

1) 子曰 富與貴 是人之所欲也 不以其道得之 不處也 貧與賤 是人之所惡也

## 성인成人의 요건

또 자로(子路)가 성인(인격이 완성된 사람)에 대하여 묻자, 공자가 말씀하셨다. "장무중(藏武仲)과 같은 지혜와, 공탁(公綽) 같은 청렴과, 변장자(卞莊子) 같은 용감성과, 염구(冉求) 같은 재주를 갖추고, 예악(禮樂)으로써 문화적 세련을 가하면 성인(成人)이라 할 수 있다." 공자가 다시 말씀하였다. "그러나 오늘날의 성인은 반드시 그렇게 하지 않아도 된다. 이(利)를 보면 의(義)를 생각하고, 위급할 때에는 생명을 바치고, 오래된 약속이라도 평생 잊지 않으면, 성인이라 할 수 있다."[2)]

이 장의 대의는 성인(成人)은 지혜, 과욕(寡慾), 용기, 재능을 갖추고 아울러 예악(禮樂)으로써 문채(文彩)를 가해서 진선미를 겸해야 한다. 그러나 공자는 오늘날의 성인은 그 조건을 완화했는데, 인정(仁政)과 덕치(德治)를 실현하기 위해서는 사람들이 먼저 사람다워야 한다는 것으로 성인에 대한 말씀이다.

여기서 성인(成人)이란 나이가 만 18세 이상이 되면 자동적으로 되는 민법상의 성인을 말하는 것이 아니다. 주자(朱子)는 '전인(全人)이라는 말과 같다'고 풀이하였고, 많은 해설자들이 '완전한 인격자, 극히 덕이 높은 사람'으로 보고 있다.

---

不以其道得之 不去也 君子去仁 惡乎成名 君子無終食之間 違仁 造次 必於是 顚沛 必於是 〈里仁 5〉

2) 子路問成人 子曰 若藏武仲之知 公綽之不欲 卞莊子之勇 冉求之藝 文之以禮樂 亦可以爲成人矣 曰 今之成人者 何必然 見利思義 見危授命 久要不忘平生之言 亦可以爲成人矣 〈憲問 13〉

## 나라경영과 정치에 있어서 경제를 제일 중시한 공자

위 두 장은 이상과 같이 인(仁)은 잠시라도 떠나지 말고 항상 같이 하라는 것과 성인(成人)의 요건에 관한 말씀이지만, 곁들여서 더 중요한 것은 우리가 공자의 경제윤리와 경제정의에 관한 견해를 배우게 된다는 점이다. 그것은 즉 "부(富)는 누구나 탐내는 바지만, 정상적인(정당한) 방법으로 얻은 것이 아니면 누리지 마라"(富 是人之所欲也 不以其道得之 不處也)는 말씀과 "이를 보면 의를 생각하라"(見利思義)는 말씀이다. 부(富)는 정당한 방법으로 얻어서 누리고 부정한 방법으로 얻는 부는 버리라는 것이다. 또 의(義)로우면 취하고 의롭지 않으면 버리라는 것이다.

공자는 나라경영에서도 경제를 강조하고 정치에서도 경제, 민생문제의 해결을 중시하였지만 여기에서 그치지 않고 경제윤리와 경제정의를 강조하기까지 한 것을 보면, 2,500년 전에 어떻게 이런 생각을 할 수 있었을까 하는 놀라움과 외경심에서 머리가 저절로 숙여진다.

대부분의 성인(聖人)들은 재부(財富)를 멀리하고 황금 보기를 돌같이 하라고 하였다. 그러나 공자는 재부 그 자체를 나쁘게 보지 않았다. 다만 추하고 부정하게 모은 재부이거나 남의 등을 쳐서 남을 울리고 빼앗은 재부라면 천만금이 있어도 취하지 말라는 것이다. 그래서 공자는 "부(富)를 만일 구해서 될 수 있다면 말채찍을 잡는 자의 일이라도 나 또한 하겠다. 그러나 만일 구하여 될 수 없다면 내가 좋아하는 바를 따르겠다"[3] 라고 말씀하셨다.

이에 대하여 주자(朱子)는 "말채찍을 잡는 것은 천한 자의 일이다. 가설(假說)하여 말씀하기를 부(富)를 만일 구해서 될 수 있다면 내

---

3) 子曰 富而可求也 雖執鞭之士 吾亦爲之 如不可求 從吾所好 〈述而 11〉

몸소 천한 일을 해서 구하더라도 사양하지 않겠으나 천명(天命)에 달려 있어 구한다고 될 수 있는 것이 아니라면 의리에 편안히 할 뿐이니, 어찌 반드시 한갓 욕만 취하겠는가라고 한 것"이라고 주해하였다.

이와 같이 공자는 당당하고 떳떳하게 재물을 구할 수 있다면 말 모는 천직이라도 하겠지만 구한다고 되는 것이 아니므로 자기는 자기가 좋아하는 바를 좇아 살 것이라고 하고, 인의(仁義)를 펴서 남을 편안하게 하는 길을 간 것이다. 재부(財富)를 모아도 경제정의와 윤리에 맞아야 한다. 정의로워야 하는 것이다. 그래서 공자는 불의하게 축적한 재부를 뜬 구름에 비유했고 의롭게 살기 위해 가난을 감수하더라도 그 속에는 기쁨이 있을 수 있다고 했다.[4] 더 나아가 공자는 "이익만을 바라고 행동하면 원망이 많이 생겨난다"[5]라는 말씀까지 하였다.

이렇게 공자는 국가경영과 정치에 있어 민생, 경제를 중시하고 경제윤리와 경제정의를 강조하여 경제적 폭력, 곧 사회, 정치적 권세를 이용한 착취를 배격하고 부정한 방법으로서의 치부, 부동산 투기에 의한 졸부 등을 부정한 것이다. 끊임없는 혁신(*innovation*)과 신제품 창조 그리고 고용창출은 공자가 박수치면서 격려할 것이다.

땀을 흘려 모은 돈이면 한 푼이라도 귀하고 부정하게 남을 울려 모은 돈이라면 아무리 많아도 천한 것이다. "부자가 하느님 나라에 들어가는 것보다는 낙타가 바늘귀로 빠져 나가는 것이 쉬울 것이다"(마태오 19:23~24)라는 예수의 말씀도 같은 맥락이라고 본다. 정당한 방법으로 부를 창조했고 그 창조된 부의 상당부분을 사회에 환원하여 공동체 구성원의 삶의 질이 높아졌다면 그런 부자는 하느님 나라가

4) 子曰 飯疏食飮水 曲肱而枕之 樂亦在其中矣 不義而富且貴 於我如浮雲 〈述而 15〉

5) 放於利而行 多怨 〈里仁 12〉

보장되지 않겠는가?

## 유교를 국교로 하고 공자생각과는 정반대로 나갔던 조선왕조

이렇게 경제를 중시하고 경제정의까지 강조하여 경제문제를 어느 정도 체계화했다고 할 수 있는 공자를 종주로 하는 유교를 나라의 이념으로 삼았던 조선왕조 500년은 의당 잘 사는 나라가 되었어야 한다. 그러나 그렇지 않았다. 세종대왕을 비롯한 극소수의 왕(王)만 민생에 관심이 있었지 나머지 많은 왕들은 죄 없는 백성만 쥐어짜서 부귀와 영화를 누리기에 바빴다. 조선왕조 500년을 거쳐 간 수많은 정승 판서들 중 율곡 이이 같은 몇 분을 제외하고는 백성들의 배고픔과 굶주림은 해결하지 않고 쓸데없는 예론(禮論)으로 세월을 다 보내지 않았는가.

조선시대를 이끈 중추세력인 사대부들은 공자의 생각을 독점하고 공자가 그렇게도 지행합일(知行合一)을 가르쳤는데도[6] 이를 외면하고 입으로만 군자를 일삼으면서 행하기는 졸부처럼 권력싸움에만 집중했을 뿐 경제진흥과 산업육성에는 관심이 없고 오직 세력다툼만 하다가 나라를 통째로 팔아먹기까지 한 것이 아닌가?

이것이 어떻게 공자의 책임인가? 공자가 당시의 사대부나 장승판서 그리고 왕들의 코를 꿰고 다닐 수는 없는 것이다. 오히려 저들이 공자를 앞세우고 공자를 팔은 것이다. 예수를 판 가롯 유다와 다를 것이 하나도 없는 것이다.

---

6) 子貢 問君子 子曰 先行其言 而後從之 〈爲政 13〉,
子曰 古者 言之不出 恥躬之不逮也 〈里仁 22〉,
子曰 君子 欲訥於言而敏於行 〈里仁 24〉,
子曰 君子 恥其言而過其行 〈憲問 29〉 등.

# 3. 물질로부터의 자유

## 가난하여도 아첨하지 아니하고<br>부유하여도 교만하지 않는 것도 어렵다

자공(子貢)이 말하였다. "가난하면서도 아첨하지 아니하고, 부유하여도 교만하지 않으면 어떻겠습니까?" 공자가 말씀하였다. "괜찮다. 그러나 가난하면서도 즐길 줄 알고, 부유하면서도 예를 좋아하는 것만 같지는 못하다." 자공이 말하였다. "시경에 '자른 듯, 다듬은 듯, 쫀 듯, 간 듯'이라는 말이 있습니다. 바로 이것을 두고 한 말이겠군요?" 공자가 말씀하였다. "사(자공)야! 이제 비로소 너와 함께 시(詩)를 논할 수 있겠구나. 지난 것을 알려주니 올 것을 알아차리는구나."[1]

가난하여도 아첨하지 않고 부유하여도 교만(驕慢)하지 않는 것도 여간 어려운 경지가 아니다. 이 정도의 경지에 도달하려고 해도 상당히 많이 수양을 하고 덕을 쌓아야 이를 만한 인격이다. 보통사람들은 가난하면 기가 죽고 의기소침하여 비굴하고 아첨하게 되는 것이 일반적인 현상이다. 비근한 예이지만 주위사람들이 신형 벤츠나 캐딜락 또는 렉서스만 타고 으스대는데 10년이 넘은 고물 SM5를 몰다 보면

---

1) 子貢曰 貧而無諂 富而無驕 何如 子曰 可也 未若貧而樂 富而好禮者也 子貢曰 詩云 如切如磋 如琢如磨 其斯之謂與 子曰 賜也 始可與言詩已矣 告諸往而之知來者 〈學而 15〉

그들이 부러울 때가 있는 것이 사실이다.

부유하면 교만해지는지의 여부는 필자가 한 번도 부자가 되어본 적이 없어 잘은 모르겠으나 주위에 장가를 잘 들어(?) 처갓집 상속으로 빌딩도 사고 고급차도 구하고 부동산도 생겨 모임에서 큰소리치는 것을 보면 교만해지는 것이 일반적인 모양이다.

특히 부동산 투기나 개발에 편승해 갑자기 벼락부자가 된 졸부(猝富)들은 그 교만이 더한 것 같다. 하루에도 수백만 원이나 수천만 원을 용돈으로 쓰거나 카지노로 날리는 사람들은 편안함이나 상냥함 또는 즐거움의 전제조건이 무엇인가를 모른다. 돈이면 다인 줄 알고 재물로 제 얼굴에 침을 뱉기 때문이다. 그래서 교만해지는 것이지만 세상은 묘하게도 이들 졸부들을 멸시하는 것이다.

## 이재理財의 귀재 자공

자공(子貢)은 공자의 제자 중에서 이재(理財)에 밝았고 공자교단의 자금원이기도 하였다. 《사기》 중 〈화식열전〉(貨殖列傳)을 보면 자공은 조(曹)나라와 노나라 사이에서 장사를 하여 많은 재물을 모았다. 자공은 공자의 70 제자의 무리 중에 가장 부유하였으며, 공자의 이름이 천하에 널리 알려지게 된 것도 자공이 음양으로 도운 때문이라고 하였다.

그래서 공자까지도 《논어》에서 자공의 화식(貨殖) 능력을 인정하는 말씀을 하였으니 "자공은 천명을 받지 않고, 재물을 불렸다. 그러나 슬기로운 그의 예측(추측)은 거의 적중하였다."[2] '천명을 받지 않았다'는 것은 다산(茶山)에 의하면 귀한 신분이 아니라는 뜻이다. 옛날

2) 賜 不受命 而貨殖焉 億則屢中 〈先進 18〉

의 부는 귀(貴: 신분)에서 나왔다. 자공이 천명을 받지 않고서도 재산을 늘렸다는 것은, 그가 특별한 지위도 없으면서, 자력으로 부를 쌓았다는 뜻으로 더욱 대단한 것이다.

이러한 자공이 가난했을 때도 아첨하지 않았고 부자가 되어서는 교만하지 않은 자신이 공자가 지향하는 군자에 거의 가깝게 접근했다고 생각하고 칭찬을 받으려고 스승 공자에게 "이만하면 되지 않겠습니까?"하고 질문을 했을 것이다.

그런데 공자는 가난해도 아첨하지 않고 부유하여도 교만하지 않는 것도 여간 어려운 일이 아닌데도 여기에서 그치지 않고 한 단계 더 높은 덕행을 가르쳐 준 것이다. 즉 '빈이락'(貧而樂) 하고 '부이호례'(富而好禮) 하라는 것이다. 재물이 없어 비록 가난하지만 마음이 풍요로워 그 가난을 즐길 정도로 자유로운 사람은 부를 누리면서 마음속이 말라버린 부자보다 더 부유한 인간임을 공자는 설파한 것이다.

이렇게 가난이나 실패 속에서도 무언가 진정한 삶의 즐거움(*joy of life*)을 잃지 않는 사람이 군자인 것이다. 워즈워드(W. Wordsworth)의 "낮게 생활하고 높이 생각한다"도 같은 의미일 것이다.

현세의 생활은 가능한 한 간소하고 조촐하게 살지만 마음은 풍아(風雅)의 세계에서 유유자적하는 것이 참된 인간의 가장 고결한 삶의 방식일 것이다. 청빈(淸貧)을 존중하고 생활은 극한(極限)에 이르기까지 간소화하고 마음의 풍요를 추구하여 청빈 속에서 즐거움을 누리는 것은 비록 어려운 길이지만, 이는 오늘날과 같은 물질만능의 풍조가 만연한 대량생산, 대량소비사회에서 자원낭비와 환경파괴로 인한 지구의 온난화라는 재앙을 막는 길이 아닌가 한다.

## 가난하면서도 즐긴, 즉 '빈이락'의 대명사 안회

《논어》에서 가난하면서도 도를 즐긴 '빈이락'(貧而樂)한 사람은 공자가 가장 사랑한 제자 안회(顔回)이다. 어떤 면에서는 '빈이락'이란 말은 안회의 모습이고 안회의 별명이라고 하여도 지나치지 않을 것이다. 공자는 이러한 안회를 가리켜 "참으로 회(回)는 어질다. 거친 밥 한 그릇과 물 한 그릇을 먹고 누추한 집에 살면서도, 남들은 다 그 근심을 견디지 못하거늘, 회는 그 즐거움을 바꾸려 하지 않는구나(회는 변함없이 安貧樂道하는구나). 어질도다. 회는"[3] 라고 칭찬하였다.

여기서 핵심은 "그 즐거움을 바꾸려 하지 않는다"에 있으며 그 즐거워하는 대상은 가난한 생활이 아니라 도(道)를 배우는 것이다. 현실생활이 아무리 어려워도 본래 지향한 즐거움을 바꾸지 않는 안회의 고매한 인격에 고개가 절로 숙여지고 가슴이 맑아진다.

## '부이호례'의 대명사 빌 게이츠와 워렌 버핏

한편 겸손하면서도 자기가 이룩한 부를 사회에 환원하는 부자는 참 보기가 좋고 존경이 간다. 돈이 많지만 티를 내지 않고 공손하면서도 어려운 이웃과 사회를 위하여 소리 안 나게, 유용하게 쓸 곳을 찾아 돕는 부자들이 있기 때문이다. 그들 덕분에 이 각박한 세상이 그래도 사랑으로 넘치고 훈훈하게 되는 것이 아닌가 한다.

이러한 부자들은 부유하지만 그 부유함을 운용하여 예(禮)로 승화(昇華)시키는 것이다. '빈이락'(貧而樂)이나 '부이호례'(富而好禮)는 빈부로부터 완전히 벗어나 자유로워지는 경지이다. 즉 물질로부터 완

3) 子曰 賢哉 回也 一簞食 一瓢飮 在陋巷 人不堪其憂 回也不改其樂 賢哉 回也 〈雍也 9〉

전히 자유로워지는 것이다.

빌 게이츠나 워렌 버핏 같은 사람을 보라. 세계 제1의 부자 빌 게이츠는 288억 달러를 기부해 만든 재단에서 자선활동에 전념하기 위해 마이크로 소프트(MS) 은퇴를 밝힐 정도이다. 또 세계 제2의 부자 워렌 버핏은 사상 최대의 기부금액인 370억 달러를 기부하겠다고 공언해 세계를 감동시키고 인류에게 희망과 내일을 선사했다.

그 많은 기하학적인 금액을 어떻게 사회에 내놓을 수 있겠나? 그것은 인류와 즐거움, 기쁨을 같이하며 아픔을 같이 나누기 때문에 가능한 것이다.

빌 게이츠는 "인류의 미래를 위해 투자하는 마음으로 자선(慈善)을 한다"고 했고, 워렌 버핏은 "행복해지기 위하여 자선을 한다"고 했다. 부유한 중에 예(禮)를 즐기는 것이며 완전한 자유인(自由人)이 되는 것이다.

## 삼성과 현대가 거액을 기부하고도 아무런 감동을 주지 못하는 이유

국내에서도 재계 1, 2위 기업인 삼성그룹과 현대자동차가 우리나라 기부(寄附)사상 최대금액인 8천억 원과 1조 원을 각각 사회에 환원하겠다고 밝혔지만 우리사회에 아무런 감동을 주지 못했다.

이들 거대기업이 사회환원을 발표한 시점은 공히 변칙적인 부의 세습과 편법, 탈법문제가 사회문제가 되어 검찰의 수사를 본격적으로 받고 있을 때였다. 그래서 대다수 국민들의 눈에는 이들 거대기업들이 살아남기 위해, 재벌 총수의 구속을 피하기 위해 발표한 여론무마형 또는 면죄부성 기부로 비친다. 게다가 그것도 어떻게 사용하겠다는 구체적 프로그램 없이 발표해 그들의 순수성과 진실성이 받아들여

지지 못한 것은 안타깝고 아쉬움이 따른다. 만약에 순수성과 진정성이 없는 희사(喜捨)라면 아무리 거액이라 하더라도 '부이호례'(富而好禮)라고 할 수는 없는 것이다.

사람이 교만하면 진실성이 없게 마련이다. 교만 속에는 사랑은 있을 수 없고 비인간적인 황폐만이 쌓일 뿐이다. 이러한 부자보다는 돈이 없어 주머니는 가난하지만 마음이 부유한 사람이 훨씬 더 행복한 것이다.

## 부유하면서도 예를 좋아하라

"부유하면서도 예를 좋아하라." 얼마나 멋지고 고차원적인 가르침인가? 예(禮)가 무엇인가? 예는 질서이다. 크게는 하늘로서 할 일을 하는 것이 하늘이 지키는 질서이고, 땅으로서 할 일을 지키는 것이 땅의 질서이며, 인간으로서 마땅히 해야 할 것을 지키는 것이 인간의 질서인 것이다.

이것은 공자가 말한 대로 "지도자는 지도자다워야 하고, 공무원은 공무원다워야 하고, 아버지는 아버지다워야 하고, 아들은 아들다워야 한다"로 돼야 하는 것이다. 부유한 사람, 즉 부자는 부자다워야 하는 것이 '부이호례'(富而好禮)이며 '다운 행위'가 바로 질서로 예(禮)인 것이다. 예는 인간의 사회적, 윤리적 행동규범으로 강제성이 없고 자율적인 사회생활의 규범이다. 이러한 예에 의해서 문화가 가능해지는 것이다.

삼성의 이건희 명예회장이 "우선 우리 사회 우리 국가, 우리 국민에게 철저하게 기여해 보고, 이러한 개념을 갖고 세계 어느 지역이든지 우리를 필요로 하는 곳이 있으면 또 한다. 그렇게 되면 결국 세계를 생각하는 삼성인, 인류를 생각하는 삼성인이 되고 세계에서 환영

받는 삼성이 될 것이 아닌가.… 인류사회의 풍요를 위해서도 노력해 보자는 것이 바로 우리가 지향하는 초일류기업의 모습이다"라고 회장 재임시 강조하였다. 이와 같은 자세가 진정이라면 '부이호례'에 해당하지 않겠나하는 생각이 든다.

## 원주의 아름다운 사람들

'부이호례'(富而好禮)의 참 모습을 원주의 '부부의원'을 경영하는 곽병은 원장에게서 본다. 그는 겸손하게 성의껏 환자를 돌보면서 '갈거리' 사랑촌을 운영하며 수십 명의 장애인과 생활을 같이하며 돌본다. 또 '십시일반'(十匙一飯)을 경영하여 수백 명의 노숙자나 어려운 사람들에게 점심을 제공하며 그도 그들과 같이 점심을 먹고 거의 점심은 외식을 하지 않는다.

병원에 들어오는 수입을 거의 어려운 사람들을 위해 쓰면서 이름이 알려지는 것을 꺼려 조용히 아름답게 봉사·희생하면서 항상 기쁨에 넘쳐있는 그를 볼 때 살아있는 슈바이처를 보는 것 같다.

또 한 분은 원주에서 가톨릭병원을 경영하는 하이디 원장이다. 그는 독일 태생으로 원주에 와서 가톨릭병원을 직접 세우고 키웠으며 임종에 가까운 어려운 환자들을 예수 대하듯이 사랑으로 돌보는 수녀이다. 자기 부모도 임종이 가까우면 몸에서 역겨운 냄새가 나서 가까이 하기를 꺼리는데 그는 호스피스 환자들을 애인 대하듯이 대한다. 이러한 모습이 '부이호례'가 아니겠는가.

이러한 그가 원주에 노인치매병원 건립을 위하여 중앙정부와 강원도로부터 수십억 원의 예산을 확보하고도 시의 분담금이 부담이 된다고 원주시가 반납한 처사는 누구를 위한 행정인지 모를 일이다. 우리

사회가 급속하게 노령화사회가 되어 가고 노인치매문제는 어느 가정이나 안고 있는 어두운 문제이다. 제대로 된 자치단체라면 전액 시비(市費)를 투자하여서라도 건립 운영하여야 할 터이다.

이른바 '건강도시'를 지향한다고 하면서 확보한 예산도 반납하면서, 수천억 원을 들여 기도원이나 사찰이나 지어야 할 곳에 고래 등보다도 더 큰 시청이나 짓는 원주시의 행태에 분노를 금할 수 없다. 한국인도 아닌 외국인인 하이디 원장에게 그저 부끄러울 뿐이며 고개를 들 수가 없다.

이 밖에도 많은 사람들이 숨어서 드러나지 않게 부이호례(富而好禮)하고 아름다운 일을 많이 하는 덕에 우리사회가 앞으로 나아가고 발전하는 것이 아닌가 한다. 그런데 이명박 대통령은 330억여 원이란 거액을 기부(寄附)했는데도 국민들에게 별 감동을 주지 못하였는데 그 이유는 무엇일까?

이렇게 무첨(無諂)과 무교(無驕)에 대하여 공자는 한 단계 더욱 적극적인 '빈이락'(貧而樂)과 '부이호례'(富而好禮)를 새롭게 제시하며 자공(子貢)으로 하여금 더욱 수양에 힘쓰라고 한 것이다. 이에 공자학단에서 두 번째로 머리가 좋고 현명한 자공이 공자의 말씀을 즉시 이해하고 "절차탁마(切磋琢磨)해야 하겠군요?"라고 하니까 공자가 자공의 애명까지 불러가며 "이제 비로소 너와 더불어 시(詩)를 논할 수 있게 되었구나"라고 극찬한 것이다.

자공이 공자학단(孔子學團)에서 두 번째로 머리가 좋고 현명하다고 한 이유는 공자는 안회를 제자 중 제일로 꼽았는데 자공을 제일인 그와 비교하도록 한 것이나, 자공 스스로 안회는 따라갈 수 없다고 솔직하게 답한 것을 보면 그렇게 추측할 수 있지 않나 생각한다. 즉 공자가 자공에게 "너와 안회는 누가 더 나으냐?"라고 묻자, 자공이

"제가 어찌 감히 안회를 바라볼 수 있겠습니까? 안회는 하나를 듣고 열을 알지만, 저는 하나를 듣고 둘을 알 뿐입니다"라고 대답하니까, 공자가 "그래 너는 안회만 못하다. 그래 나와 너 두 사람 모두 안회만 같지 못하다"[4] 가 그것이다.

'절차탁마'는 자공의 이 말 이후 도를 향한 무한정진(無限精進)의 대명사가 되었으며, 배움에 혼신의 정력을 다하는 군자의 내면적 모습으로 자리 잡았고, 오늘날 열심히 공부하는 학생들을 가리킬 때 주로 쓰이는 말이 되었다.

이에 대하여 "너와 더불어 시를 논할 수 있게 되었구나"라고 칭찬한 것에 대하여 대만의 왕방숑(王邦雄) 교수는 자공이 도(道)의 세계로 들어올 수 있다고 긍정한 것과 동일하다고 해석하는데 수긍이 간다.

위에서 '시'는 《시경》(詩經)을 가리키는데 여기에는 300여 편의 시가 수록되어 있다. 공자는 "이 《시경》 300편을 한마디로 말한다면, 생각에 사특함이 없다"[5] 고 하였다. 시는 다 순수하고 깨끗하고 아름다운 것이다. 이와 같은 상태를 다른 말로 인(仁)의 보편세계라고 할 수 있는데 그것을 사무사(思無邪)란 부정어법의 시어로 말한 것이다. 부정어의 무한 상징성을 활용하여 직접 표현하지 못하는 보편정신의 경지를 간접 표현한 것이다.

일반적으로 시는 소리 없는 음악이고 형상 없는 그림이다. 시는 형식상 운문형태를 취하기 때문에 이미 음악적 요소를 갖추고 있는 것이고 특히 여기 《시경》에서 말하는 시는 당시의 노래를 정리하여 놓은 것이기 때문에 더욱 그렇다. 또한 시는 이성만이 아니라 감성 채

---

4) 子謂子貢曰 女與回也 孰愈 對曰 賜也 何敢望回 回也 聞一以知十 賜也 聞一以知二 子曰 弗如也 吾與女 弗如也 〈公冶長 8〉

5) 子曰 詩三百 一言以蔽之 曰 思無邪 〈爲政 2〉

널을 통과하기 때문에 감흥으로 발현된다.

이와 같은 시는 시간적으로는 '그 시대의 양심의 표현'이라고 할 수 있다. 따라서 시에는 각 시대의 정신, 생각, 마음, 성정(性情)이 담겨 있다. 정치를 잘하여 백성들이 살기가 좋으면 시가 화락(和樂)하고, 악정을 하여 백성들의 삶이 고달프면 시가 비탄(悲嘆)으로 가득 차 있다. 그러므로 《시경》 공부를 하면 선정(善政)과 인정(仁政)을 펴기 위해 어떠한 정치를 해야 하는지 답이 나오므로, 공자는 《시경》 공부를 중요시한 것이다.

그런데 요즈음 시는 너무 어려워 직접 쓴 시인 이외에는 아무리 읽어도 무슨 소리인지 알 수 없어 유감이다. 좀 쉽게 만인이 즐겨 읊도록 썼으면 좋겠다.

## 물질로부터의 자유

'빈이락'(貧而樂)하고 '부이호례'(富而好禮)하는 것은 두 경우 모두 물질로부터 자유스럽지 못하면 불가능하다. "거친 밥을 먹고 물을 마시며, 팔을 굽혀 베개 삼더라도 그 속에 즐거움이 있다. 의롭지 않게 부를 누리고 귀한 자리를 차지하는 것은 나에게는 뜬구름과 같다"[6]라고 한 것은 공자 같은 성인에게나 가능한 것이지 우리 같은 범인들에게는 참으로 어려운 교훈이다.

그래서 공자도 "가난하면서 원망하지 않기는 어렵지만, 부자이면서 교만하지 않기는 쉽다"[7]라고 한 것 같다.

'3일 굶어서 도둑질 안 할 사람이 없다'라는 속담이 있다. 배고픔을

---

6) 子曰 飯疏食飮水 曲肱而枕之 樂亦在其中矣 不義而富且貴 於我 如浮雲 〈述而 15〉

7) 子曰 貧而無怨 難 富而無驕 易 〈憲問 11〉

참기는 참으로 어렵다. 그래서 가난이 도둑을 만든다. 그러나 가난이 죄는 아니다. 고생일 뿐이다. 이러한 고생을 원망하지 않기란 어렵다고 공자도 인정한 것이다. 백 번, 천 번 지당한 말씀이다. 더구나 부지런히 일을 해도 가난할 경우 그 사람 탓이 아니라 세상 탓 또는 제도의 결함 때문일 때는 더욱 그런 것이다.

## '청부이락, 부이호례' 지향하여야

그러나 공자가 부자가 교만 떨지 않기는 쉽다고 한 말씀은 수긍이 가지 않는다. 투기나 요행으로 졸부(猝富)가 되어 세상을 정복이라도 한 듯이 기고만장이고, 돈벌이라면 수단과 방법을 가리지 않으나, 자본주의 국가에서 힘들여 번 돈을 왜 남을 위해서 쓰느냐며 우리나라가 공산주의 국가냐고 떠들어 대는 사람들이 너무 많으니 말이다.

지금 우리는 개인당 GDP 2만 달러를 바라보고 중산층이 국민의 상당수를 차지하는 시대에 살고 있다. 경제발달의 결과로 빈곤문제도 절대적 빈곤이 거의 사라져가는 추세지만, 신자유주의의 영향으로 양극화 현상이 심화되어 상대적 빈곤은 늘어나고 있는 것이 우리의 현재이다. 따라서 공자의 '빈이락'(貧而樂)의 교훈도 시대에 맞게 '청부이락'(淸富而樂)으로 바뀌져야 할 것으로 생각한다.

청빈(淸貧)사상을 가지고 나라나 회사에서 주는 봉급으로 깨끗이 살면서 맡은 일에 소홀함 없이 기여하는 중에 아끼고 저축하여 여유로운 생활을 하면 얼마나 좋은가? 더구나 청빈사상을 지향하는 청부(淸富), 즉 깨끗한 부자는 늘어나면 날수록 좋은 것이다. 그렇게 되면 '빈이락 부이호례'(貧而樂 富而好禮)가 아니라 '청부이락 부이호례'(淸富而樂 富而好禮)가 되지 않겠는가. 이렇게 되어 우리사회가 전반적으로 풍요로운 속에 깨끗하고 청아한 기풍이 넘치고, '부이호례'를 통해 나눔 문화가 정착되고 사회공헌이 활성화되어 훈훈함으로 가득 찬 사회가 되었으면 좋겠다.

# 4. 산업경시의 비극

## 윤리, 도덕적인 것에 너무 치중

공자는 모든 사람이 호학(好學)을 뒷받침한 인격수양으로 군자가 되고, 이 군자들의 인정(仁政)으로 대동사회가 건설되는 것을 이상으로 하였다.

공자는 윗사람이 예를 좋아하면 백성들이 윗사람을 공경하지 않을 리 없고, 윗사람이 신의를 좋아하면 백성들이 복종하지 않을 리 없으며, 윗사람이 믿음을 좋아하면 백성들이 감히 성실하지 않음이 없다. 이렇게 하면 사방의 백성들이 자식을 포대기에 업고서 올 것이다. 어찌 농사짓는 일을 배울 필요가 있겠는가라고 하고, 번지(樊遲)가 농사일과 채소 가꾸는 일을 배우는 것에 대하여 물었을 때, 그것을 매우 천시하여 번지를 '소인'으로 규정하고 배척하였다.[1]

'예를 좋아 한다', '의를 좋아 한다', '믿음을 좋아 한다'는 것은 윤리적, 도덕적인 가치를 우선하는 것이며, 산업이라든가 생산적인 것은 소홀히 한 것이다. 심지어는 번지를 '소인'이라고 혹평하고 배척한 것을 보면 물질적인 것은 천시한 것이 분명하다.

---

1) 樊遲請學稼 子曰 吾不如老農 請學爲圃 曰 吾不如老圃 樊遲出 子曰 小人哉 樊須也 上 好禮則民莫敢不敬 上 好義則民莫敢不服 上 好信則莫敢不用情 夫如是 則四方之民 襁負其子而至矣 焉用稼 〈子路 4〉

이에 대하여 공자의 가르침은 군자와 성현의 인격수양에 관련된 것이지 결코 전문지식의 전수가 아니다. 공자는 교육을 통해 군자를 양성하고자 한 것이므로 논란의 대상이 될 수 없다고도 한다.

또 공자는 번지를 '소인'이라고 하면서 덕이 본(本)이고 기예(技藝)는 말(末)임을 나타낸 것이다. 기예가 말(末)이라는 것은 단지 덕성과 기예에 대한 가치론적 평가일 뿐 결코 노동을 반대하거나 농업을 무시하는 것이 아니라고도 한다. 공자 학단에 모인 제자들은 군자의 인격을 성취하려는 선비들로, 온 정신을 수기(修己)와 인(仁)의 실천에 집중해야만 할 터인데 번지가 농사짓는 일을 물은 것은 우둔하고 미련 곰 단지 같은 처사로 공자가 농공의 사업을 천시한 것은 아니라고 주장하기도 한다.

그러므로 장차 도덕정치에 참여할 군자가 되려고 하는 자들은 덕성수양에 전념하면 되는 것이고, 돈벌이나 농사짓는 일은 백성들에게 맡기면 된다는 것이다.

그러나 덕(德)도 본(本)이고 기예나 전문지식도 본(本)인 것이다. 공자가 번지가 있는 자리에서 농사짓는 일이나 채소 가꾸는 일의 중요성을 말하고, 다만 먼저 군자 되기 위한 인격수양에 힘쓰라고 했어야 할 것이다.

이렇게 윤리적인 것, 도덕적인 것에만 치중하고 전문지식이나 물질적인 것을 경시하는 것은 생산보다는 도덕적 원칙을 숭상하여 공리공론에 흐르고 과학을 경시하는 치명적인 결함을 낳았고, 18세기 경 서양이 산업화할 때 공자사상을 숭상하고 유교를 중심으로 했던 동양은 정체사회에 머물러 서세동점(西勢東漸)에 의한 수모와 고통을 안아야 했던 것이다.

## 기예를 성인의 요소 중 하나로 보았으나 자랑으로 여기지는 않음

공자가 '염구(冉求)의 기예'를 완전한 인격자, 극히 덕이 높은 사람의 인격완성의 요소 중의 하나로 제시하기는 하였다.[2)]

그러나 공자 스스로 밝힌 대로 어린 시절 곤궁하게 살고 미천하였기 때문에 하찮은 일에 많이 능하고 기예를 가지고 있었지만 그것을 자랑으로 생각하지는 않은 것 같다. 노나라 대부 계손씨(季孫氏)가 베푼 명사들의 잔치에 불청객으로 갔다가 가신인 양호(陽虎)로부터 "우리가 초청한 사람은 지위가 있는 사람이지, 거지를 초대한 것은 아니다. 당신은 가라"고 문전박대를 당해 쫓겨나고 수모를 겪는 등[3)] 치욕을 느꼈으면 느꼈지 영광스럽게는 생각하지 않은 것 같다.

그래서인지 "군자는 다재다능함을 도(道)의 실현이라고 여기고, 영광스럽게 생각할 것인가? 나는 그렇지 않다고 생각한다. 군자는 재능을 많다고 여기지 않는다"[4)] 라고 하였다. 기예를 그리 탐탁하게 여기지 않은 것이다.

그의 제자 자하(子夏)는 "비록 작은 도(道)에도 반드시 볼만한 점이 있다. 그러나 원대한 뜻을 이루는 데에 장애가 될 수 있으므로, 군자는 힘써 배우지 않는다"[5)] 라고 하여 군자는 소도(小道)는 배우지 않는다고 배척하였다. 주자는 소도를 농사와 원예, 의술과 점술 등이라고 해설하였는데 기예(技藝)를 가리킨다. 자하는 공자의 제자로 공자의 사상을 체현한 것이므로 공자가 군자의 인격을 배양할 때는 기

---

2) 冉求之藝 文之以禮樂 亦可以爲成人矣 〈憲問 13〉
3) 孔子與往 陽虎絀曰 李氏饗士 非敢饗子也 孔子由是退 〈孔子世家〉, 《史記》
4) 吾少也賤 故多能鄙事 君子多乎哉 不多也 〈子罕 6〉
5) 子夏曰 雖小道 必有可觀者焉 致遠恐泥 是以 君子不爲也 〈子張 4〉

예를 배척한 것이나 다름이 없는 것이다.

## 기예를 경시한 중국과 조선왕조의 결과

중국의 천웨이핑 교수에 의하면, 그 결과 한대(漢代)에 이르러서는 군자가 지닌 인격요소에 염구(冉求)의 기예가 배제되었다. 그 이후 유가는 군자의 기예를 배제한 채 인격을 계승, 발전시켰다. 이는 군자를 민족의 모범으로 간주하는 사대부로 하여금 입만 움직이고 손은 움직이지 않게 하여, 학자와 장인(匠人)의 분열을 가져왔다는 것이다. 또한 중국의 전통적인 지식인들이 기예를 배척하여, 근대과학이 발전하지 못하는 결과를 낳았다고 결론짓고 있다.

마찬가지로 우리 조선조도 주자학에 매몰되어 공리공론에만 흐르고, 갓 쓰고 도포입고 손 하나 까딱 안하고 입만 나불대는 사대부를 양성했다. 사농공상(士農工商)이라고 하여 생산적인 생업을 천시함으로써 나라의 힘이 점점 쇠약해지는 속에서 벼슬자리 놓고 당쟁만 일삼다가 산업의 쇠퇴와 과학의 후진으로 힘이 완전히 기울어져 손 한번 써 보지 못하고 일본에 맥없이 먹히고 말았던 것이다.

## 사상적 결함을 보완 발전시키지 못한 책임

따라서 군자를 이상인격의 상징으로 보고 군자학을 주창한 공자까지, 그것도 공자시대에, "사지를 부지런히 놀리지도 않고 생산하는 일에 종사하지 않기 때문에 오곡을 구별할 줄도 모르면서 부지런히 구설을 농(弄)하여 천하를 주유하는 사람"[6]으로 비쳐 은자(隱者)들

---

6) 四體 不勤 五穀 不分 孰爲夫子 〈微子 7〉

사이에서 놀림감이 되었던 것이다.

더구나 소인들이 중시한 육체노동이나 생산에 대해서는 조금도 관심을 두지 않았다. 오히려 "소인은 땅(처하는 곳, 土地)을 생각한다"[7]는 공자의 말씀 중에서 회토(懷土)는 토지만을 생각한다, 좋은 땅에서 안주하고 싶어 한다, 혹은 농사지을 토지를 많이 갖고자 한다는 뜻이다. 이는 소인을 군자가 덕을 생각하는 것과 대조함으로써 생산적인 일에 종사하는 것을 고귀하게 평가하지 않으므로 산업이 발흥될 수 없었던 것이며 공자와 유교를 축으로 하는 동양에서 산업의 발달을 기대할 수 없었던 원인이 아닌가 한다.

더구나 농사와 채소 짓는 법을 배우려던 번지(樊遲)를 '소인'으로 몰아붙이고 배척까지 하는 데서야 조금이라도 생각을 가진 사람이라면 생산을 일으키는 산업에 종사할 리가 없는 것이다. 어떤 면에서는 17세기까지라도 동양이 앞선 것이 기적같이 보인다.

이렇게 공자의 사상에 중대한 결함이 있다면 후대의 유가들이 보완, 발전시켰어야 할 것이다. 그런데 발전은커녕 시간이 흐를수록 결함을 점점 키우기만 하였으니 한심한 일이다.

기독교는 중세까지 많은 문제점과 오류가 있어 가톨릭(Catholic)과 개신교(Protestant)로 분열되어 서로 전쟁까지 치르기는 했지만 그래도 보수와 혁신으로 서로의 자정(自淨)노력으로 세계문명 발전에 크게 기여했다. 유가(儒家)들도 이렇게 여러 학파 간에 탈출구를 모색하고, 보완하고, 자정해 발전했으면 얼마나 좋았을까 하는 아쉬움이 남는다.

7) 子曰 君子 懷德 小人 懷土 君子 懷刑 小人 懷惠 〈里仁 11〉

# 제6장

# 호학과 교학사상

# 1. 군자삼락

## 너무나 일상적이고 평범해 더욱 빛나는 《논어》의 관冠

대부분의 책들이 첫 장 즉 관(冠)은 거창하게 시작하는 것이 관례다. 동양사상의 쌍벽을 이루는 노자(老子) 《도덕경》을 보아도 그렇다. "도(道)라고 일러지는 도는 참다운 도가 아니고, 이름을 붙이면 이름이 곧 이름의 주인은 아니다"(道可道 非常道 名可名 非常名)라고 하는 도덕경의 관(冠)에 해당하는 제1장은 너무나 형이상학적이고 거창하지 않은가?

처음 《논어》를 대하여 제1장 "배우고 그것을 제때에 실행하면 진실로 즐겁지 않겠는가? 뜻을 같이 하는 벗이 먼 곳에서 (찾아) 온다면 참으로 즐겁지 않겠는가? 남이 나를 알아주지 않아도 성내지 않는다면 참으로 군자답지 않겠는가?"[1]를 읽었을 때 너무나 시시하고 무미건조하고 고리타분하다고 느꼈다.

이 부분은 《논어》의 관(冠)에 해당한다. 얼핏 보아 아주 진부하게 들린다. 안 그런가? "배워서 예습, 복습 잘 하니 기쁘다"는 얘기가 뭐 그다지도 위대하고 대단한가? "한 처음, 천지가 창조되기 전부터 말씀이 계셨다"는 〈요한의 복음서〉나 "한 처음에 하느님께서 하늘과 땅

---

1) 子曰 學而時習之 不亦說乎 有朋 自遠方來 不亦樂乎 人不知而不慍 不亦君子乎 〈學而 1〉

을 지어 내셨다"는 〈창세기〉의 말에 비하면 참으로 초라하고 비속하며 진부하고 너무나 일상적이다.

## 공자의 전 생애가 함축적으로 요약되어 있는 장

《논어》 첫 편의 첫 장은 얼핏 보기에 아주 평범한 말 같아 잘못하면 지나쳐 버릴 수도 있겠으나 이 짤막한 세 구절 속에 공자의 생애가 요약되어 있지 않나 생각한다.

공자는 일생, 간단없이 배움을 추구했다. 공자는 죽을 때까지 자신의 무지(無知)를 벗어나려는 호학(好學)의 노력을 게을리 함이 없었다. 그래서 "열 집 정도 사는 마을에도 반드시 나만큼 충실하고 신실한 사람이 있겠지만, 나처럼 배우기를 좋아하는 사람은 없을 것이다"[2] 라고 하지 않았던가? 그리고 공자는 유세(遊說)를 해도 위정자들로부터 외면만 당했지만 뜻을 같이 하는 사람들이 찾아왔고 제자가 되었다. 그것이 현대에도 그대로 통해 위대한 사람들이 벗을 만나는 것은 더욱 큰 즐거움인 것이다.

교황 요한 바오로 2세가 103인의 성인을 배출한 벗의 나라 한국을 방문하여 한 제일성이 "뜻을 같이 하는 벗이 먼 곳에서 찾아온다면 참으로 즐겁지 않겠는가?"라는 《논어》 구절의 인용이었다는 사실에서도 공자의 위대함을 느낄 수 있다.

종국(終局)에는 그는 군자의 경지를 달성했다. 그는 자신의 이상에 따라 도(道)를 펼치려고 14년간이나 죽을 고비까지 여러 번 넘기며 주유천하(周遊天下) 하였지만, 가는 데마다 냉대만 당하고 뜻을 펴지 못하여 좌절하고 스스로의 삶을 실패로 간주했을지도 모른다.

---

2) 十室之邑 必有忠信 如丘者焉 不如丘之好學也 〈公冶長 27〉

그래서 그는 "나를 알아주는 이가 없구나"[3] 라고 한탄하기도 했다. 그러나 그는 벼슬을 하지 못한 대신 영구히 남에게 가르침을 베풀었기 때문에 인류의 스승, 세계 3대 성인의 한 분이 된 것이다.

그리고 아주 평범한 이 짤막한 세 구절은 공자가 나와 먼, 근접하기 어려운 대상이 아니라 친구 혹은 반려자와 같다는 생각이 들게 하고 삶의 모든 것을 이 구절에 맞추어 위로와 지침으로 삼으려 하게 되는 것이다. 고희를 바라보면서 선거는 물론이고 인생자체가 패배이고 실패가 아닌가하여 헤어나지 못하고 방황하고 있을 때 《논어》의 관(冠)인 이 구절이 나에게는 빛이요 길이었다.

요즈음은 책 보는 즐거움이 넘친다. 뜻을 같이 하는 친구와 담론도 즐긴다. 남이 나를 알아주지 않아도 좋다. 얼마 남지 않은 여생 무언가 보람된 것을 남길 수 있도록 정진하면 나의 인생(人生)은 성공이다.

---

3) 子曰 莫我知也夫 子貢曰 何爲其莫知子也 子曰 不怨天 不尤人 下學而上達 知我者 其天乎 〈憲問 37〉

## 2. 학교 교육만이 배움이 아니다

### 지적 배움을 통한 덕행의 성취를 이상으로

자하(子夏)가 말했다. "어진 이를 어진 이로서 대하기를 아름다운 여인을 좋아하듯 하라. 부모를 섬길 때는 있는 힘을 다하여라. 임금을 섬길 때는 그 몸을 다 바쳐라. 친구와 사귈 때는 믿을 수 있는 말만 하여라. 그리하면 비록 배우지 않았다 하더라도 나는 반드시 그를 배운 사람이라 일컬을 것이다."[1]

자하는 공자의 제자로 성은 복(卜)이고 이름은 상(商)이며 공자보다 44세 연하이다. 자유(子游)와 함께 문학과 학문에 뛰어나서 공문(孔門) 사과십철(四科十哲) 중의 하나이다. 자하는 영민했다고 한다. 그러나 남을 평가하기를 좋아하는 자공(子貢)[2]이 자장(子張)과 자하 중에 누가 더 어지냐고 묻자, 공자가 "자장은 지나치고, 자하는 미치지 못 한다"고 한 후 "지나침은 미치지 못함과 같다"(過猶不及)는 유명한 문장, 즉 공자사상의 진수 내지는 핵심인, 중용(中庸)을 벗어나면 안 된다는 말을 남기게 한 인물이다.[3]

---

1) 子夏曰 賢賢 易色 事父母 能竭其力 事君 能致其身 與朋友交 言而有信 雖曰未學 吾必謂之學矣 〈學而 7〉

2) 子貢方人 〈憲問 31〉

3) 子貢 問 師與商也孰賢 子曰 師也 過 商也 不及 曰 然則師愈與 子曰 過猶不及 〈先進 15〉

'역색'(易色)에 대해서는 학자마다 해석이 분분한데 '현인 대하기를 미인을 좋아하듯이 하라'가 일반적이다. 《논어》에 공자가 색(色)에 대해 언급한 것이 이 장 이외에 당시 임금들이 여색만 탐하고 도덕적으로 타락한 데 대해 개탄한 "나는 여색을 좋아하듯이 덕을 좋아하는 사람을 아직 보지 못하였다"[4] 와 여기에 "다 끝났구나"[5] 를 추가한 것 이외에는 〈자한〉 편 17장과 같은 내용인 2개 장(章) 정도인데 여색을 좋아하듯이 덕을 좋아하는 사람을 본다는 것은 한낮 꿈에 가까운 일일 것이므로 상호연관성으로 보아 타당할 것 같다.

공자는 배우고, 안 것을 실천하는 것을 중시하였다. 아마 이 세상에서 배우는 것(好學)을 제일 강조하면서 몸소 배우는 것에 전념한 사람 중에 공자를 당할 자가 없을 것이지만, 그의 호학은 단순히 배우는 데 있는 것이 아니라 선(善)의 실천에 있었다. 공자 학문의 목적은 이렇게 덕행을 실현하는 것이었다.

따라서 배움의 개념에는 지적 배움과 덕행의 성취라는 양면이 모두 포함되어 있다. 지적 배움을 통하여 덕행의 성취로 나아가는 것을 이상으로 하였고, 학문보다는 덕행의 성취를 더 높이 평가한 것이다. 그러므로 자하가 말한 이 장은 도덕이 본(本) 내지는 주(主)이고, 지식은 말(末) 내지 송(從)이며, 학문의 목석은 학문 ㅗ 사제에 있는 것이 아니라 덕성가치의 완성에 있는 것이다.

이와 같이 학문의 목적이 덕성가치의 성취이기 때문에 넓게 배운 후에 반드시 예(禮)로써 귀약(歸約)해야 한다. 그래야 도에 어긋나지 않고 맞는 것이다.[6]

---

4) 吾未見好德 如好色者也 〈子罕 17〉

5) 已矣乎 吾未見好德 如好色者也 〈衛靈公 12〉

6) 子曰 君子博學於文 約之以禮 亦可以不畔矣夫 〈雍也 25〉, 〈顏淵 15〉 (단, '不'이 '弗'로 바뀌었을 뿐)

때문에 이 장에서 서술한 내용은, 즉 성현의 가르침과 말을 존중하고 따르고 행하기를 흡사 본능을 추구하듯이 하고, 자신의 마음을 다하여 부모를 섬기고, 그 몸을 다 바쳐서 임금을 섬기고, 친구 간에는 서로 믿음과 신용이 있으면 비록 이전에 학문에 종사한 적이 없다고 할지라도 실제로 이미 학문을 완성한 사람이라고 할 수 있는 것이다.

여기서 '학'(學)은 그 문맥으로 보아 이미 어떤 전문적인 학단(學團)의 존재를 전제하고 있는 것이다. 현대적 감각으로 표현하자면 '학교' 또는 '제도권의 학제'이다. 따라서 학교에서 따로 배운 것이 없다고 하더라도, 즉 쉽게 말하면 학교를 다닌 적이 없다하더라도 이 장에서 서술한 내용을 실현하는 사람은 배운 사람이라는 것이다.

## 어디에서 배웠든 실천력 있고 인간 됨됨이 되면 배운 사람

또한 널리 배우고 뜻을 독실(篤實)히 하면 실천력 있는 학문이 되어 덕행을 성취하게 되는 것이다. 더 나아가서 의심나는 점은 문의하고, 뜬구름 잡는 식으로 고원(高遠)한 이상에만 매달릴 것이 아니라 가까운 것부터 풀어나가면 인(仁)이 자연 그 가운데 있는 것이다.[7]

이렇게 박학약례(博學約禮)하고 박학독지(博學篤志)해야 호학(好學)의 뜻이 있고 학문의 목적이 덕성가치의 성취가 되지만 그렇지 못할 경우 이 장에서 서술한 내용을 실천하는 사람과 대비하였을 때 소용이 없게 되는 것이다.

그것은 공자의 다음 말씀을 보면 알 수 있다. 즉 공자는 "시 300편을 암송하면서도 정사를 맡겼을 때 제대로 처리하지 못하고, 또 사방에 사신으로 나가서 혼자서 응대하지 못한다면, 비록 많은 시를 외웠

7) 子夏曰 博學而篤志 切問而近思 仁在其中矣 〈子張 6〉

다한들 무슨 소용이 있겠는가?"[8] 라고 한 것이다.

여기서 '시 300'은 《시경》(詩經) 을 가리키며 〈양화〉편 9장에서 "가까이는 어버이를 섬길 수 있으며 멀리는 임금을 섬길 줄 알게 된다"[9] 고 한 것으로 보아 《시경》은 윤리교과서인 동시에, 정치와 외교의 보전(寶典) 도 되는 것이다.

따라서 아무리 《시경》을 많이 외워도 정사를 맡기거나 사신으로 내보냈을 때 업무처리를 잘하지 못하면 아무 쓸모가 없는 것이다. 아무리 많이 배웠으면 무엇 하나? 먼저 사람이 되어야 하는 것이다. 그리고 경험 지식을 갖추어야 할 것이다.

학교에서 따로 배운 것이 없으면 어떤가? 또 학교를 안 다녔으면 어떤가? 문제는 사람 됨됨이다. 미국대통령 중 국민으로부터 제일 존경을 받는 아브라함 링컨(Abraham Lincoln) 대통령을 보라. 그가 비록 학교교육은 전 생애를 통하여 1년밖에 못 받았더라도 고학과 독학으로 지식과 덕성을 쌓아 변호사도 되었고 대통령도 되었으며 노예를 해방하고 미국의 국민을 통합해 민주주의를 실현한 것이다.

공자의 배움이라는 개념에는 김승혜 수녀의 설명대로 지적 배움과 인간적 배움 양면이 모두 포함되어 있다. 지적 배움을 통해 인간이 되는 배움으로 나아가는 것을 이상으로 하였고, 과학의 이름으로 성립된 독립된 학문으로서가 아니라 지와 행을 겸한 경세(經世) 와 실천 도덕적 윤리 면에 더 큰 비중을 두어 학문의 기본성격도 위인지학(爲人之學) 이고 군자학(君子學) 인 것이다. 그래서 구태여 어떤 학단에 들어와 공부하지 않았어도 인간 됨됨이가 제대로 되었으면 배운 사람이라고 부르겠다는 것이다.

---

8) 子曰 誦詩三百 授之以政 不達 使於四方 不能專對 雖多 亦奚以爲 〈子路 5〉

9) 邇之事父 遠之事君 〈陽貨 9〉

# 3. 평생교육의 선구자

## 공자는 누구에게서 배웠나?

공자는 3살 때 아버지를 잃어 홀어머니 밑에서 가난한 살림 속에서 발분망식(發憤忘食)하면서 혼자의 힘으로 스스로 찾아 배우고, 또 남에게 묻고 하면서 높은 경지에 도달한 것이다. 특정한 선생을 두고 체계적으로 학문을 배운 것이 아니다. 17살에 어머니까지 잃어 생계를 위해 계씨(季氏) 밑에서 창고 지키는 하급관리인 위리(委吏)가 되어 창고를 관리했으며 또 목장을 관리하는 승전(乘田)이 되어 목장을 관리한 경력도 가지고 있다. 그래서 공자 스스로 "나는 어려서 천했다. 그러므로 잡일을 할 줄 안다"[1] 라고 피력했다.

위(衛) 나라의 대부 공손조(公孫朝)가 자공에게 "공자께서는 누구에게 배우셨느냐?"고 묻자, 자공(子貢)이 말했다. "주나라의 문왕, 무왕의 도가 아직 땅에 떨어지지 않고 사람들이 지키고 있습니다. 그러므로 현명한 사람은 큰 것을 배워 알고, 현명치 못한 사람은 작은 것을 배워 알게 마련입니다. 그 모두가 문왕, 무왕의 도가 아닌 것이 없습니다. 그러니 공자께서는 누구에게나 배우지 않았겠습니까? 또 어찌 정해진 스승이 있겠습니까?(누구에게나 다 배우셨습니다)."[2]

---

1) 吾少也賤 故多能鄙事 〈子罕 6〉

2) 衛公孫朝 問於子貢曰 仲尼 焉學 子貢曰 文武之道 未墜於地 在人 賢者

공자가 덕이 높고 아는 것이 많아 여러 사람들이 칭송하니까 위나라 대부가 "그 분은 누구에게서 배웠느냐? 그분의 선생님은 누구냐?"고 물었다. 얼마든지 있을 수 있는 일이다. 이에 자공이 "공자는 어느 특정한 선생에게 배운 것이 아니다. 과거의 역사와 문화 전통에서 좋은 도를 스스로 터득하고 알고 행하신 것이다"라고 대답한 것이다.

## 세 사람이 가면 그 중 하나는 스승

공자는 어려운 생활을 꾸려나가면서도 배우기를 좋아하고, 또 누구에게나 배우고자 했다. 공자 스스로 "세 사람이 가면, 그 중에 반드시 나의 스승이 있다. 그 중에서 좋은 점을 골라서 내가 따르고, 좋지 않은 점은 거울삼아 고치도록 한다"[3] 라고 한 것이다.

공자는 이렇게 다른 사람의 좋은 점을 보고 배우는 것은 물론이고, 다른 사람의 잘못이나 좋지 않은 점을 보고는 그것을 반면교사(反面教師)로 삼아 그렇지 않게 행하려고 노력한 것이다.

마찬가지로 공자는 "어진 이를 보면 그와 같이 되기를 생각하고, 어질지 못한 자를 보면 스스로 깊이 반성한다"[4] 고 했다. 타인의 선행은 나에게 격려와 즐거움을 주고 타인의 과실은 나에게 개과할 수 있는 기회를 제공한다. 나보다 잘난 사람이나 훌륭한 인물을 보면, 나도 노력해서 그 사람과 같이 되려고 분발해야 한다. 반대로 과실을 저지르는 못난 사람을 보면 그를 거울로 삼아 자신을 반성하고 수양해야 한다. 그렇게 하려면 기본적으로 자신을 바르게 알아야 한다.

---

識其大者 不賢者 識其小者 莫不有文武之道焉 夫子焉不學 而亦何常師之有 〈子張 22〉

3) 子曰 三人行 必有我師焉 擇其善者而從之 其不善者而改之 〈述而 21〉

4) 子曰 見賢思齊焉 見不賢而內自省也 〈里仁 17〉

자신의 인생경험이 빈곤한 사람은 현인의 어진 행위를 보고서도 이를 잘 본받지 못하고, 어질지 못한 사람을 보고서도 자신을 돌이켜보아 반성하지 않을 수 있다.

## 젊었을 때 미천했던 것이 인격완성의 기초가 됨

그런데 공자는 젊었을 때 천했으므로 미천한 일에 다능했는데 그것이 인격완성의 기초가 되어 시공(時空)을 초월하여 배우고 익혔으며 모든 사람이 스승이 되었던 것이다. 공자는 요, 순, 우, 탕, 문, 무, 주공의 도(道), 즉 선왕의 도를 배우고자 하였다. 그래서 이 도를 지닌 사람이면 누구에게나 배울 수 있었기에 일정한 스승이 없었던 것이며 모두가 그의 스승이었던 것이다.

공자는 산다는 것 그 자체를 배우고 반성하는 과정이라고 생각한 사람이다. 《논어》는 배우고 배워 익히는 것이 제일의 즐거움[5] 이라는 말씀으로 첫머리를 연다. 이것은 《논어》 전편을 지배하는 지향(指向) 이며 이정표이다. 배움으로 얻어지는 것이 앎이지만 그것은 인간을 배우라는 말씀이다. 그러므로 '나를 닦는다'(修己) 는 말씀이다.

이렇게 공자는 일정한 스승도 없이 평생을 배우고 익혔으며 그것을 정리하고 연구하여 군자학의 학문체계를 세우고 유명한 6경(六經)[6] 을 체계적으로 정리하여 지성선사(至聖先師) 가 되었던 것이다.

---

5) 學而時習之 不亦說乎 〈學而 1〉

6) 고대 중국의 지혜를 모아놓은 것으로 역(易), 서(書), 시(詩), 춘추(春秋), 예(禮), 악(樂) 을 말한다.

## 태어나면서 아는 것이 아니라 부지런히 탐구하여 앎

그런데도 많은 사람들이 공자를 가리켜 "태어나면서부터 아는 사람"이라고 하니까 공자 스스로 "나는 태어나면서부터 아는 사람이 아니라, 옛것을 좋아하여 부지런히 탐구하여 알게 되었다"[7] 라고 해명까지 한 것이다.

사람의 본성은 다 비슷하지만 학습에 따라 서로 다르게 된다.[8] 공자는 열다섯 살에 배움에 뜻을 두어 서른 살이 되어서 걸어가야 할 인생의 길을 확정하였고, 마흔이 되어서 흔들림이 없었고, 쉰 살에 천명을 알았고, 예순에 이순(耳順) 하고, 일흔 살에 마음 내키는 대로 좇아도 법도를 넘지 않았다[9] 라고 밝힌 대로 열다섯에 학문에 뜻을 두어 끊임없는 호학(好學) 으로 흔들림을 이겨내고 드디어 성인이 된 것이며, 그 내면에는 평생학습이 항상 함께 한 것이다. 사람의 능력은 비슷한데 공자는 학습의 결과로 성인이 된 것이며, 인류에게 누구나 평생학습을 쉼 없이 할 경우의 모든 가능성을 열어 보인 것이다.

'배운다(學) 는 것'은 반복하여 익힘으로서 배움에 의미가 있는 것이며 그것이 공자에겐 기쁨 중의 기쁨이었던 것이다.[10]

그러나 '학'(學) 은 아무리 반복하여 익히더라도 생각하고 사색하여 자기 것으로 만들 때 '학'이 힘을 발휘하는 것이다. 자기 일은 제대로 하지 않으면서 교양을 쌓는다고 또는 평생학습이 중요하다고 하며 여기저기 배우러 다니는 사람이 많다. 이렇게 아무생각 없이 종일 정신

---

7) 子曰 我非生而知之者 好古 敏以求之者也 〈述而 19〉

8) 子曰 性相近也 習相遠也 〈陽貨 2〉

9) 子曰 吾十有五而志于學 三十而立 四十而不惑 五十而知天命 六十而耳順 七十而從心所欲不踰矩 〈爲政 4〉

10) 學而時習之 不亦說乎 〈學而 1〉

없이 맹목적으로 쏘다녀봐야 그것은 힘이 될 수 없는 것이다. 생각이 뒷받침되어야 한다.

그러므로 공자는 배우기만하고 사색하지 않으면 사리에 어둡고, 사색만하고 배우지 않으면 위태롭다[11]라고 하여 기본은 먼저 배우는 것이고, 그리고 익히면서 생각하는 것이 그 다음이라고 한 것이다. 공자는 일찍이 종일토록 먹지도 않고, 밤새도록 잠도 자지 않고 생각만 했었다. 그러나 아무런 이로움도 없었다. 역시 배우는 것만 못 하더라[12]라고 실제 체험담을 말하였다.

기본은 먼저 배우는 것이다. 그리고 익히면서 생각하는 것이다. 즉 자기 것으로 창조하는 것이다. 공자는 이렇게 체험까지 해가면서 평생 배우며 익히고 사색하였던 것이다. 공자는 전 생애를 통해 노력에 노력을 거듭하여 학습하고 도(道)를 펴고 실천하여 세상을 구제하려고 하였으나 공자의 꿈은 당시 군주(君主)들의 몰이해 속에 물거품이 됐다. 공자의 그 높은 이상을 이해하여 주는 사람이 아무도 없었던 것이다.

공자는 말년에, 먼저 간 아들과 사랑하는 제자 안연(顔淵), 자로(子路)의 죽음으로 더욱 쓸쓸하여 그 유명한 막지지탄(莫知之歎), 즉 "아! 나를 알아주는 사람이 없구나"라고 말하게 된 것 같다. 계속하여 "하늘도 원망하지 않고 사람도 탓하지 않는다. 인간세상의 일로부터 공부를 하여 천명을 깨달았으니 나를 알아주는 분은 바로 하늘이다"[13]고 했다

공자는 이렇게 열다섯에 학문에 뜻을 둔 후 생을 마감할 때까지 끊

---

11) 子曰 學而不思則罔 思而不學則殆 〈爲政 15〉

12) 子曰 吾嘗終日不食 終夜不寢 以思 無益 不如學也 〈衛靈公 30〉

13) 子曰 莫我知也夫 子貢曰 何爲其莫知子也 子曰 不怨天 不尤人 下學而上達 知我者 其天乎 〈憲問 37〉

임없이 학습을 하여 삼라만상을 통하여 배우고 마침내 하늘의 도리까지 터득하여 천명을 깨달은 것이다. 그리하여 공자와 하늘이 서로 통하게 된 것이다.

### 평생학습으로 일이관지一以貫之

이렇게 평생학습으로 일이관지(一以貫之) 한 공자는 "학문은 따라가지 못할 듯이 서둘러 배우고, 배운 것을 잃을까 겁을 내야 한다"[14] 라고 가르쳤다. 아무리 학습해도 미칠 수 없으니 부지런히 배우고, 배운 것은 잃을까 두려워하며 복습에 복습을 거듭해 자기 것으로 만들어야 하는 것이다.

### 죽을 때까지 배우고 익히며 사색하여야

배움의 길은 끝이 없다. 죽을 때까지 배워야 한다. 그래서 평생학습이다. 짐은 무겁고 길은 머니, 죽은 뒤에나 끝난다고 증자(曾子) 도 말하였다.[15] 학교를 졸업했다고 하여 배움을 결산하고 책과 담을 쌓고 사는 사람보다 더 어리석은 사람은 없다. 항상 부족한 듯이 꾸준히 평생 공부하여야한다.

무엇인가 이룩하고 이 세상에 이름을 남긴 사람치고 모두가 남 잘 때 자지 않고 남 놀 때 놀지 않으며 부단히 노력하지 않은 사람이 없다. 특히 오늘날처럼 급변하는 정보화 사회에서는 평생학습으로 일관(一貫) 하지 않으면 시대에 뒤지게 되고 잘못하면 낙오되고 퇴보하기 십상이다.

---

14) 子曰 學如不及 猶恐失之 〈泰伯 17〉

15) 任重而道遠~ 死而後已~ 〈泰伯 7〉

현대사회에서는 평생학습이 세계인류를 한 단계 승화, 진전시키는 일이므로 1965년 유네스코가 평생학습(*life-long learning*)을 제창하여 생애 각 단계 전반에 걸쳐 자기학습을 수행할 것을 권장한 것이다. 공자가 이미 2,500년 전부터 실천하고 강조해 온 평생학습의 정신을 유네스코가 세계화한 것이다.

인생은 유한하다. 영원히 사는 것이 아니며 일생은 너무나 짧다. 인생의 가치를 높이고 삶의 성공을 위해서는 살아있는 동안 시간의 밀도(密度)를 높여야 한다. 죽을 때까지 배우고 익히며 사색하여 자기 것으로 만드는 것이 그 길이다.

누구나 자기 인생이 아깝고 귀중하다고 느끼는 순간 평생학습을 시작하기를 권한다. 그러면 그 인생이 공자 같은 성인은 못 된다 하더라도, 생을 마감하는 순간 자기 인생의 보람과 가치를 느끼게 될 것이다. 배우고 부단히 그것을 익히니 어찌 기쁘지 아니한가?

## 4. 호학의 조건

### 군자는 인仁의 세계를 창건할 지도자

공자가 말씀하셨다. "군자는 먹는 데 배부름을 구하지 않고, 거처하는 데 안락함을 구하지 않으며, 일에는 부지런하되 말은 신중히 하며, 도(道)가 높은 사람에게 나아가 자기 자신을 바르게 한다면 배움을 좋아한다고 이를 만하다."[1]

군자(君子)는 공자가 평생을 바쳐 본받고자 한 이상적인 인물의 전형이다. 공자가 14년간이나 상갓집의 개 취급을 받아가면서 주유천하하고, 생명의 위험을 비롯하여 멸시와 조롱을 받아가면서도 추호도 흔들리지 않고 일이관지(一以貫之)하면서, 현재의 불가능을 무릅쓰고 이루고자 했던 것은 바로 이상적인 위정자인 군자들로 가득 찬 대동사회의 실현이며 이상국가의 건설이었다.

군자는 인(仁)의 세계를 창건할 지도자이며 문화인이다. 자기 한 몸의 안락을 구하기에 앞서, 천하 만민의 평화와 행복을 지향해야 한다. 그러기 위해서는 수기치인(修己治人)하고 수기안인(修己安人)하여 안백성(安百姓)해야 한다.[2]

---

1) 子曰 君子 食無求飽 居無求安 敏於事而愼於言 就有道而正焉 可謂好學也〈學而 14〉

2) 子路 問君子 子曰 修己以敬 曰 如斯而已乎 曰 修己以安人 曰 如斯而已乎 曰 修己以安百姓 修己以安百姓 堯舜 其猶病諸〈憲問 45〉

수기(修己)는 자기관리이며 자기개혁이고 자기혁신이다. 《대학》의 명명덕(明明德)에 해당한다. 이 수기, 즉 군자의 자기관리 모습이 《논어》 전편을 통해 가장 잘 나타내고 정감 있게 표현된 것이 이 장이 아닌가한다.

공자는 기독교나 불교와는 달리 금욕이나 육체적 고행을 수양의 필수조건으로 보지는 않았다. 그러나 지나친 안락과 쾌락을 갈구하게 되면 불의와 타협하게 되기 쉽고 잘못하면 영혼의 타락을 가져올 수 있는 것이다. 그래서 덕을 쌓으려는 사람은 지나친 육체의 안락과 쾌락을 추구해서는 안 된다는 점을 강조한 것이 아닌가 한다. 배가 터질 듯이 먹고 호화스런 집에서 사느니 부족한 듯이 먹고 자기세계를 꾸며 놓은 집에서 아름답게 사는 것이 건강에도 좋고 정신도 맑아질 것이다.

공자는 말을 앞세우는 사람을 지극히 싫어했다. 실천이 앞서지 않는 말은 증오의 대상이었다. 이 장의 "일은 민첩하게 하고 말은 삼가라"[3]를 비롯하여 《논어》 전편을 통하여 반복된다. 예시하면 "말을 교묘하게 하고 얼굴빛을 꾸미는 사람 가운데는 인(仁)한 사람이 드물다",[4] "말하고자 하는 바를 먼저 행하고, 그 후에 말하라",[5] "옛사람이 말을 함부로 하지 않은 것은, 자신의 실천이 따르지 못할 것을 부끄러워하기 때문이다",[6] "군자는 말은 어눌하되 행동은 민첩해야 한다",[7] "함부로 말을 하고도 부끄럽게 여기지 않는다면 그 말을 행하기 어려울 것이다",[8] "군자는 자기의 말이 행실보다 지나치는 것을

---

3) 敏於事而愼於言 〈學而 14〉

4) 巧言令色 鮮矣仁 〈學而 3〉, 〈陽貨 17〉

5) 子貢 問君子 子曰 先行其言 而後從之 〈爲政 13〉

6) 古者 言之不出 恥躬之不逮也 〈里仁 22〉

7) 君子 欲訥於言而敏於行 〈里仁 24〉

부끄러워한다”[9] 등이다.

모두가 공자의 일관된 입장, 말보다는 행동이 앞서야 한다는 표방이다. 말재주는 싫어하는 범주를 넘어 거의 증오하는 정도였다. 진실(信)을 추구하는 공자로서는 당연한 귀결일 것이다.

힐러리의 자서전, 《살아있는 역사》(*Living History*)에 이런 이야기가 나온다. 남편인 클린턴이 대통령에 당선돼 힐러리는 퍼스트레이디(令夫人)가 되었다. 어느 날 한 참모가 음료수는 주로 뭘 마시냐고 묻기에 아무 생각 없이 ‘다이어트 닥터 페퍼’[10]라고 대답했다. 그 후 힐러리는 ‘닥터 페퍼’ 홍수를 맞았다고 한다.

민주주의로 전 세계에서 제일 앞서가는 미국에서 대통령 본인도 아닌 퍼스트레이디의 말 한마디가 이 정도의 영향을 미치는 것이 현실이다. 힐러리가 《논어》를 읽었는지 여부는 알 수 없지만 이 에피소드를 소개한 것은 퍼스트레이디가 얼마나 말조심해야 하는지를 전하기 위해서일 것이다.

우리의 경우 미국과는 비교가 되지 않는다. 말이 되든 안 되든 대통령이 입을 열면 언제나 기사가 되고 그것도 신문 1면 내지 2면을 대문짝만하게 장식한다. 노무현 대통령이 진작 《논어》를 읽어 행동이 앞서고 정책시행을 먼저 한 후에 말을 했으면 재임 때 지지도도 더 높고 유능한 대통령으로 국민으로부터 더 존경받는 대통령이 되었을 터인데 그렇지 못하여 애석한 일이다. 이명박 대통령도 아무리 북한이 못마땅하더라도 대화의 상대인데 진정으로 남북 간의 대화를 원한다면 외국에 나가서까지 핵이 정권을 대물림하기 위한 것이라든가,

8) 其言之不怍 則爲之也難 〈憲問 21〉

9) 君子 恥其言而過其行 〈憲問 29〉

10) 탄산음료의 일종.

대북지원이 핵개발로 전용된 의혹이 있다든가 하는 상대의 비위를 긁는 말은 직접은 하지 않았으면 얼마나 좋았을까?

## 군자의 요건

먹되 배부르기를 구하지 않고, 살되 편안하기를 구하지 않고, 일에 민첩하고 말을 삼가며, 훌륭한 스승 밑에 나아가 공부해 자기를 바로 잡는 것이 호학(好學)이다. 《논어》에서 군자와 호학은 거의 동의어(同義語)로 쓰이는 것으로 보아 이렇게 하는 것이 군자의 모습이며 호학의 조건인 것이다.

그러나 《논어》에서 군자의 참모습은 여기서 끝나지 않는다. 군자는 더 나아가서 남의 착함을 이루어주고 남의 악함을 이루지 못하게 해야 하는 것이다.[11] 군자는 남의 좋은 점은 더욱 칭찬하고 다른 사람의 긍정적인 면을 많이 보려고 한다. 동시에 나쁜 점은 계도하여 고치게 하지, 욕하고 조장하지 않는다. 그것은 자기 혼자만 잘 살려는 것이 아니고 더불어 잘살려고 하기 때문이다.

그러나 종국에 군자는 '수기이안백성'(修己以安百姓)으로 끝나는 것이 공자의 생각이다. 자로가 군자에 대해 묻자, 공자는 '수기이경'(修己以敬), '수기이안인'(修己以安人), '수기이안백성'하는 것이라고 대답하고, 특히 '수기이안백성'은 요와 순도 오히려 부족하게 여긴 것이라고 했다.[12]

공자는 군자의 실천덕목과 역할을 경(敬)으로서, 자신의 몸을 닦

---

11) 君子 成人之美 不成人之惡 〈顔淵 16〉

12) 子路問君子 子曰 修己以敬 曰如斯而已乎 曰 修己以安人 曰 如斯而已乎 曰 修己以安百姓 修己以安百姓 堯舜 其猶病諸 〈憲問 45〉

아서 남을 편안하게 해주고 이를 통해 백성을 편안하게 해주는, 즉 수신제가치국평천하(修身齊家治國平天下)로 확장시켰다. 결국 공자는 수기(修己), 즉 자기관리가 전제되어야 안백성(安百姓)이 이루어진다는 것이다.

근본이 확립된 후에 방편이 생겨날 수 있는 것이다. 수기(修己), 즉 자기관리와 자기혁신은 근본이요 전제며 기본이고 핵인 것이다. 공자사상의 출발은 이렇게 나 자신부터, 내가 수기하여 자기혁신을 이룩하면 여기에서 끝나는 것이 아니고 다른 사람을 안인(安人) 내지는 치인(治人)해야 되는 것이며 최후에는 치평(治平)에까지 도달해야 하는 것이다.

유학(儒學)의 사서 중의 하나인 《대학》은 공자의 '수기치인'(修己治人)의 사상을 세계 최초로 완전무결하게 체계화해 놓은 정치학 논문이다. 이렇게 평천하(平天下)도 수기가 출발점이고 전제인바, 수기는 호학에 의해 이루어진다는 점을 명심하고 모두가 호학하여 한국사회 전체가 호학으로 넘쳤으면 좋겠다.

# 5. 개성교육에 의한 창의성의 극대화

## 2500년 전에 전 인민에 대한 교육실시 주장

공자는 2500년 전에 벌써 인민 대중을 위한 교육의 필요성을 통감하고 '유교무류'(有敎無類), 즉 교육에는 부류가 없다고 설파하여, 전 인민에 대한 교육실시를 거론하는 동시에 놀랍게도 빈부나 귀천 또는 혈통에 따른 차별을 거부했는데 이는 현대적 의미의 교육 기회균등의 실현이었으며 당시 기준으로는 혁명적이었다.

이와 같은 사상은 단순한 주장만이 아니고 그의 문하에서는 사마우(司馬牛)와 같은 대부 출신부터 중궁(仲弓)과 같이 얼룩소의 새끼(犁牛之子)라고 불릴 정도의 미천한 출신이 함께 수학하는 등 공자 스스로 실천을 하고 있었다. 그래서 공자는 속수(束脩)의 예만 갖추면 누구라도 가르쳤던 것이다.

자로(子路)가 "좋은 말을 들으면 즉시 행해야 합니까?" 하고 묻자, 공자가 "부형이 계시니 어떻게 네 판단만으로 행할 것이냐?"라고 대답했다. (이번에는) 염유(冉有)가 "좋은 말을 들으면 즉시 행해야 합니까?" 하고 묻자, 공자가 "들은 즉시 행하라"고 대답했다.

이에 공서화(公西華)가 아뢰었다. "유(由)가 '들은 즉시 행할까요?' 라고 묻자 '부형이 계신데' 하시더니, 구(求)가 '들은 즉시 행할까요?' 라고 묻자 '들은 즉시 행하라'고 하시니, 저로서는 어느 쪽이 옳은지 헷갈립니다. 감히 그 연유를 묻고자 합니다." 이에 공자가 말했다.

"구(求)는 소극적이니까 적극적으로 나서라 했고, 유(由)는 남보다 훨씬 적극적이니까 뒤로 물러서게 한 것이다."[1)]

### 맞춤교육으로 교육효과의 극대화

그러나 이는 어디까지나 교육기회 균등에 대한 평등과 차별의 금지를 가르친 것이다. 오히려 그는 교육에 있어서 능력과 개성의 차별은 누구보다도 더 강조하여 교육의 효율성 제고와 성과 제고로 인간계발을 하려고 노력하였다.

공자가 제자들의 개성을 존중하여 그 개성에 알맞은, 철저히 상대의 수준과 상태에 입각한 맞춤교육을 했다는 것은 너무나 잘 알려진 사실이다. 염유는 소극적이어서 뒤로 물러나는 성품이기 때문에 앞으로 나아가게 했고, 자로는 저돌적이고 급하였기 때문에 한발 물러나게 한 것이다.

공자는 이렇게 피교육자의 개성과 상황 및 능력에 따라, 제자들의 질문에 대한 답변도 병의 증세에 따라 약을 투여하는 응병시약(應病施藥)격의 맞춤교육을 하였다. 각각의 제자가 갖추지 못한 품성, 즉 모자란 점을 계속 노력하여 얻을 수 있도록 개인차에 따른 지노방법으로, 제자들의 현재의 능력을 토대로 그가 가지고 있는 잠재능력을 개발하고 발굴하여 스스로 자신의 역할을 창조적으로 수행하게 함으로써 교육효과를 극대화 시켰던 것이다.

공자가 활용했던 개성교육은 제자들이 '인'(仁)과 '정사'(政事)를 물

---

1) 子路問 聞斯行諸 子曰 有父兄在 如之何 其聞斯行之 冉有問 聞斯行諸 子曰 聞斯行之 公西華曰 由也問 聞斯行諸 子曰 有父兄在 求也問 聞斯行諸 子曰 聞斯行之 赤也惑 敢問 子曰 求也 退故 進之 由也 兼人故 退之 〈先進 21〉

었을 때 특히 잘 나타난다. 제자들의 특성에 따라 그 대답이 모두 다르다. 이는 제자들 개개인의 능력과 소질과 특성에 따라 장점을 살리고 부족한 점을 보완하여 완전을 이루려는 것이다.

이러한 교육을 하려면 제자들, 즉 피교육자들의 개성을 완전히 파악하는 성의와 덕행이 있지 않으면 불가능하다. 그러므로 공자는 제자들의 개성을 모두 파악하고 꿰뚫고 있었다는 소리다.

노나라 대부 계강자(季康子)가 공자에게 제자들의 정치참여 능력을 묻자, 중유(仲由, 子路)는 과단하고, 사(賜, 子貢)는 통달하고, 구(求, 冉求)는 재주가 많아 정사를 맡아보는 데 자질이 충분하다고 했다.[2] 또《논어》에 민자건(閔子騫)은 공손했고, 자로는 강직했고, 염유와 자공은 부드러웠다. 공자가 "유(由) 같은 사람은 천수를 다 누리기 어려울 것이다"[3]라고 했는데 자로가 난세를 무사히 넘기지 못하고 공자의 예언대로 먼저 세상을 뜬다.

이렇게 능력에 따른 교육, 개성에 따른 교육, 개인차 교육을 할 때만이 피교육자 모두가 가지고 있는 잠재력이 개발되고 발현되어 자신의 역할을 극대화할 수 있는 것이다.

물론 이렇게 하려면 교육자가 피교육자의 능력과 개성을 철저하고 정확하게 파악하는 것이 전제가 되어야 한다. 그러기 위해서는 교육자는 공자와 같이 호학하는 자세와 성의 및 애정이 있어야 한다.

2,500년 전 벌써 공자는 능력교육을 시켰고 개성교육을 시켰다. 어느 시대나 교육은 중요하여 백년대계라고 일컬어지고 있지만, 지금

---

2) 季康子問 仲由 可使從政也與 子曰 由也 果 於從政乎 何有 曰 賜也 可使從政也與 曰 賜也 達 於從政乎 何有 曰 求也 可使從政也與 曰 求也 藝 於從政乎 何有〈雍也 6〉

3) 閔子 侍側 誾誾如也 子路 行行如也 冉有子貢 侃侃如也 子樂 若由也 不得其死然〈先進 12〉

우리에게 있어 교육은 더욱 중요하다.

## 삼불三不정책에서 벗어나 개성을 살리는 교육으로

지금 우리는 자본과 노동을 대신하여 지식이 인간사회의 가치를 창출하는 핵심적 수단인 인적 자본(*human capital*) 시대를 살고 있다. 물적 자본이 성장을 주도하던 시대는 1990년대를 고비로 내리막길에 들어섰다. 물적 자본의 투입이 경제성장률에 미치는 기여도는 1970년대 4.2퍼센트에서 1990년대 후반 1.75퍼센트로 떨어졌다고 삼성경제연구소는 밝히고 있다. 이 시대는 '소품종 대량생산 체제'여서 주입식 평등교육을 받은 인재들에 의한 대량생산으로도 고도성장의 기적을 일구었다.

그러나 오늘날 우리는 지식과 정보의 양이 기계류의 설비보다 더 중요해진 지식사회에 살고 있다. 다품종 소량생산 체제라야 한다. 변화의 속도는 가속화되었고 '디자인'은 생산과 동시에 새로운 것으로 바꿔나가야 한다. 오직 하나뿐인 것(*only one*)이 아니면 존재할 수 없고 세계 제일이 아니면 살아남을 수 없다.

이러한 시대의 교육은 능력을 기준으로 하여 잠재력을 개발함으로써 창의력을 발휘하도록 해야 한다. 개성에 따라 차등교육함으로써 모든 피교육자가 각각의 소질과 특기를 살려 각 분야에 기여하도록 해야 한다.

이 세상에 똑같은 동일인은 없다. 숱하게 많은 세상 사람들은 각자의 특성을 살리도록 하여야 한다. 또한 천부의 자질을 펴도록 하여야 한다. 그런데 우리는 삼불(三不)정책에 얽매여 그 많은 대학 중 세계 100대 대학에 드는 학교가 하나도 없고 논술에 의해서만 학생들의 차이를 구별할 수 있게 함으로써 전 세계에서 희한한 웃지 못할 논술시험을 치러야 하는 나라가 되었다.

교육부총리가 되기 전까지는 삼불정책을 반대하다가도 그 자리에 앉게 되면 삼불(三不)을 고집한다. 지금부터 30여 년 전 공화당시대에 대통령 아들의 대학입학을 위하여 만든 이 제도를 시대가 바뀌었는데도 고집만 하니 한심하다. 학생들의 능력과 개성이 다른데 어떻게 수십 년씩 고교 평준화를 시행함으로써 학생들의 장래를 나라가 망가트려 놓는다는 말인가?

말은 평준화이지만 실제로 결과적으로는 하향화(下向化)가 아닌가? 상향화해도 쉽지 않은데 전체적 하양화로 세계 경쟁에서 어떻게 이기고 살아남는가?

공교육의 정상화를 위하여 불가피하다고 변명한다. 그러나 대학입시를 고등학교 교과서 내에서의 출제로 한정하고 과목도 전문가회의에서 처음에는 극히 제한적으로 하여, 희망대학별로 시험을 치르게 하고 점차적으로 개선하여 학생들의 능력을 발휘하도록 해야 한다. 다만 그런 과정에서 부의 대물림이나 특권층의 자제만이 혜택을 입는 것이 아니라 능력과 자질이 있으면 그것을 펼 수 있게 다양화한 정책개발로 모두가 그 잠재력을 발휘할 수 있는 방안이 강구되어야 한다.

경쟁과 변화의 세계화시대에 우리가 세계사를 움직이고 인류문명에 공헌하기 위해서는 삼불정책의 굴레에서 벗어나 우리의 2세들이 그들의 잠재력을 개발하고 발현하도록 능력과 개성에 따른 교육으로 창의력을 최대화시켜야 한다. 그 해결의 실마리를 우리는 만세의 사표인 공자의 능력과 개성에 따른 교육방법에서 찾을 수 있을 것 같다.

제7장

# 새로운 모색

# 1. 창조와 개혁의 한계

## 창조적 파괴가 새로운 창조의 전제

토마스 쿤(Thomas S. Kuhn)은 그의 《과학혁명의 구조》(*The Structure of Scientific Revolution*)에서 과학혁명은 어느 정상과학(*normal science*)이 심각한 이상(*anomaly*)현상들의 빈번한 출현에 의해 위기에 부딪침으로써 붕괴될 때 일어나는 현상이며, 그 결과는 새로운 정상과학이 된다고 하였다. 기존 패러다임[1]에 기초한 활동과 판단에 의문이 제기되면서 급기야 새로운 이론체계들이 나타나며 과학사회는 결국 새로운 패러다임에 합의하게 된다.

즉 끊임없는 의문이 발전의 전제가 되며, 패러다임의 대규모적 파괴와 정상과학의 과제 및 기술에 있어서의 주요 변혁을 요하기 때문에, 새로운 이론의 출현은 일반적으로 학문적으로 불안정한 시기를 거친 후에 이루어진다.

새 패러다임으로의 전이는 낡은 패러다임을 정비하거나 확장함으로써 성취되는 누적적인 과정이 아니다. 오히려 그것은 새로운 기본 요소들로부터 그 분야를 재구성하는, 즉 그 분야의 많은 패러다임 방

1) Paradigm: 언어학습에서 사용되는 '표준예'(*Exampler*)란 뜻의 단어로 하나의 수용된 '모형' 또는 '유형'을 말한다. T. S. Kuhn은 '새로운 또는 좀더 그럴듯한 조건하에서 더욱 명확히 그리고 상세히 하기 위한 기초'로 정의하였다.

법과 그 적용은 물론 가장 기초적인 이론적 일반화의 일부까지도 변화시키는 하나의 재구성인 것이다.

정치나 과학의 발전에 있어 모두 위기를 조성하는 기능정지를 감지하는 것이 혁명의 선행조건이다. 따라서 '과학적 혁명'이란 낡은 패러다임이 전적으로 혹은 부분적으로 그것과 양립 불가능한 새로운 패러다임에 의해 대치되는, 그러한 비누적적인 발전의 삽화적 사건들인 것이다. 그러므로 창조적 파괴가 새로운 창조의 전제가 되는 것이지 전통의 누적만 가지고는 발전을 기대할 수 없는 것이다. 전통에 얽매인 활동에 대한 보완이며, 전통을 단절시키는 것이며 전통을 파괴하여야 하는 것이다.

코페르니쿠스나 뉴턴 그리고 아인슈타인의 출현은 모두 이런 과학혁명이란 개념으로 설명되고 있다.

## 옛것을 조술 또는 전술만 한 공자

공자는 "옛것을 조술(祖述) 또는 전술만 할 뿐, 새로이 창작하지는 않는다. 옛것을 믿고 좋아한다. 나를 노팽(老彭, 은나라의 현인)에 비기고자 한다"[2]고 하였다.

술이부작(述而不作), 즉 그는 스스로를 항상 옛 선왕의 도(道)의 전승자일 뿐이라고 하고 그 전승에 대한 천명의식을 가지고 있었다.[3] 술이부작에 대한 기준은 '신이호고'(信而好古)이다. 그는 태어나면서부터 모든 것을 안 것이 아니라 옛것을 좋아하여 부지런히 탐구하여 알게 되었다[4]고 밝혔다. 더하여 도(道)에서 벗어나 스스로

2) 子曰 述而不作 信而好古 竊比於我老彭 〈述而 1〉

3) 天之未喪斯文也 匡人 其如予何 〈子罕 5〉

창작한 바는 없다고 하고, 많이 듣고 보아서 견문을 넓히고, 견문한 것 중에서 쓸 만한 것을 택하여 따르기도 하고 기억하지만 결코 창작은 하지 않는다[5]고 강조한다.

이렇게 호고(好古)를 기준으로 하여 '古'가 대대로 전해 내려와 전통으로 응집된다. 전통이란 역사적으로 형성된 사회의식으로 민족적 합의이다. 이와 같은 전통이 더해지고 덜어지는 가운데(損益) 역사는 면면히 이어진다고 보았다.

그래서 은나라는 하나라의 예를 이어받았으니 손익(가감)한 것을 알 수 있으며, 주나라 또한 은나라의 예를 이어 받았으니 손익한 것을 알 수 있다. 혹시라도 주나라를 잇는 자가 있으면 비록 백세 뒤라도 알 수 있을 것이다[6]라고 하였다. 손익에 의한 역사발전 법칙은 바로 과(過)나 불급(不及)이 없는 최적의 역사, 즉 중용에 의한 역사이며 전통과 동일시한다는 전제하에 창조를 긍정한 것이다.

사실 공자만큼 전통을 비호한 사람도 드물다. "주나라는 하, 은 두 나라를 본받았으니, 찬란하다, 그 문화여! 나는 주나라를 따르겠다"[7]라고 하여 전통을 이어가려고 하였다.

그러나 전통 중에는 새로운 것을 위한 가능성이 있는가 하면 반대로 변화를 가로 막는 완고한 장애도 함께 있는 것이다. 공자가 강조한 역사 발전이나 창조는 전통의 계승을 기초로 한 전통의 지속을 내용으로 한다. 그래서 전술하기만 하고 창작하지 않으며, 옛것을 믿고

---

4) 我非生而知之者 好古敏以求之者也 〈述而 19〉

5) 蓋有不知而作之者 我無是也 多聞 擇其善者而從之 多見而識之 知之次也 〈述而 27〉

6) 子曰 殷因於夏禮 所損益 可知也 周因於殷禮 所損益 可知也 其或繼周者 雖百世 可知也 〈爲政 23〉

7) 子曰 周監於二代 郁郁乎文哉 吾從周 〈八佾 14〉

좋아한다고 하였다. 그의 말대로 전통에 대하여 조술 또는 전술만 할 뿐 전통을 뛰어 넘어 창작하지는 않는 것이다.

## 창작은 전통의 누적이 아닌 새로운 기본요소들의 재구성

그러나 창작은 전통에서 벗어나야 하며, 쿤(T. S. Kuhn)이 지적한 대로 전통의 누적적 현상이 아니고 "비누적적인 발전의 삽화적 사건들"인 것이다. 결코 낡은 패러다임을 정비하거나 확장함으로써 성취되는 전통의 누적적(累積的) 과정이 아닌 것이다. 오히려 그것은 새로운 기본요소들로부터 그 분야를 재구성하는, 즉 그 분야의 많은 패러다임 방법과 그 적용은 물론 가장 기초적인 이론적 일반화의 일부까지도 변화시키는 하나의 재구성이 되어야 하는 것이다.

따라서 단순한 전통의 누적만 가지고는 창작이라든가 역사발전은 기대할 수 없는 것이다. 전통을 단절시키는 것, 내지는 전통의 창조적 파괴가 선행되어, 전통에 얽매인 데서 벗어나고 뛰어넘어 전통을 초월하여야만 창조는 가능한 것이다.

공자는 여기에서 그치지 않고 "이단(異端)에 빠지면 해로울 뿐이다"[8] 라고 선언까지 했다. 자계(自戒)도 물론 필요하지만 이단에 대한 전공불허는 사람들의 진취적 개척정신과 도전정신을 더욱 질식시킬 수 있는 것이다. 이단이라고 해서 모두가 역사적 창조는 아니다. 그러나 분명한 것은 역사의 창조는 반드시 이단이다. 옛것과 다르지 않고 어떻게 창조가 가능하고 발전이 있겠는가?

중국의 천웨이핑 교수가 지적한 대로 공자는 자아창조(自我創造)가 전통에 대한 부정임을 인식하지 못하고 그것을 전통에 부속되는

---

8) 攻乎異端 斯害也已 〈爲政 16〉

의미로 이해하였으며 이것이 그의 치명적인 단점인 것이다. 그것은 이후 유가의 "옛것을 회복한다"나, "옛것을 좋아한다" 같은 전통숭상의 경향을 낳았고, 창조나 발전은 무시한 채 낡은 틀에서 벗어나지 못하는 전통을 초래하였다.

그것은 결국 뉴 프런티어(*new frontier*)정신의 결여와 현실 안주로 동양사회가 정체에 빠지는 데 결정적인 영향을 끼치지 않았나 한다.

## 묵자의 술이부작述而不作에 대한 비판

묵자(墨子)가 '술이부작'(述而不作)이라고 한 공자의 말을 거론하면서 "옛날 예(羿)는 활을 만들고 여(伃)는 갑옷을 만들고 해중(奚中)은 수레를 만들고 교수(巧垂)는 배를 만들었다. 그렇다면 옛날 방식대로 물건을 만드는 지금의 온갖 재인비치(鮑函車匠)는 군자인가? 그리고 (옛날 새것을 만들어 냈던) 예, 여, 해중, 교수와 같은 창작가들은 모두 소인(小人)인가? 또한 후세 사람들이 모범으로 삼는 물건은 반드시 고인이 옛날에 새로이 창작해낸 것이다. 그렇다면 후세사람들이 모범으로 삼는 물건은 모두 소인의 도리인가?"라고 비난하는데 일리가 있다고 하겠다.

아무리 전통을 조술(祖述)만 하고 창작은 하지 않았다고 하더라도 전통이 생겨났던 그 시대에 '作'이 있었기 때문에 가능했던 것이지 '作'이 없었으면 전통 자체가 생겨날 수 없는 것이다. 따라서 공자는 '술이부작'할 것이 아니라 '술이작'(述而作)하여 조술도 하고 창작도 했어야 할 것이다.

## 미래를 개척하고 도전하는 데 적극적이지 못하였음

물론 공자가 '온고이지신'(溫故而知新) 하라고 하여 '지신'(知新) 에 무게를 두어 '고'(故) 를 딛고 '신'(新) 으로 나가라는 소리로 전통에 비판을 가해 새로운 것을 지향하라고 하기도 하였다.

매사에 스스로 숙고하기를 "어찌하는 것이 옳을까, 어찌하는 것이 옳을까? 라고 하지 않는 자는 나도 어찌 할 도리가 없다"[9] 라고 하여 먼저 문제의식을 가지고 탐구하되 그 접근방법으로는 놀랍게도 오늘의 과학적 접근방법을 모두 제시하였다.

즉 "하(夏) 나라의 예제(禮制) 는 내가 능히 말할 수 있으나 기(杞) 나라(하나라의 후예국) 에 실증할 사물이 부족하다. 문헌이 모자라는 탓이다. 문헌만 충분하다면 내가 증거를 댈 수 있다"[10] 고 하여 연역적 방법은 물론이고, "많이 듣고서 의심나는 것은 빼고 그 나머지를 삼가서 말하면 허물이 적어질 것이다"[11] 라고 하여 귀납적 방법으로의 접근도 제시하였다.

공자는 또한 전통문화라는 이유만으로 무조건 추종하지는 않고 그 중 최적을 선택하라고 했다. 나라를 다스리는 법에 대한 안연(顔淵) 의 질문에 "하나라의 역법(曆法) 을 쓰고, 은나라의 수레를 타고, 주나라의 면류관을 쓰고, 음악은 소무(韶舞: 순임금의 무악) 를 따르되, 정(鄭) 나라의 음악은 추방하고, 아첨하는 자들을 멀리하라. 정나라의 음악은 음란하고, 아첨하는 사람은 위태롭다"[12] 라고 하여 전통 중 최

---

9) 不曰 如之何如之何者 吾未如之何也已矣 〈衛靈公 15〉

10) 子曰 夏禮 吾能言之 杞不足徵也 殷禮 吾能言之 宋不足徵也 文獻不足故也 足則吾能徵之矣 〈八佾 9〉

11) 多聞厥疑 多見厥殆 〈爲政 18〉

12) 行夏之時 乘殷之輅 服周之冕 樂則韶舞 放鄭聲 遠佞人 鄭聲 淫 佞人 殆

적 내지 최장을 선택하여 정치의 대법을 세우도록 하기도 하였다.

공자는 이와 같이 전통이란 깃발을 휘날리고 흔들어 대고 있지만, 그렇다고 단순히 과거로 돌아가자는 것은 아니었다. 그는 전통을 딛고 현재와 미래를 보며 찾고 있지만 분명 미래를 개척하고 미래에 대해 도전하는 뉴 프런티어는 아니었다.

그의 바람은 전통의 축적과 누적에 의한 문화계승을 희구하여 이상향을 주례(周禮)로 한 것부터가 새로운 창조는 분명 아닌 것이며, 5경(五經)을 편정하여 인류문화발전에 기여하는 만세의 사표가 되기는 하였으나 그것은 '作'이 아니라 '述'이었다.

또한 새 시대에 필요한 제도나 기구에 대해서 모색이나 고찰이 없었다는 것은 '술이부작'(述而不作) 자세의 결과가 아닌가 한다. 기존 틀과 기존의 범위 내에서 선정(善政)과 덕치(德治), 인정(仁政)을 꿈꿨지 기존 틀을 바꾸고 고쳐 새로운 틀을 만들려는 제도의 고안과 개혁은 관심 밖이었다. '술이(述而)하면서 작(作)하였더라면…' 하는 아쉬움은 나만의 생각이 아닐 것이다.

---

〈衛靈公 10〉

## 2. 미래준비의 중요성

### 미래예측의 어려움

미국의 금융위기로 촉발된 세계경제위기는 전 인류에게 고통을 주고 있고 세계 지도자들이 이 위기에서 벗어나기 위하여 지혜를 짜고 노력하지만 해결의 실마리가 보이지 않는 것이 작금의 현실이다. 탐욕과 이익에 몰두하여 미국의 주택시장이 붕괴되며 가공할 신용창출과 파생상품은 금융위기를 가져왔다.

물론 노벨경제학상 수상자이며 미 컬럼비아대학교 교수인 조셉 스티글리츠 같은 이는 오래 전부터 미국 주택시장의 거품이 꺼지는 것은 시간문제라고 경고했다. 그러나 조지 W. 부시 행정부는 문제가 다가오는 것을 보지 못했고, 문제발생 때는 이를 부정하였으며, 그 다음엔 그 심각성을 축소하다가 결국은 공포에 휩싸여 우왕좌왕하다가 걷잡을 수 없는, 돌이킬 수 없는 구덩이에 빠져버렸다.

사실 예측, 특히 정확한 예측이란 어려운 것이다. 이 세상에 숱한 경제학자가 있지만, 특히 미국에는 난다긴다하는 경제학자와 전문가 그리고 정책의 대가들이 많지만 금융위기와 그 결과가 무엇을 가져올 것인가를 예측하는 데는 실패하였다.

경제분석은 여러 변수 중 여타변수가 일정하다는 것을 전제로 하여 일정변수의 변화를 분석 측정하는 것이므로 모든 변수를 대상으로 분석이 불가능하여 항상 한계를 가지고 있는 것이다. 그래서 노벨경제학상을 수상한 조셉 스티글리츠도 "경제학자들은 어떤 현상의 기저에 작용하는 힘이 무엇인지는 찾아내는 데는 뛰어나지만 언제 그런 현상이 일어날지를 예측하는 데는 그다지 뛰어나지 못하다"고 실토하기까지 한 것이다.

그러나 위기에 처해 허겁지겁하면서 헤어나지 못하고 고통을 당하는 것보다는 미리미리 먼 앞날을 내다보고 유비무환(有備無患)의 태세를 갖추면 얼마나 좋을까?

옛날 제나라의 명재상으로 공자가 존경한 사람 중의 하나인 안영(晏嬰)은 《안자춘추》에서 "사람이 물에 빠진 후에야 빠진 원인을 알고자 하고, 길을 잃은 다음에야 길을 묻는다. 비유하건대 마치 위급함에 처하여 부랴부랴 무기를 주조하고, 목구멍이 막히고 목이 마르고서야 비로소 우물을 파는 것과 같아서, 아무리 빠르게 무기를 만들고 우물을 파더라도 이미 늦은 것이다"라고 하여 '목이 말라서야 우물을 판다'(臨渴掘井)란 고사성어가 생겨나기도 하였다.

지도자는, 특히 정치와 경제를 담당하는 리더들은, 미래를 바라보는 혜안이 있어야 하며 언제나 현실을 정확히 파악하고 나라를 경영하는 동시에 미래를 내다보며 미리미리 대응하고 대책을 강구함으로써, 국민들이 항상 꿈과 희망을 가지고 살아가도록 해야 할 것이다.

## 장기적인 안목과 통찰력을 가져라

공자는 "사람이 먼 앞날을 생각하지 않으면 반드시 눈앞에 근심이 닥친다"[1]라고 말씀하셨다. 생각을 하거나 일을 처리할 때 눈앞의 상황은 물론이거니와 먼 장래까지 고려해야 한다. 현실상황을 너무 무

1) 子曰 人無遠慮 必有近憂 〈衛靈公 11〉

시하면 돈키호테같이 되고 현실에 너무 치중하면 근시안이 된다.

현실과 함께 앞을 멀리 내다보아야 생각지도 못한 위험이 발생하는 것을 막을 수 있는 것이다. 이렇게 멀리 내다보는 사람이 눈앞의 이익을 좇는 사람을 이기는 것이다. 무슨 일을 하든 장기적인 안목과 미래를 바라보는 통찰력이 있어야 한다. 특히 크고 작은 공동체의 지도자의 경우 더욱 그렇다.

지붕은 장마 오기 전에 손질해야 한다. 장마가 와서 손질하려면 벌써 늦고 비가 새서 비를 맞지 않을 수 없는 것이다. 맑은 날에도 언젠가는 비가 올 수 있다는 것을 생각하는 사람만이 맑은 날의 상쾌함을 누릴 자격이 있는 것이다. 나라를 경영하는 위정자에게는 시민과 국민의 안위가 달려있기 때문에 더욱 심모원려(深謀遠慮) 할 것이 요구된다.

## 서둘지 말고 속히 성과를 내려고 하지마라

그래서 공자는 여기에서 그치지 않고 정치나 행정을 할 때 절대 급하게 서둘지 말고 또 속히 성과를 내려고 하지 마라, 작은 이익을 얻으려 하지 말라고 가르친다. 급하게 서둘고 속히 성과를 내려 하면 전체적으로 통달할 수 없고, 작은 이득을 얻으려고 하면 큰일을 이루지 못하기 때문이라고 부연하여 설명하고 있다.[2)]

성실한 위정자는 항상 원대한 목표를 향하여 착실히 한 걸음, 한 걸음 앞을 내다보고 나간다. 우리는 빨리빨리 하다가 얼마나 많은 부실공사를 남겨 성수대교 붕괴, 아파트 붕괴, 고속도로 땜질공사 등의

2) 子夏爲莒父宰 問政 子曰 無欲速 無見小利 欲速則不達 見小利則大事不成 〈子路 17〉

반복을 남겼던가?

물론 빨리빨리는 우리가 못살 때 성장과 근대화를 앞당기기 위해 필요했던 덕목으로 우리의 고도성장을 촉진한 자랑이기도 하지만, 선진국 문턱을 바라보는 지금은 완전을 추구해야 한다.

그런데도 이명박 정부는 속도전이니 하여 앞뒤 가리지 않고 워룸(*war room*)이라고 하여 지하 벙커나 차려 놓고 '경인운하'나 '4대강 살리기'라는 이름하에 환경검토도 치밀하게 하지 않고 착공하여 겉으로는 녹색운동이라고 하며 토목공사 일색으로 밀어붙인다.

벌써 조급증의 결과는 나타나 747의 달성을 위해 전체국민은 아랑곳없이 수출증대를 한답시고 전 세계가 환율이 떨어질 때 우리만 환율을 인상하여 재벌과 부자들만 살찌우고 서민경제를 돌이킬 수 없도록 고통스럽게 만들었다. 외생적인 미국 금융위기가 겹치자 모든 책임을 미국에 돌리고 있지만 국민은 너무나 괴롭고 힘겨운 것이다.

속공(速攻)에 욕심을 내고, 소리(小利) 앞에서 곁눈질을 팔면 어딘가에 허점이 생기고 결함이 나오게 돼 있다. 그래서 급할수록 돌아가라고 하지 않던가?

공자는 한 도성(都城)의 정사를 처리할 때도, 인정(仁政)의 원칙에 따라, 크게 내다보고 통달되게 해야 하며, 눈앞의 작은 이득을 탐하고 덕치(德治)를 망각해서는 안 된다고 했는데, 하물며 한 나라의 정사에 있어서는 인정과 덕치에 의한 원대한 계획에 의한 경영이 무엇보다도 중요하다고 하겠다.

## 3. 미래지향적 온건한 개혁

### 창조는 과거의 집적과 현재의 노력이 상승한 결과물

공자가 말씀하셨다. "옛 것을 잘 익혀서 새 것을 알 수 있게 되면(새 것을 만들어 낼 줄 알면), 남의 스승이 될 만하다."[1)]

이 온고지신(溫故知新)이야말로 우리나라 사람들이 많이 인용하는 한자숙어로 옛날에는 대학입학시험에도 뻔질나게 등장했고 요즈음도 서예전이라든가 휘호에 자주 보게 되는 표현이다.

온고지신(溫故知新)은 진정한 학문정신을 갈파한 명언이다. 학문은 과거 모든 인류의 문화재나 선인(先人)들이 남긴 문화유산을 습득·섭취하고 더 나가서 새로운 것, 새로운 문화를 창조하는 바탕이 되는 것이다. 과거의 문화유산이나 학문을 계승하고 새로운 창조를 가함으로써 인류는 문화적으로 발전할 수 있는 것이다.

창조라는 것 자체가 아무리 새로운 창조라 할지라도 결국 고(故)를 떠날 수 없는 것이다. 과학사의 눈부신 발전도 고(故)의 축적 없이는 불가능한 것이다. 따라서 창조는 과거의 집적(集積)에 현재의 노력이 상승(相乘)해 생겨나는 결과물인 것이다.

---

1) 子曰 溫故而知新 可以爲師矣 〈爲政 11〉

## 온고지신에서 지신이 기본

따라서 온고이지신(溫故而知新)에서 온고(溫故)는 지신(知新)의 전제이다. 지신(知新)이 주(主)이고 온고(溫故)는 종(從)이다. 지신이라는 창조성(*creativity*)은 온고라는 전통성(*traditionality*)이 기반이 되어야 한다는 말이다. 그래서 김용옥 교수는 신(新)을 위하여 고(故)는 온(溫)되었을 뿐이며 고(故)가 고(故)일 수 있는 것은 신(新)으로 참여할 때만이 가능한 것이며, 신(新)을 떠난 고(故)는 존재하지 않는다고 한다.

신영복 교수는 과거와 미래를 하나의 통일체로 인식하고 온고(溫故)함으로써 새로운 미래(新)를 지향(知)할 수 있다는 의미로 읽어야 한다고 한다. 온고보다는 지신에 무게를 두어 고(故)를 딛고 신(新)으로 나아가는 것이다. 더구나 온(溫)의 의미를 온존(溫存)으로 한정할 수는 없다. 때로는 단절이 온(溫)이 될 수도 있기 때문이다.

옛것 속에 새로운 것을 위한 가능성이 있는가 하면 반대로 변화를 가로 막는 완고한 장애도 있을 수 있다. 그러므로 지신(知新)의 방법으로서의 온(溫)은 생환(生還)과 척결(剔抉)이라는 두 가지 의미로 읽어야 한다고까지 한다.

위와 같은 견해는 온고이지신(溫故而知新)의 영역을 보아도 대개 비슷하다.[2] Waley는 'who by reanimating the old can gain knowledge of the new'(옛 지식을 새롭게 활성화해서 새 지식을 얻을 수 있는 사람)으로, Lau는 'who gets to know what is new by keeping fresh in his mind what he is already familiar with'(그에게 이미 친숙한 것을 마음속에 생생하게 지님으로써 새로운 것을 알게 되는 사람)으

2) 서지문, 2001, 《영어로 배우는 논어 1》, 창작시대, p.80에서 인용.

로, Legge는 'If a man keeps cherishing his old knowledge, so as continually to be acquiring new'(어떤 사람이 옛 지식을 계속 소중히 품어서 끊임없이 새로운 지식을 얻는다면)으로 번역하였는바, 한결같이 지신(知新)에 비중을 두고 있는 것이다.

이렇게 공자는 온고이지신(溫故而知新) 정신으로 주대(周代)의 문물을 바탕으로 하여 새로운 세계를 창건하려고 했던 것이다. 김경일은 유교를 가리켜 공자가 지나가는 말처럼 내뱉은 몇 마디 말을 가지고 부풀려 놓은 허상이라고 비난했다. 하지만 공자는 말을 부끄러워하고(조심하고) 행실을 말보다 더하였으며[3] 말하고자 하는 바를 먼저 행하고, 그 후에 말을 하라[4]고 가르치면서 스스로 14년간이나 주유천하하면서 패권주의(覇權主義)가 팽배했던 춘추시대에 그의 이상인 인의(仁義)의 도덕정치를 실현하여 천하평화를 이룩하려 했다. 그러한 공자를 가리켜 어떻게 복고주의자라고 할 수 있겠는가?

## 잘못된 비판

김경일은 여기에서 그치지 않고 한 술 더 떠서 온고이지신(溫故而知新)을 '뒤돌아보기 문화'라고 단정하고, 미래를 지향하는 우리의 발목을 잡아 앞으로 나갈 수 없게 할 뿐 아니라 '뒤돌아보기 문화'가 만든 또 하나의 악습은 주검숭배 문화, 이른바 독특한 상례(喪禮)문화로 화려한 분묘치장과 조상숭배라고 비난한다.

그러나 옛 고구려의 고분이라든가 이집트의 피라미드나 유교를 부정하여 분서갱유(焚書坑儒)까지 감행하였던 진시황의 지하궁전 등

3) 恥其言而過其行 〈憲問 29〉

4) 先行其言 而後從之 〈爲政 13〉

고대 동서양 모두 유교 이전부터 영혼불멸의 내세관(來世觀)에 의하여 성대하게 꾸몄던 것이다. 오늘날 서양에서는 시신의 화장(化粧)까지 성대히 하는데 김경일의 논리대로라면 모두가 유교의 영향이고 공자 때문이라고 해야 하지 않는가?

더구나 조상숭배로 제사를 지내는 것은 효도의 연장으로 나를 있게 해준 조상에게 감사하는 것이지 어떻게 주검 숭배가 된다는 말인가? 오히려 조상숭배와 제사는 개개인에게 자신의 존재를 확인시켜주고 가족간의 끈을 연결하여 사회통합을 이루어 나가는 요인이 된다고 본다.

계속하여 김경일은 공자의 온고지신(溫故知新) 때문에 과거에 묻혀 살게 되었다고 하지만, 앞에서 언급한 대로 공자는 과거의 것을 토대로 새것을 창조해야 한다고 말한 것이다. 즉 새로운 것을 창조하고 발전된 사회를 만들기 위한 기초로서의 온고(溫故)일 뿐이다. 공자는 하(夏), 은(殷), 주(周)의 문화를 계승하고 그 역사를 통해서[5] 인의(仁義)에 의한 도덕정치로 한 단계 진보한 사회를 만들고자 했던 것이다. 따라서 온고지신에서의 온고(溫故)는 지신(知新)의 전제로 어디까지나 지신이 주(主)인 것이다.

물론 공자가 술이부작(述而不作)이라고 하여 "전술(傳述)만 하고 창작은 하지 않았으며 옛것을 믿고 좋아했다"[6] 라든가 "옛것을 좋아하여 부지런히 탐구하였다"[7] 는 말씀과 '온고지신'이 모순되는 것이 아닌가하는 의문이 생길 수도 있다. 그러나 공자가 혁명가가 아니고 온건을 추구한 개혁적 사상가이고 끊임없이 개혁을 추구했던 그의 행적에

---

5) 周監於二代 郁郁乎文哉 吾從周 〈八佾 14〉

6) 述而不作 信而好古 〈述而 1〉

7) 好古 敏以求之者也 〈述而 19〉

서 이런 의문은 해소된다고 보아야 할 것이다.

다만 공자 자신은 지신에 무게를 두고 인정(仁政)과 덕치(德治)의 세계를 만들려고 하였지만 후대의 그의 추종자들이 온고(溫故)와 호고(好古)에만 매달려 복고로 흐른 것은 비난받아 마땅하다. 그러나 그것은 공자 자신이 아니라 그의 추종자들의 책임이라는 점을 유념해야 할 것이다.

후한(後漢)의 사상가, 왕충(王充)의 《논형》(論衡)에 온고지신을 재미있게 이야기한 구절이 있다. "옛날을 알고 지금을 모르는 것을 육침(陸沈)이라하고, 지금을 알고 옛날을 모르는 것을 맹고(盲瞽)라 한다." 즉 역사를 알면서 현실을 모르는 것은 육상에서 익사(溺死)하는 것이며, 현실만 알고 역사를 모르는 것은 장님이란 말인데 김경일의 설치는 짓이 꼭 육침과 맹고에 꼭 들어맞는 것 같다.

## 새로운 문화의 창조

우리는 역사의 전통을 잘 배우고 알아야 한다. 동시에 새로운 문화를 창조해야 한다. 단지 지식만 달달 외워서 녹음기나 앵무새처럼 전달해 가지고는 스승이라 할 수 없는 것이다. 학생시절을 가만히 생각해 보면 누구나 스승으로부터 지식과 정보를 전수받을 뿐 아니라 스승의 학문하는 자세라든가 생활태도에 은연중 영향을 받는다는 것을 부정하는 사람은 아무도 없을 것이다.

따라서 온고지신(溫故知新)은 미래를 보장할 수 있는 확실한 진보적 스승상(教師像)을 말한 것이다. 스승을 제한적으로 교사에 국한할 필요는 없다. 확대해석하면 지도자급에 있는 사람은 누구나 스승인 것이다. 세계의 4대 성인, 즉 예수, 석가, 공자, 소크라테스는 인류가 배출해 낸 위대한 스승이다. 이 분들은 온고지신의 표상이 아니겠는가?

김경일은 심지어 IMF 외환위기도 온고지신의 '뒤돌아보기 문화' 때문이라고 공자에게 모든 죄를 뒤집어씌우는데, 외환위기는 차떼기 정당에 의한 정치지도자들의 정경유착과 재벌들의 문어발식 경영에서 온 것을 왜 모르는가? 당시의 정치지도자와 재벌총수들이 온고지신(溫故知新)만 제대로 돼 있었으면 외환위기는 일어나라고 아무리 기도를 해도 일어나지 않았을 것이며 우리가 그렇게 바라는 선진국은 벌써 이룩했을지 모른다.

왜냐하면 정치지도자들이 온고지신(溫故知新)하여 역사(歷史)에 정통하고 역사에서 교훈을 찾아 항상 새로워졌으면 그러한 오류와 잘못은 저지르지 않았을 것이기 때문이다. 그래서 역사는 거울이라 하고 반복한다고 하는 것이다. 마찬가지로 재벌들도 무모한 잘못을 반복하지 않고 역사란 거울에 비추어 항상 새로운 것을 창조하여 세계에 앞질러 갔을 텐데 말이다.

다만 분명한 것은 지신(知新)에 초점을 맞추고 항상 지신하려고 노력해야 하며 술이부작(述而不作)이 아니라 술이작(述而作)하는 자세로 호고(好古)에 치중하는 데서 벗어나 개척하고 창조하는 새로운 문화 창조의 기풍이 되어야 한다는 것이다. 역사는 거울이고 역사에서 길을 찾아야 하되 투철한 역사인식을 가지고 역사를 통한 복고가 아닌 미래지향적 내일로 나아가야 한다. 그래야만 개척이 가능하고 창조와 창작 속에 발전과 진화가 이루어지는 것이다.

# 4. 문화의 긍지

## 예禮는 문화이다

예(禮)는 본래 신이나 절대자에게 인간의 안녕을 기원하는 종교적 의식이었지만, 시대가 흐를수록 종교적 의미는 약화되고 상실되어, 인간의 사회적 윤리적 행동규범으로 변해 왔다. 예는 사회질서를 유지하기 위한 행동규범이다. 법도 사회적 행동규범이지만 강제성이 따르나, 예는 자율성에 기반을 둔다. 따라서 인간이 사회공동체의 한 구성원으로서, 여러 사람과 화목한 관계를 유지하고 사회의 품격을 높이기 위해, 지켜야 할 규범이요 도리요 기준이기도 하다.

예(禮)가 있다는 것은 문화가 있다는 것이요, 예가 없다는 것은 문화가 없다는 소리로 야만이다.

예(禮)는 개인과 자기 집안, 자기 사회에 관한 것은 물론이고 남과 만났을 때, 비즈니스맨끼리 모였을 때의 질서를 포함한다. 어떤 사람은 후자를 에티켓이라고 하여 구분하지만 모두가 예이고 같은 의미로 보아도 무방할 것 같다.

중국 사람들이 우리나라를 가리켜 '동방예의지국'이라고 한 것은 우리가 예를 숭상하고 예를 지키며 품격이 높은 문화국민이라는 의미로 우리의 자랑이다.

공자가 말씀하였다. "오랑캐 나라에 임금이 있다 해도, 중화의 여러 나라에 임금이 없는 경우보다 못하다."1)

## 문화의 중요성

공자는 비록 중국에 임금은 없다 하더라도 빛나는 문화(禮)가 있기 때문에, 오랑캐가 임금이 있어도 문화적으로 야만상태(無禮)에 있는 것보다 났다고 하였다. 공자가 문화의 중요성, 예의 중요성을 말한 것이다.

중하(中夏) 혹은 중화(中華)라는 명칭은 천하의 중심을 차지하는 문화국가라는 뜻이다. 김용옥 교수는 제하(諸夏)라는 말 자체가 '문명화된 나라'(*civilized countries*)라는 뜻을 내포하고 있다고 했다.

반면 오랑캐들은 문화나 윤리도덕이 없고, 오직 동물적 삶만을 영위한다. 설사 추장이나 통치자가 있다고 해도 근본적으로 미개의 야만 집단이다.

그러므로 중원의 문화국가인 여러 나라들과는 근본적으로 다르며, 비록 중원의 문화국가가 혼란에 휘말려 일시적으로 임금이 없다 하여도 오랑캐와는 비교가 안 된다는 것이다.

이러한 문화국가는 군주의 유무가 그렇게 크게 문제되지는 않는 것이다. 군주는 있을 때도 있고 없을 때도 있는 것이다. 예악만 바로 서 있으면 흔들림이 없는 것이다. 허나 이적(夷狄)의 나라는 좋은 군주가 있을 때는 흥하고 좋은 군주가 없을 때는 망하고 마는 것이다. 즉 군주만 있고 문화가 없기 때문이다.

옛날만 그런 것이 아니다. 현대에도 이런 현상은 반복된다. 아프리카를 보라. 남아공이 만델라와 같이 훌륭한 지도자를 만나 흥하고 번영하였지만 여타 많은 나라들은 서로 죽이고 쿠데타가 다반사로 일어나 혼란이 가중되는 것을 보면 쉽게 입증이 되고도 남는다. 그것은

---

1) *子曰 夷狄之有君 不如諸夏之亡也* 〈八佾 5〉

아프리카인들이 서구의 오랜 식민지로 있으며 수탈만 당하고 교육을 받지 못하여 야만상태에서 벗어나지 못한 데 원인이 있는 것이다. 그러나 프랑스는 제 2차 세계대전 후 여러 번 중앙정부의 정권교체를 겪으면서도 전혀 흔들림 없이 세계문화의 중심지 역할을 하는 것을 보면 공자의 생각이 현명하다는 것을 더욱 느끼게 된다.

# 5. 세계 경제위기 극복의 대안

## 탐욕에서 비롯된 세계경제의 위기

전 세계가 경제위기로 고통 속에서 허덕이고 있다. 미국의 서브 프라임 모기지에 의한 사태와 리먼 브라더스 파산에 의하여 촉발된 미국발 금융위기는 경제 전반에 영향을 미쳐 공화당 정부가 물러나고 버락 오바마가 흑인으로서 사상 최초로 대통령에 당선되면서 민주당 정부가 들어섰다.

21세기의 가능성이며 인류의 희망으로 등장한 버락 오바마가 이 위기로부터의 탈출을 위해 온갖 힘을 기울이고 공적 자금을 퍼붓고 있지만 아직 암울의 터널의 입구를 겨우 지났을 뿐 헤어날 기미가 보이지 않는 것이 오늘의 현실이다.

미국인들의 탐욕(貪慾)에서 비롯된 금융위기는 자본주의 경제위기로 퍼져 급기야는 글로벌화(global)에 의해 세계 전체가 위기에 빠진 것이다. 모든 것의 뿌리와 근원은 탐욕이다. 탐욕은 우리들의 시간과 역사를 거꾸로 몰고 가고 인간을 동물로 만든다.

금융위기는 법적 투명성과 책임감의 결여뿐만 아니라, 땀 흘려 일하지도 않고, 저축도 거의 하지 않고, 은행 빚으로 집을 사재기하는 등 가공할 신용창출과 파생상품에 의한 탐욕의 결과이다. 오늘의 경제위기는 1930년대의 대공황과 버금간다고도 하며, 그 유례를 넘는 초유의 사태라고도 하는데, 그 근본 원인이 인간성의 타락과 탐욕에 의한 정신적, 윤리적 요인에 기인하기 때문에 더욱 심각한 것이다.

## 효율과 이윤만 추구하는 자본주의의 내재적 한계

사실 미국은 자본주의 경제체제의 모델로 풍요 속에 경제대국으로 세계를 주도해 왔다. 자본주의 경제의 사상적 토대를 마련한 아담 스미스는 경제주체가 자신의 이해관계에 기초해 이윤추구행위를 하면 시장은 '보이지 않는 손'(*invisible hand*)에 의해 자율적으로 작동할 것이라고 했다. 더구나 신자유주의 이념의 확대로 국가중심 체제를 부정하고, 자본과 시장의 역할을 강조하는 반면 이를 통제하고 규제하던 국가와 정부권력의 역할 약화를 계속 주장해 왔다.

따라서 세계화와 신자유주의의 확산은 국가의 역할을 축소시키고 정부부문의 지위를 축소시키는 반면 시민사회와 시장의 역할과 지위를 더욱 강화시키게 되었던 것이다.[1)]

그러나 효율과 이윤만을 추구하는 자본주의는 인간을 행복으로 이끌지 못한다. 효율과 이윤의 추구는 인간을 극한으로 몰아가 탐욕의 나락에 떨어지게 할 내재적인 결함을 갖고 있는 것이다.

'보이지 않는 손'에는 윤리성과 도덕성이 전제가 되어야 건전하게 균형을 이루어 시장의 자율적 작동이 극대화되고 그 결과는 번영과 풍요로 나타난다. 사실 미국 자본주의에는 청교도정신이 내재하여 흐르고 있어 윤리성의 힘에 의해 풍요를 누렸던 것이다.

막스 베버가 《프로테스탄티즘의 윤리와 자본주의》에서 근면, 성실, 정직 같은 개신교윤리와 신도들 사이의 결속력이 유럽과 미국에

---

1) 자세한 것은 한상철의 《시민행정론: 시민활동의 전개와 해정》, 제1장 참조.

서 자본주의 발전을 가져오는 데 기여했다고 논증한 데는 일리가 있는 것이다. 그러나 종교적 문화가 경제발전에 필요한 유일한 요소는 아니다. 효율과 이윤만 추구하다보면 이(利)에 혈안이 되어 인간성의 타락과 부패, 탐욕에 빠지지 않을 수가 없는 것이다. 따라서 '보이지 않는 손'에는 무엇보다도 의(義)가 뒷받침되어야 하는 것이다.

## 견리사의見利思義 사상 : 21세기 세계경제가 나아갈 방향

그런데 공자는 2500년 전에 "이(利)를 보면 의(義)를 생각하라",[2] "이득을 보면 의를 생각하라",[3] "부귀는 모든 사람이 원하는 것이다. 그러나 정당한 방법으로 얻은 것이 아니라면 누리지 마라"[4]고 가르쳤다.

공자는 젊었을 때 창고 출납을 맡았었고 후에 노나라의 국고출납을 담당하는 재정담당관까지 한 당대의 최고의 경제전문가였으며 세계 3대 성인 중 유일하게 경제의 중요성을 설파하는 등 인간의 삶에 경제가 얼마나 중요한지를 일찍이 자각한 사람이다.

세계경제의 위기를 몰고 온 미국의 금융위기가 탐욕에 기인하는 것을 볼 때 선의후리(先義後利)를 가르친 공자의 견리사의(見利思義) 사상은 21세기 세계경제의 한계를 극복하고 앞으로 나가야 할 유일한 대안이 아닌가한다.

기업 등 경제주체가 이윤을 추구할 때 이윤만 좇지 않고 도덕적 도리와 규범을 지켜 사회적 책임을 다하는 견리사의(見利思義) 사상이

---

2) 見利思義 〈憲問 13〉

3) 見得思義 〈季氏 10, 子張 1〉

4) 富如貴 是人之所欲也 不以其道 得之 不處也 〈里仁 5〉

'보이지 않는 손'을 뒷받침할 때 자본주의는 번영과 발전 그리고 행복을 생산할 것이다.

공자는 또 "이익만 좇으면 원망이 많아지게 된다"[5] 고도 했다. 이익을 좇는 데 의로움이 따르지 않으면 오히려 사회악이 될 수 있다는 것을 강조한 것이다.

2,500년 전에 오늘의 세계경제위기를 예측이나 한 듯한 예언이 아닌가? 그저 놀라울 뿐이다. 21세기 오늘의 경제의 나아갈 바 지침을 견리사의에 두어 더욱 발전시켜 나가면 오늘의 경제위기는 의(義)에 의해 세계의 경제정의가 굳건히 서는 계기가 되지 않을까?

---

5) 子曰 放於利而行 多怨 〈里仁 12〉

# 6. 공존과 평화, 21세기의 희망

## 군자와 소인은 동일한 가치평면에서의 대비

《논어》에는 군자(君子)와 소인(小人)이란 단어가 여러 번 등장하는데 군자가 사(士) 또는 사대부(士大夫)를 지칭하고, 소인이 서민(庶民)을 가리키는 것은 결코 아니다. 차등(差等)한 계급간의 대비가 아니라 동일한 가치평면에서 비교한 것이다.

공자가 제자 자하(子夏)에게 "너는 군자다운 선비가 되고, 소인 같은 선비가 되지 마라"[1]는 간곡한 당부를 한 것을 보면 군자(君子)는 사(士)가 지향해야 할 이상이며 소인은 사(士)가 극복해야 할 현실이란 점을 쉽게 알 수 있다.

이와 같이 공자는 어떤 경우에도 서민(庶民)에게 소인(小人)이란 말을 쓰지 않았다. 다시 말해서 공자의 소인에 대한 비난은 서민에 대한 경멸과 멸시가 아니라, 사(士)임을 자처하는 사회 리더들에 대한 준엄한 비난인 것이다.

공자가 말씀하였다. "군자는 다양성을 인정하고 지배하려고 하지 않으며, 소인은 지배하려고 하며 공존하지 못한다."[2]

공자는 또 "군자는 두루 사랑하면서 편당을 이루지 않고, 소인은

---

1) 子謂子夏曰 女爲君子儒 無爲小人儒 〈雍也 11〉

2) 子曰 君子 和而不同 小人 同而不和 〈子路 23〉

편당을 이루면서 두루 사랑하지 않는다"[3] 라는 말씀과 "군자는 긍지를 가지되 다투지 않으며, 어울리되 편당하지 않는다"[4] 라는 말씀도 하였는바, 내용이 유사하다.

## 군자는 관용과 공존에 의한 평화지향

일반적으로 이 장은 "군자는 화목하되 부화뇌동하지 않으며, 소인은 동일함에도 불구하고 화목하지 못한다"라고 해석하고 있다. 화(和)를 화목하고 서로 잘 어울리는 의미로 즉 조화(調和), 동(同)을 부화뇌동(附和雷同)과 동일(同一)의 의미로 해석한다. 또 동(同)을 첫 구에서는 부화뇌동으로, 다음 구에서는 동일함으로 해석하는가 하면 다 부화뇌동으로 해석하기도 한다. 그러나 이것은 너무나 안이한 해석으로 화이부동(和而不同)이 갖는 큰 뜻을 그르칠 수 있다.

화(和)는 다양성을 인정하는 것을 의미한다. 관용과 공존의 논리이다. 피차간의 차이를 존중하는 것이다. 즉 서로의 인격의 독립성을 인정한다는 전제하에서 큰 줄기에 대한 찬동이다.

이는 서로 다른 두 악기의 합주를 생각하면 된다. 큰 줄기에 대한 찬동은 연주하는 곡이고, 각자의 독립적 인격은 서로 다른 악기의 음색이다. 오케스트라를 보라. 이것이 바로 화(和)의 본의이다. 반면 동(同)은 다양성을 인정하지 않고 획일적인 가치만을 용납하는 것이다. 피차간의 차별을 불문하고 전면적으로 찬동하는 것이다. 지배와 흡수합병의 논리이다. 따라서 '군자화이부동'(君子和而不同)의 의미는 군자는 자기와 타자(他者)의 차이를 인정한다는 것이다. 즉 서로

---

3) 君子 周而不比 小人 比而不周 〈爲政 14〉

4) 君子 矜而不爭 群而不黨 〈衛靈公 21〉

의 인격의 독립성을 인정하는 것이다. 타자를 지배하거나 자기와 동일한 것으로 흡수하려 하지 않는 것이다. 화(和)는 다양성을 인정하는 관용이며 공존과 평화의 원리로 궁극적으로 조화(調和), 하모니(*harmony*)를 이루는 것으로 공자가 추구하는 것은 인문이상(人文理想)과 인격의 존엄 및 인도(人道)의 사랑일 것이다. 하나로 총괄하면 바로 인(仁)인 것이다.

반대로 '소인동이불화'(小人同而不和)의 의미는 소인은 타자(他者)를 용납하지 않으며 지배하고 흡수하며 동화한다는 뜻이다. 그들은 인문(人文)세계의 이상에 대해 무지할 뿐만 아니라 관심조차 없다. 오직 붕당(朋黨)을 지어 서로간의 이익을 추구하는 것만 의미가 있을 뿐 인심(仁心)을 서로 비추어 이상을 실현하려는 즐거움은 전혀 의미가 없는 것이다.

## 화이부동은 한반도 통일의 방향

화동(和同) 담론이 우리의 통일론에서도 대단히 중요한 의미를 갖는다고 신영복 교수는 보고 있다. 신 교수는 남과 북은 자본주의와 사회주의라는 서로 다른 체제로 대립하고 있고 또 지금까지 흡수합병이든 적화통일이든 기본적으로 동(同)의 논리에 따른 통일론을 벗어나지 못하고 있다고 본다.

이러한 우리의 통일론을 동의 논리가 아닌 화(和)의 논리로 바꾼다는 것은 대단히 중요한 의미를 갖는 일이다. 신 교수는 또한 화의 논리는 무엇보다 먼저 공존과 평화의 논리로 통일과정을 이끌어가는 것을 의미하며 공존과 평화정착이 일단 이루어지면 그 이후부터는 대체로 시간의 문제로 귀착된다고 하였는데 전적으로 동의한다.

우리는 1950년에 발발하여 1953년까지 계속된 6·25전쟁으로 온

국토를 황폐화시키고 엄청난 수의 죄 없는 민간인과 군인들을 죽게 한 전쟁의 결과, 겨우 38도선이 휴전선으로 바뀌면서 해양세력(미국과 일본)과 대륙세력(중국과 러시아)에게 전쟁통일은 불가능하다는 교훈만 남기고 끝났다.

1989년 독일이 흡수통일을 이룩하고 공산권이 거의 차례로 자유화되는 것을 보고 흡수통일에 대한 기대가 있었으나 흡수통일은 동(同)의 논리대로 흡수당하는 쪽의 통치권이 흡수하는 쪽으로 넘어가고, 흡수하는 쪽의 체제가 흡수당하는 쪽에 일방적으로 적용되기 때문에 한반도를 둘러싼 국제관계의 균형이 붕괴되어 불가능한 것이었다. 더구나 중국이 한반도를 둘러싼 현 상태의 변화를 원치 않아, 북한이 붕괴되지 않고 정권이 유지될 수 있을 정도의 지원이 계속되어, 동유럽에 도미노현상이 나타났어도 북한은 끄떡도 않고 있는 것이다.

또한 경제적으로도 국민소득 2만 달러의 벽에 걸려 있는 상태에서 북녘체제가 무너져 흡수통일이 된다면 남북 공멸(共滅)의 비극만 가져올 뿐이다.

이렇게 복잡하게 얽힌 문제를 풀고 우리 땅이 평화통일을 이루는 길은, 첫째 21세기의 동아시아 정세와 나아가서 세계정세가 패권주의적 국제관계를 청산해야 하고, 둘째는 우리 땅 전체가 대륙세력권에도 또 해양세력권에도 포함되지 않고 통일하는 길이라 하겠다.

그것은 바로 화(和) 논리의 실현이다. 우선 남북이 6·15와 10·4 공동선언을 준수하여 한반도에 평화를 정착시켜야 한다. 그런데 이명박 정권 들어와서 남북관계가 경색되고 모든 교류협력이 단절된 가운데 양측 정상이 직접 서명한 6·15와 10·4 공동선언도 그 의의가 퇴색되어 버렸다. 비핵(非核)을 대화로 풀어가고 양 선언의 이행을 확약하여 상대방을 인정함으로써 대화를 시작해야 한다. 한반도에서 다시 전쟁을 일으킬 수는 없지 않는가?

북한은 워낙 가진 것이 없다. 개를 쫓더라도 빠져나갈 구멍을 만들어 놓은 다음에 쫓아야 한다. 막다른 골목에 몰리면 물 수 있는 것이다. 결국 해결의 길은 교류와 협력을 강화하고 남북지도자가 화(和)의 원리에 따라 상대방과의 차이를 존중하고 서로 감싸고 얼싸 안는 군자가 되는 길이 유일하다고 하겠다.

화(和)의 원리는 더 나아가 21세기 세계가 나아갈 방향이기도 하다. 21세기 새로운 세기를 맞아 문명의 축이 흔들려 충돌을 우려할 정도로 이라크 문제나 레바논 문제는 물론이고 탈레반의 세력범위 확대는 매우 심각하다. 이를 빙자하여 미국은 테러와의 전쟁이란 기치 아래 패권주의(覇權主義)로 나아가고 중국의, 스스로는 부정하지만, 커져 가는 경제력의 뒷받침에 의한 중화주의(中華主義)는 또 하나의 패권주의가 될까 우려된다.

이럴 때 화(和)의 논리에 따라 문명과 문명, 국가와 국가 간의 차이와 다양성을 존중할 때 공생과 공존 그리고 평화가, 나아가 세계문화의 질적 발전이 가능한 것이다. 20세기가 양차(兩次)대전을 치렀던 제국주의 간의 전쟁의 세기라면 우리가 맞은 21세기는 세계의 모든 지도자들이 군자가 되어 화(和)를 추구하고 화(和)를 지향하는 평화의 세기를 만들어야 할 책무가 있다. 그래서 세계의 다양한 문화와 가치, 삶의 방식을 존중하고 평화적으로 공존하는 세계를 만들어야 하겠다. 그러므로 이제는 일체의 담과 벽을 헐고, 일체의 문을 열고, 공생과 공존 그리고 평화를 이루는 방법을 서로 연구하고 서로 나누어 화이부동(和而不同)을 이루어야 하겠다.

## ■ 참고문헌


강만길. 2003. 《우리 통일 어떻게 할까요》. 서울: 당대.

강형기. 2006. 《논어의 자치학》. 서울: 비봉출판사.

공 건. 2008. 《일본 속의 신논어학》. 서울: 백암.

김경일. 1999. 《공자가 죽어야 나라가 산다》. 서울: 바다출판사.

김승혜. 2002. 《논어의 그리스도교적 이해》. 서울: 영성생활.

김영호 외. 2003. 《논어의 종합적 고찰》. 서울: 심산.

김용옥. 2001. 《도올논어》. 서울: 통나무.

김태길. 1998. 《공자사상과 현대사회》. 서울: 철학과현실사.

노박, 마이클. 허종열(역). 1994. 《가톨릭 윤리와 자본주의 정신》. 서울: 한국경제신문사.

박민영. 2008. 《논어는 진보다》. 서울: 포럼.

박이문. 2006. 《논어의 논리》. 서울: 문학과지성사.

베버, 막스. 김상희(역). 2006. 《프로테스탄트 윤리와 자본주의 정신》. 서울: 풀빛.

베버, 막스. 이상률(역). 1993. 《유교와 도교》. 서울: 문예출판사.

사마천. 남만성(역). 1991. 《사기열전》. 서울: 을유문화사.

사마천. 이영무(역). 1986. 《사기》. 서울: 소설문학사.

삼성신경영. 1993. 《나부터 변해야 한다》. 서울: 삼성신경영실천위원회.

서지문. 2001. 《영어로 배우는 논어》. 서울: 창작시대.

성백효(역). 2005. 《논어집주》. 서울: 전통문화연구회.

성백효(역). 2006. 《대학·중용집주》. 서울: 전통문화연구회.

성백효(역). 2006. 《맹자집주》. 서울: 전통문화연구회.

성백효(역). 2006. 《주역전의》. 서울: 전통문화연구회.

송 복. 1999. 《동양적 가치란 무엇인가》. 서울: 미래인력연구센터.

신동준. 2006. 《공자의 군자학》. 경기도 고양: 인간사랑.

신영복. 2006. 《강의》. 경기도 파주: 돌베개.
안병욱. 1996. 《논어인생론》. 서울: 자유문학사.
안해균. 1982. 《현대행정학》. 서울: 다산출판사.
오성수. 2004. 《오PD의 논어오디세이 1084》. 서울: 어진소리.
왕방웅 외. 황갑연(역). 2002. 《논어철학》. 서울: 서광사.
왕충. 이주행(역). 1996. 《논형》. 서울: 소나무.
요시카와 고지로. 조영렬(역). 2006. 《공자와 논어》. 서울: 뿌리와 이파리.
유택화. 장형근(역). 2002. 《중국정치사상사 선진편(상)》. 경기도 고양시: 동과서.
윤사순 외. 1992. 《공자사상의 발견》. 서울: 민음사.
윤재근. 2003. 《논어 애인과 지인의 길》. 서울: 나들목.
이문영. 2003. 《논어맹자와 행정학》. 서울: 나남출판.
이우재. 2000. 《논어읽기》. 서울: 세계인.
장기근. 2002. 《신완역 논어》. 서울: 명문당.
조기빈. 조남호 외(역). 1999. 《반논어》. 서울: 예문서원.
조선시대사학회. 2001. 《국역 윤지당유고》. 강원도 원주: 원주시청.
진대제. 안종수(역). 1996. 《공자의 학설》. 서울: 이론과실천.
천웨이핑. 신창호(역). 2000. 《공자평전》. 서울: 미다스북스.
최병철. 1999. 《공자가 살아야 나라가 산다》. 서울: 시아출판.
최인호. 2005. 《유림》. 서울: 열림원.
크릴, H.G. 이성규(역). 2007. 《공자 인간과 신화》. 서울: 지식산업사.
클린턴, 힐러리 로댐. 김석희(역). 2003. 《살아 있는 역사》. 서울: 웅진닷컴.
킹, 마틴 루터. 채규철 외(역). 2005. 《나에게는 꿈이 있습니다》. 서울: 예찬사.
표문태. 1966. 《논어》. 서울: 현암사.
한상철. 2001. 《시민행정론》. 서울: 법문사.
헌팅턴, 새뮤얼. 이희재(역). 1998. 《문명의 충돌》. 서울: 김영사.

木公本克夫編. 《市氏の世紀へ》. 2000. 東京: まようせい.

# 찾아보기 (용 어)

## ㄱ

### ㅎ



### 기타

# 찾아보기 (원 문)

## 학이(學而)



## 위정(爲政)

## 팔일(八佾)



## 이인(里仁)



## 공야장(公冶長)

### 옹야(雍也)



### 술이(述而)



### 태백(泰伯)



### 자한(子罕)

## 향당(鄕黨)



## 선진(先進)



## 안연(顔淵)



## 자로(子路)

## 헌문(憲問)



## 위령공(衛靈公)

## 계씨(季氏)



## 양화(陽貨)



## 미자(微子)



## 자장(子張)



## 요왈(堯曰)

한상철(韓尙澈)

1939년 강원도 횡성에서 출생하여 원주 중·고등학교를 거쳐 1963년 고려대학교 법과대학을 졸업하고 원주 진광중, 대성 중·고 영어교사로 봉직했다. 이후 1972년 서울대 행정대학원(행정학 석사)을 졸업하고 미국 조지타운대학교 Investment Negotiation Course를 수료했으며 1992년 강원대학교 대학원(행정학 박사)을 졸업했다.

1971년 서울대 행정대학원 재학시 행정고시(10회)에 합격하여 노동청·상공부 사무관, 상공부 법무담당관, 강원도 기획담당관, 화천·횡성군수, 이북5도청 사무국장, 대통령비서실 민정과장, 내무부 편성운영과장, 강원도 삼척·동해·원주·속초 시장을 역임하다가 지방자치에 대한 확신으로 출마를 위하여 명예퇴직하였다.

1995년 지방선거 및 1996년 국회의원 선거에 차점 낙선하고, 1998년 내각책임제를 신봉하여 자유민주연합 소속으로 제2기 민선 원주시장에 당선되어 4년간 열정을 바쳐 봉사하였다. 틈틈이 상원대, 상지대, 연세대 강사 및 객원교수로 출강하기도 하였다. 공직을 그만둔 후, 민주평화통일자문회의 운영위원, 부의장을 역임하면서 통일기반조성을 위하여 열정을 기울이기도 하였다.

2005년 《논어》와 공자를 만난 후부터는 《논어》를 비롯한 동양철학에 매료되어 유학과 노장철학공부, 서예 및 문인화 공부의 즐거움 속에 살고 있다.

저서로 《시민행정론: 시민활동의 전개와 행정》(법문사, 2001)이 있다.